建设新农村培养新农民系列丛书

一产农民"技能+基础"专用教材

新农村实用写作

XinNongCun ShiYongXieZuo

林宗源 郑伯坤 眢景会 主编

中国农业大学出版社
ZHONGGUONONGYEDAXUE CHUBANSHE

系列教材主　编　郑伯坤
系列教材副主编　昝景会　刘建波
系列教材编　者　赵晨霞　李玉冰　杨永杰　张文革
林宗源　凌　芳　王向军

《新农村实用写作》作者

主　编　林宗源　郑伯坤　昝景会

建设新农村培养新农民系列丛书
一产农民“技能＋基础”专用教材

编审委员会

总 序

建设新农村是涉及千百万农民切身利益的事业，关键是要调动农民的积极性、主动性和创造性。农民是建设社会主义新农村的主体，农民的思想、道德、文化、职业技能等素质和水平，直接决定新农村建设的兴衰成败。

采取多种形式，培养与新农村建设要求相适应的一大批有文化、懂技术、会经营的新型农民，是新农村建设系统工程中的重要组成部分，是新农村建设内在的基本要求，是新农村建设最本质、最核心的内容。

加快社会主义新农村建设，要求改善农民的文化结构和技能结构，提升其文明素养和就业、创业能力。为此，北京市教委根据《北京市人民政府关于大力发展职业教育的决定》精神，在北京市开展了“技能＋基础”为核心课程的成人学历教育模式试点工作。为全面提升郊区农民的综合素质和职业能力，培养社会主义新型农民开拓了一种有效途径。

按照北京市教委的要求，北京市农业广播电视学校 2007 年开始实践“技能＋基础”新型农民培养模式，面向专业农民即从事种植业、养殖业的一产农民开展职业技能与综合素质培训，取得了显著效果。

“技能＋基础”新型农民培养模式，其要点在于普遍开展农民职业技能培训，进行职业技能鉴定，提高农民的职业能力。农民在取得相关农业工种的职业技能证书或绿色证书的前提下，加强文化基础教育和职业综合能力教育，从而完成对学员的中等专业教育。

具体做法是：

(1)围绕新农村建设规划的主导产业办班。

对农民实施学历教育，需要有乡镇、村委会以及农民个人三方的积极性。三方积极性的结合部，即当地新农村建设规划的主导产业。围绕主导产业办班，乡镇政府支持、村委会热心、农民有积极性。

(2)围绕农民的创业需求办班。

北京郊区有一部分四五十岁的农村劳动者尤其是女性劳动者，在劳动力转移就业中，走上了离土不离乡的自主创业道路，其中发展乡村旅游是一个重要创业方向。针对农民对旅游服务与管理知识技能的需求，北京市农广校经北京市教委批准于 2002 年设置了乡村旅游专业。在门头沟、延庆等区县旅游资源密集的乡镇村办起了旅游中专班。采取“技能＋基础”模式办学，受到农民欢迎。

(3)围绕城乡一体化化需要办班。

近年，京郊城市化进程加快，城乡一体化格局已初步形成，许多地方农民已经市民化。但是，一些市民化的农民存在就业困难。举办农民“技能＋基础”中专班，提高农村劳动力的综合素质即职业能力，实现了农村劳动力由基本就业向稳定就业、高质量就业发展。

为了推动“技能＋基础”的新型农民培养模式科学、规范、健康发展，北京市农委、市教委委托北京市农业广播电视学校组织力量编写了这套《建设新农村培养新农民系列丛书——一产农民“技能＋基础”专用教材》。本套教材结合北京郊区都市农业发展实际，依据都市农民的职业需求，吸取了相关专业最新研究成果，形成了一套新颖、通俗、实用的农民培训教材，为北京郊区都市农民职业教育的教学资源建设，做了基础性工作。

郊区新型农民培养工作任重道远，教育教学资源建设需进一步加大力度、加快速度，农民教育工作者应振奋精神、努力创新、开拓进取，为农民朋友生产出更多的精神食粮，为新型农民培养事业做出更大贡献。

丛书编委会
2009 年 8 月

前　言

《新农村实用写作》是北京市农业广播学校系列丛书中的一本。这套丛书力求为北京市农民学历进修教育服务，为培养新时期的新型农民服务。这一目标确定了这本实用写作教材的基调，也是编写这本教材的初衷。

全书从农民实用写作的实际需要出发，分门别类地把各种实用文体按照轻重缓急的原则安排顺序，共分八个单元。编写过程中，考虑到乡镇实际工作、生活、学习的需要，尽量选择实用、急用、必用的内容。经济文体单元，是为方便农民兄弟经济工作的开展编写的；司法文书单元，针对农村正确处理纠纷，营造和谐环境，遇到涉及法律的问题时，如何写作法律文书来编写；社交礼仪、日常应用文体两个单元，则是针对农村丰富多彩的新生活，以及婚丧嫁娶的场面，如何使用相适应的文体而编写的；事务文书和公文单元，教学习者写作和阅读常见常用的应用文种，方便自己的工作和学习；书信这个单元中，还考虑到手机和电脑的普及，编写了手机短信和电子邮件两课，来介绍这些现代通讯工具的使用技巧和写作规范。为了使学习者从理论上对所学的文体有整体的把握，还特意编写了第八单元新农村实用文体综述，对各种文体进行了提纲挈领的辨析比较。

编写中，我们及时吸取目前需要的新文体，以适应日益发展的新农村的需求。针对新农村新农民，根据新工作环境，新经济发展动态，新风俗习惯和生活情趣，选取农民最需要的文体，以求使用方便，不断提高文化素养，为推动新农村的文化建设和实用写作知识的普及，为北京农业广播学校培养造就“技能＋学历教育”的新型学员，贡献一点力量。

本教材不仅适用于北京市农业广播学校的学员，还适合农村干部学习使用。作为一个乡镇或村级领导干部，本来已经具备丰富的工作经验，如果能够参照教材中的写作原理和例文，准确写作各种的实用文体，夯实文化知识基础，提高写作技能技巧，就会如虎添翼，做到多知多能。

文稿几经修订，尽可能做到理论正确，例文典型，形式活泼，力避陈陈相因的写作套式，舍弃铺陈式的空泛理论说教，力求使知识部分简洁精要，例文阅读部分充实丰满，去除枯燥乏味，增添鲜活内容，老师好教，学生易学。课后安排的思考练习题也十分精要，有基础知识的记识，也有写作技巧的小型训练，对提高学员的写作水平极有帮助。修改过程中，听取了不少专家的意见和建议，对每一位热心人的帮助，在此深表谢意！

这本教材即将开始使用了，使用的过程就是检验教材质量的过程，也给进一步修改充实提供了机会。诚望专家学者，特别是学习这本教材的每一位学员，热心提出修改建议，我们将及时增删必要的内容，使这本书得到进一步充实与完善。（联系方式 laolin1950@sina.com）

编 者

2009 年 8 月

目　录

第一单元　经济文体

经济文体服从于经济的发展。经济信息对各地区、各部门经济的沟通起重要作用。目前全国各省、市、自治区为促进经济发展，都建立起自己的经济信息网。协议书和经济合同则是经营单位履行经济行为的必要方式，又是双方发生经济纠纷时的有力证据。商品广告、商品说明对商业的发展起到助力作用。因此，经济文体单元的文种是本教材重要的部分，需要认真学习。

第一节　经济信息

学习提示点击：

◎ 经济信息写作中，要区分开市场信息、经济动态、经济短讯的不同写法。

◎ 经济简讯的写作中，可以根据信息内容的不同兼用记叙、说明、议论的表达方式。

◎ 经济信息的特点是求新、求准、求快、求实。

一、什么是经济信息

在社会的经济发展中，通过各种媒介传播，反映最新经济动态、消息，报道经济情况和经济情报的文字都叫经济信息。经济信息能够及时反映经济活动的发展变化和发展趋势，在商品交往和经贸活动中占有重要位置。

二、特点

（一）种类多样、内容丰富。其中包括生产、产品信息、商品销售信息，技术开发和技术改造信息，体制改革信息，劳动供求信息，某种经济发展趋势及预测信息，股票、基金行情信息，房地产开发信息，等等。因为类别多、内容广，经济信息才能满足各行各业的需求，促进社会主义市场经济的繁荣发展。

（二）篇幅短而精，内容单纯专业。经济信息多者数百字，少者几十字，十分精粹，这些小消息、小资讯、小报道能够沟通彼此经济往来，促进双方的经贸活动，打通商品的畅通渠道，从事经济工作的人离开这些小信息，就可能迷失方向，使工作陷于被动。

（三）传递迅速、反映及时、经济价值大。经济信息通过电视、广播、互联网以及报纸杂志进行传播，无孔不入，《市场信息报》专门报道经济动态。可以说，经济信息深入到经济生活的各个角落，是经济部门、生产、销售厂家急需的资料，因而最具吸引力。

三、作用

（一）促进企业搞活经济，增强市场竞争力。企业求生存、求发展、争效益，必须及时、准确掌握经济动态，取得外界最新科技资料，谋求先进的经济发展措施。这样，获取经济信息，有助于企业搞活经济，快速发展。

（二）促进企业以及有关经济部门的沟通交流。经济信息的传递，使经济部门、单位互通有无，各取所需，互相取长补短，针对市场经济的实际合理开发资源，调整生产方向，制定经济增长的措施方法。

（三）减少经济工作的盲目性，提供开发新项目的依据。盲目性会造成经济活动的损失，甚至使得经济部门倒闭破产。而根据经济信息提供的情报，确定经营生产的方针，可以避免失误，少走弯路，将经济建设引向稳步发展的轨道。

四、例文阅读

市场信息

产品外协加工信息

我公司目前联系到产品加工、组装、联管、转让等项目的信息：

一、家用电器保护器，数量10万套，加工费每套85元。

二、按摩器，来料手工组装，数量60万只，加工费每只7元。

三、包装布袋，来料缝纫印制，数量100万条，加工费每条5元。

四、包装木箱，自备松木料，数量100万只，每只加工费12元。

以上4种货物均收合保金，价格面议，交易完成退还。

联系电话：89053458 邮箱：×××× 联系人：××女士

竹笋加工项目开发信息

项目简介:竹笋口感独特、营养丰富,是难得的山珍。利用中国丰富的竹笋资源,开发深受国际市场欢迎的竹笋罐头及包装笋丝、笋干等深加工产品,经济效益显著。

一、项目规划:总投资130万美元,其中外方以现汇投入,中方以厂房、配套设施、现汇投入,年加工竹笋300万公斤,年利润600万元人民币。

二、合作方式:合资、合作

三、投资回收期:2年

四、产品销售:国际、国内市场

五、选址要求:竹笋资源丰富地区,运输交通便利,政策优惠。

按照中华人民共和国合资、合作法运作,没有中间环节。

联系电话:8345×××× 邮箱:××××联系人:××先生

经济动态

北京各大商品集散地正大力购买灾区"爱心橘"

目前,北京新发地、大钟寺、岳各庄等商品集散市场正积极组织市民购买"爱心橘"活动。2008年1月以来,南方普降大雪,农户果木受到空前损失。湖北、江西等省柑橘的生产和销售面临困境。主要原因是雪灾之后,道路被大雪封闭,成批量的柑橘只好储藏起来。长时间储藏造成柑橘的大量积压。雪灾刚刚过去,如何尽快销售这些柑橘,以便使用销售柑橘的资金恢复和发展生产。各省、市、县、乡的有关部门,为本地区的农户积极联系销售渠道,联合提出销售"爱心"柑橘的倡议,得到北京、上海等大城市的响应。目前,北京地区正向受灾省份发出邀请,愿意让大量灾区柑橘批量运到京城的各大市场,并组织社区、家庭购买。当前货源正源源不断运往新发地等大型集散市场,购买"爱心橘"的单位、团体和家庭也纷至沓来。经过观赏、品尝达成交易后,大家手里提着各种型号、各种品类的柑橘满载而归。北京市民买"爱心橘",不仅是对雪灾地区的果农奉献的爱心,也品尝到不同地区、不同品种风味各异的柑橘。

经济简讯

养啥种啥看订单

近日,笔者来到了邢侗街道办事处刘江村,看到村民马增宇正在给奶牛挤奶。据了解,去年马增宇养了5头奶牛,年收入2.5万元,占家庭收入的80%。马增宇说:"市场告诉我们今年种什么,政府告诉我们咋种挣钱多。"如今邢侗街道办事处的镇村干部已从催收催种的"指挥官"变成了牵线搭桥的"信息官"。他们积极帮助农民预测市场、提供信息,与涉农企业联系,发展订单农业,使全镇70%以上的农产品订上了"娃娃亲"。

土地要吃营养餐

翟家乡村农民孙经富承包了十几亩地,今年全用上了农家肥,他还从乡农技站买来了20多袋小麦专用肥。孙经富说:"土地也要讲营养,俺这十几亩地全部由乡农技人员进行了土壤化验分析,哪块地里缺啥肥就施啥肥,不能再白扔钱了!"近年来,翟家乡与山东农大合作,请来中科院院士、小麦专家余松烈教授当顾问,推行"20+40粮经三作三高产"的种植新模式,大力推广秸秆还田、配方施肥、良种良法等小麦生产新技术,提高农业科技含量,亩产均比常规方法增收300元左右。该乡派出16名技术人员分包全乡56个村,对全乡地块进行化验分析,建立土地功能档案,根据不同地块给农民开处方,缺啥补啥。(德州日报)

五、格式与写法

市场信息

市场信息是反映市场情况、商品价格,以商品服务为宗旨的信息。可以分为综合性信息和经济动态两类。

综合性信息 指将市场发生的各种情况、动态集中加以编排,迅速传递出去。

标题 概括信息的内容,如例文市场信息中的《产品外协加工信息》,将产品四种加工情况概括出来。此外,标题还可以根据信息反映的范围、行业、品种等进行概括。

正文 内容应集中反映某一方面的情况,既要简明扼要,又要明确具体,可以通过图表、数字等准确加以报道。如《产品外协加工信息》报道了四种加工产品,其中每一种的说明都清楚简洁,介绍了原料,显示了加工价格,文字简短,使读者得到完整可靠的经济情报。

结尾 写出联系人和联系方式。

专题性市场信息 写作方法与综合性市场信息的方法大致相同,其特点是内容集中、单纯,专门报告一种商品的情况。如例文市场信息中的《竹笋加工项目开发信息》,语言明确,合作方式清楚,数字准确,是一则较精短实用的信息。

经济动态

经济动态主要反映工农业的生产状况,商品流通的情况,技术开发的成果,经济体制改革的动向,等等。具体而言,这类动态信息可以介绍某种产品的销售情况,通过数字、进度反映某行业生产进度的情况、技术开发的结果、经济运行的走势,也可以报道商品的购求加工等。经济动态的特点是"杂"。

标题 两种类型,一是综合型,综合反映各条信息的来源、范围等;一是专题型,如例文经济动态中的《北京各大商品集散地正大力购买灾区"爱心橘"》。

正文 使用说明性语言,客观报道某地某时发生的经济信息。内容简括,不需要具体细致,但生产进度、经济增长、产品质量等方面要准确说明。报道的信息还要新鲜可读。如《北京各大商品集散地正大力购买灾区"爱心橘"》及时反映南方雪灾之后,北京地区用实际行动支援灾区,大力购买"爱心橘"的信息。

经济简讯

报道地区经济发展情况、典型事件,某地区经济发展的形势和前景。一些事件还可以用小通讯的形式报道出来,写出人物、情节和意味来。写法:

标题 鲜明、具体,给人以形象感。如例文经济简讯中的《养啥种啥看订单》和《土地要吃营养餐》两个标题都生动、形象、有趣。

正文 可以分三种写法:一为记叙式。时间、地点、事因要交代清楚,详细具体,如例文中的开头:"翟家乡村农民孙经富承包了十几亩地,今年全用上了农家肥,他还从乡农技站买来了20多袋小麦专用肥",就写得要素齐备。这类信息要做到首尾完整,语言具体生动,使人读来有趣味。例文经济简讯中的两则都是这类精短的小通讯。二为说明式。客观说明信息的来源,特点和功用等。要求内容简明,语言平实,比经济动态更要翔实具体。说明之后,还可以适当议论。如有一篇信息《小麦越来越小了》写到小麦播种面积小了,产量下降了,都用说明语体,文末说:"小麦变得越来越'小'了,这个问题很值得政府官员、经济学家深思",就是在说明基础上的评议。三为叙述、说明、议论结合式。前一部分使用叙述、说明方法将情况写出,写作时可以将这部分根据内容划分层次,然后,在后一部分适当提出建议或做出预测。

六、写作注意事项

收集资料　经济信息虽小，搜集资料却有一定难度。方法有两种：一是调查采访，捕捉最新的经济动态，力争得到最新鲜、最真实的资料。二是用通讯联络的方法，多与经济单位沟通，通过传递往来的业务文件、报纸杂志、报表数据等来采集信息资料。两种方法相辅相成，才能掌握大量资料，为写好信息做好准备。

选择资料　对搜集到的信息资料，要排队整理，辨明哪些是新的、哪些是旧的，哪些已经被别人采用、哪些还是原始的。然后，区分不同信息的类别，进行梳理、组编、写作。选择资料还应该注意市场变化，根据现实，有针对性选用。市场的需求、社会的需求，是选择资料的着眼点。

写作信息　写作过程是把“矿石”加工成“成品”的过程。资料真实是经济信息的价值所在，写作中再根据资料的特点决定写法，是记叙，是说明，还是议论。因此，写作经济信息要求新、求快、求准、求实。求新包含两层意思：一是最新得到的情报，最近发生的情况；二是内容新，有新鲜感，有活力，从别人不曾注意的或未曾发掘的资料中取得。求快：报道要迅速，反映要及时。经济信息的时间性极强，稍一过时，就会失去价值。求准：内容确凿，针对性强，反映的数据准确。获取一则准确信息，甚至决定一个企业的发展。求实：经济信息实实在在，不是虚假信息，不是无价值的信息。有意制造假信息，还要负法律的责任。写作经济信息实事求是，是对人民群众负责，对社会负责。

文体学练

一、根据下面各题的说法判别正误，对的画“√”，错的画“×”。

1.经济简讯和经济动态都属于经济信息。（　）

2.经济信息对于企事业单位的生存和发展是至关重要的。（　）

3.写作经济简讯，可以做到内容具体，语言生动。（　）

4.从报纸杂志上搜集到的资料是第一手资料。（　）

5.制造虚假的经济信息导致经济纠纷发生，也要负法律责任。（　）

6.实际生活中选择到的资料是“矿石”，经过整理修改才能成为“成品”。（　）

二、把下面的句子整理成一则经济信息（可以打乱次序，梳理顺畅）。

1.×市自费旅游者从2005年的30％上升到2006年的70％。

2.各种形式的公费旅游者在较长时间仍将占主导地位。

3.国内旅游的总趋势是由公费旅游为主，发展为以自费旅游为主。

4. 在国内旅游的消费结构中，除了部分旅游者向高档的舒适型过渡外，自费旅游的人数迅速上升。

5. 我国国内旅游总趋势是大众化、低消费、低水平。

6. 消费结构稳中有变。

三、把下面所给的材料整理成一则经济信息，可以调整顺序，适当添加字句。

1. 现在，该村大棚的蔬菜获得了这个区有机蔬菜认证，成为有机蔬菜生产基地。

2. 当年，村党支部面对新形势，打造绿色的种植产业基地。

3. 2003 年，×村赖以生存和发展的砂石产业叫停。2004 年，先期建起蔬菜大棚 5 栋，到了 2006 年，共建蔬菜大棚 35 栋。

4. 目前，村委会加大了种植技术培训的力度，在全村全面推广绿色种植。

5. 到了 2008 年，蔬菜大棚已经达到“百户百棚”。

第二节　经 济 合 同

学习提示点击：

◎ 经济合同的格式，尤其是首部和尾部的格式，是学习中必须准确掌握的内容；

◎ 经济合同中的主要条款部分是该文体写作的核心内容，要写得简明、确切、翔实。

一、什么是经济合同

单位与单位或单位与个人以及个体与个体、个人与个人之间，为实现各自的经济目的，按照法律规定，彼此确定一定权利与义务的关系的应用文叫经济合同。它是一种书面契约。经济合同是在社会的经济活动中使用广泛的应用文体，这种文体有固定的格式和习惯的专用语，有严格的制定程序，由从事经济活动的双方共同制定、共同履行。因此表现出双方行为的特征。

二、种类

经济合同的种类很多，主要有以下几种：

(一)购销合同。将产品、商品以期货形式出售，称为购销合同。其形式较多，例如供应合同、采购合同、购销协作合同、预购合同等。

（二）加工承揽合同。包括加工合同、订货合同、修缮合同等，这些都是供方根据需方要求而签订的合同。

（三）施工合同。施工合同是一种明确施工范围、工期、交工日程、交工验收、拨款和结算及相互协作等条款的合同。

（四）货物运输合同。货物运输合同是工农业、商业部门委托海、陆运输业交通部门运送货物而签订的合同。

（五）租赁合同。租赁合同是一种供方（出租人）把财产提供需方（承租人），在一定时期内使用收益，承租人向出租人支付约定租金的合同。

另外，还有借贷合同、社会服务合同、联营合资合同、股份合同、技术转让合同、保险合同、仓储保管合同，等等。每种合同中，又可划分为小的子项的类别，成为更具体的合同。

三、特点

（一）合同双方当事人的法律地位平等。订立合同必须贯彻平等互利、协商一致、等价有偿的原则。任何一方不得把自己的意志强加给对方。例如，一个具有法人资格的企业与个体订立合同，双方的法律地位是完全平等的。

（二）签订合同必须依法、遵法、守法。合同必须符合国家有关的法律、法令、政策的规定，符合国家经济发展的要求。任何单位和个人，不得利用合同进行违法活动，损害国家利益，牟取非法收入。

（三）签订合同的双方如都属国家部门、单位，双方都须具备法人资格。即①其组织机构是经国家主管部门核准、登记的机关、团体、企事业单位。②拥有独立的财产能够独立核算。③能以自己的名义参加经济活动，承担经济责任。

（四）签订合同，必须遵守法定程序，经历要约与承诺两个阶段。

要约 即当事人一方向另一方提出订立合同的具体条款。要约必须明确提出准备与对方签订合同的主要条件，以便受约人确切知道要约的内容。要约分口头要约和书面要约两种。书面要约的形式包括信函、电报、电传、传真等函件。

承诺 要求受约人完全赞同对方提出的合同条款。承诺不附带任何条件，只能毫无保留地表示同意。承诺的表示人是接受要约的合法代表或合法代理人。

如果接受要约的一方不同意某些条款，可以提出新要约。这样，承诺一方就成了要约方，原要约方就成了承诺方。要约方和承诺方彼此位置的交换过程，也就是双方当事人的协商过程。直至协议达成之后，要约和承诺过程才算结束，合同即告成立。要约和承诺都具有法律约束力。

四、例文阅读

条款式合同

果品购销合同

合同编号:(2006)0735

订立合同双方:

甲方:北京市××区兴农蔬菜果品集团

乙方:北京市××区苹果种植基地

为了调动果农积极性,促使苹果产量稳产、高产、低耗、畅销,满足城市人民对果品的需求,经甲乙双方充分协商,特订立本合同,以便双方共同遵守。

一、苹果交售时间、质量、数量及交售办法。

1. 乙方一年中的8～10月份必须向甲方交售各品种苹果10万斤。8月份交售苹果2万斤,9月份交售3万斤,10月份交售5万斤。双方按照一级果的标准商定的价格,分别是:红富士1.3元/斤,红星1.1元/斤,黄香蕉0.9元/斤,每降一级,价格下降0.3元。其他小类品种随市场收购价格议定。

2. 甲方按照市果品质量监督部门的要求收购,并要求乙方在收摘、运送的过程中确保果品不碰伤,并严格包装。

3. 甲方在果品送到之日,经检查验收,数量质量合格,即向乙方按商定价的90%付款。每交售一次,就按照此种方式付款一次。合同执行完毕,甲方将所扣余额向乙方一次性付清。

二、合同期限:自2006年3月15日起至2006年12月15日止。

三、甲方的权利义务

1. 甲方对乙方交售的苹果及时验收,通过银行账户及时付款。

2. 甲方认定果品等级严格按照国家规定的质量标准,不任意压级压价。

3. 甲方对乙方交售的不合乎规格的果品有权拒收,同时向乙方说明理由。

4. 乙方如未完成合同交售的总量,甲方有权根据未完成的数量扣除乙方的违约金。

四、乙方的权利义务

1. 乙方在完成合同销售量之前,不得向第三方出售苹果。

2.为确保广大食用者身体健康,乙方必须按照苹果用药标准施用农药和化肥,不得超标。

3.乙方交售一级果必须达到总量的60%,二级果达到30%。不得交售等外果。

4.乙方在完成合同规定的数量指标后,可自行销售。

五、双方的违约责任

1.甲方如无故拖延果品收购时间造成乙方损失,应依据损失情况如数赔偿,并按损失数量扣除违约金。

2.甲方如拖欠乙方售果款项,要按银行关于拖欠付款的罚款,向乙方赔付违约金。

3.乙方如不能完成合同规定的果品数量或质量标准,应按照不能完成的部分向甲方赔付违约金。

4.乙方如在未完成合同规定的果品数额擅自出售苹果,每出售1 000斤,须向甲方赔付违约金300元人民币。

5.乙方如使用剧毒农药,造成食用者人身伤亡,一切后果由乙方自负。

六、未尽事项

1.如因不可抗力的自然灾害造成苹果生产的损失,以致合同无法兑现,不以乙方违约认定,甲方应根据实际减少乙方的交售数量,降低质量标准。

2.本合同自甲乙双方签字之日起生效,甲乙双方任何一方不得擅自修改或解除合同。如双方代表人发生变更,合同条款仍然有效。

本合同一式二份,甲乙双方各执一份,合同副本一式三份,分别交送有关部门。

甲　　方:北京市××区兴农蔬菜果品集团(公章)

代 表 人:徐照临(盖章)

银行账户:×××××××××

乙　　方:北京市××区苹果种植基地(公章)

代 表 人:凌月(盖章)

银行账户:×××××××××

2008年×月×日

表格式合同

汽车维修合同

托修方________　签订时间________　合同编号________

承修方________　签订地点

一、车辆型号

车种		牌照号		发动机	型号	
车型		底盘号			编号	

二、车辆交接时间期限（事宜）

送修				接车			
日期		方式		日期		方式	
地点				地点			

三、维修类别及其他项目：

维修总金额（大写）	元（其中工时费 元）
维修项目	
材料提供方式	
质量保证期	维修车辆自出厂之日算起，正常使用　　天或行驶　　公里内出现维修质量由承修方负责
验收标准及方式	
结算方式及期限	现金　　转账　　银行汇款　　期限
违约责任及金额	
解决合同纠纷方式	
双方其他条款	

托修方	承修方
托修方单位名称（章）： 单位地址： 法定代表人： 委托代理人： 电话：　　　电挂： 开户银行：　　账号： 邮政编码：	承修方单位名称（章）： 单位地址： 法定代表人： 委托代理人： 电话：　　　电挂： 开户银行：　　账号： 邮政编码：

条文表格综合式合同

订货合同

2005年12月9日

	××省××县供销中心	甲
订货合同双方：	以下简称	方
	××省××县日杂公司	乙

兹因甲方向乙方购以下货物，经双方协商，立本合同如下：

品名	规格	数量	单位	单价	金额
菟丝子	国家《药典》规定的身干无霉变的小菟丝子	30	吨	1 840.00	55 200.00
货款计人民币（大写） 伍万伍仟贰佰元整					

交货地点：××县城内××街25号日杂公司仓库第5库房

交货办法：乙方仓库当面验收过库交货

交货日期：2005年12月30日前交货

付款办法：2005年12月20日，甲方先付乙方货款伍仟元，余款在货物起运后办理。如有拒付，按总金额罚款10%。

附注：

一、本合同一式二份，双方各执一份，存查。

二、违约方支付尚未执行部分货款的百分之十违约金。

三、乙方负责协助办理离港手续，其运杂费由甲方负责。

法定代表人	法定代表人	
于少同	池　茗	
电话 8355642	电话 8681987	
开户银行××县	开户银行××县	2005年12月9日
工商银行	××县分行	经办人　李　凯
账号 353742-08	账号 19767-43	××市 ××县
邮政编码××××××	邮政编码××××××	工商行政管理局
		（章）

签订地点：××县日杂公司办公室

签订时间：2005年12月9日

五、格式与写法

合同的格式有两种:条款式和表格式。条款式分条分项,写出双方达成的各项协议。表格式把协商同意的内容填入事先印好的合同表格。条款式和表格式都由标题、序言、主体、落款四部分组成。

标题 表明合同的性质,书写在首行的正中,字迹醒目。标题内容由合同的性质+文种组成,例如:"订购货物合同书"等。

订立合同的双方 在标题之下,分行并列写签订合同双方的名称。为了行文方便,规定一方为"甲方",另一方为"乙方";或一方为"供方",另一方为"需方"等。在对外贸易中,一方称"买方",另一方称"卖方";如果多方签订一个合同,可称甲、乙、丙方等。合同由双方或各方当事人协商后签订,为了避免引起称谓的混乱,不能用"你方"、"我方"等。

序言 写明协约的目的。大体内容和习惯用语一般是"为了××(目的),经双方(或多方)协商,签订本合同,以便共同遵守履行"等。

主体 写明合同的主要条款,包括标的,数量和质量,价款或酬金,履行期限、地点和方式,违约责任及双方或多方商定的其他必备内容。这是合同须具备的主要条款。

标的 指合同中确定双方权利和义务共同指向的对象。合同的标的可以是货物、服务项目、工程项目等。例如,货物运输合同的标的是一定的劳务;建设工程承包合同的标的是某项设计或工程等。合同的标的须明确、具体、肯定,这是双方权利和义务的依托。标的确立决定合同的成立。如果双方当事人对标的没有达成协议,合同就不能成立。

数量和质量 数量指以一定的度量衡表示出商品重量、长度、面积、定额、个数等的量,是衡量标的的指标。质量是指产品或劳务的优劣程度。质量的标准包括含量、纯度、色泽、性能、精密程度等。数量和质量都必须表述明确、具体、清楚。数量切忌使用"一车"、"一堆"等含糊不清的计法;质量切忌使用"大约"、"左右"等模糊词语。

价款或酬金 价款指合同一方取得对方产品所应支付的代价;酬金指为设计、施工、运输、储藏等进行劳务得到的报酬,即合同一方取得对方劳务所应支付的代价。合同必须明确标明标的的单价、总金额。当事人在签订合同时,必须认真执行国家的价格和报酬标准。价款和酬金约定不明确的,按合同履行地的市场价格或市场报酬履行。对于政策上允许的议价品，当事人双方必须协商一致，规定出较为合理、为双方所能接受的价格。价款或酬金，以货币计算和支付。

履行期限、地点、方式　履行期限是指双方当事人一致协商同意的合同兑现的时间。履行期限是判定履行合同的标准，在合同的签订中，必须有明确具体的规定。履行地点指交货、提货、付款、服劳务或建设工程的地点。履行方式是指采取什么方法来实现合同所规定的双方当事人的义务。内容包括交付办法、验收方法、结算方法、运输方法、开户银行、账户名称、账号、结算单位等。履行方式有明确的规定，例如，是分期付货、付款，还是一次性进行；是交付现金，还是银行转账。当事人必须按合同规定的履行方法执行，不得擅自变更。

违约责任　违约指合同当事人没有履行合同规定的义务。违约责任即指违约一方承担的法律责任。由于当事人一方的过错，造成合同不能履行或不能完全履行；由有过错的一方承担违约责任。如属双方的过错，根据实际情况，由双方分别承担各自应负的违约责任。违约责任包括故意与过失。当一个企业明知自己的行为会影响合同的履行而有意去做，是故意违约；当一个企业因疏忽大意而未能预见，或已经预见而未采取必要的措施，造成违约，是过失违约。故意违约和过失违约都要负赔偿责任。违约责任的规定由违约条件和违约处置两部分组成，违约达到何种程度，应给予何种处罚，要规定明确。

其他条款　除以上五项条款，依法律性质规定或按合同性质必须具备的条款，例如，运输合同中对运输品包装的具体要求，就可定为一项条款，因自然灾害、意外事故而无法履行合同的处置办法，也是条款中不可忽略的内容。其他条款中也包括合同的份数、附件的名称、分送的单位、未尽的事项，等等，都可通过条款规定下来。

落款　是合同的结尾部分，包括署名和签订的日期。落款要写明订立合同双方单位的名称、代表人姓名、加盖公章、私章。由代理人代签的合同，要写上代理人的姓名并盖章。如果需要报有关机关审核批准，必须写明签证机关全称，并加盖公章。落款还要注明单位地址、电话、开户银行、账号。经签证机关担保、公正的，要写明有关人员或单位的名称，并加盖印章。日期写在署名下，写明订立合同的年、月、日。有附件的，要写上序号、名称，在正文后注明，附件原文附在合同的后面。

六、写作注意事项

（一）要有必要的法律知识和其他相关知识。合同订立和履行是一种民事法律行为，合同的内容还往往涉及专业知识。因此，要正确写作或解读合同书，不仅要有语文方面的知识，还必须了解与合同有关的法律、法规，学习必要的专业知识和社会常识，并在实践中积累经验。

（二）正确使用合同示范文本。合同示范文本是有关部门为使合同的订立更加认真、更加规范而制定的，对于缺乏订立合同和写作合同书经验的人，可以尽可能避免缺款少项、引起纠纷的情况。合同的性质不同，示范文本的内容和格式也不完全一样。在参看示范书的时候，首先要分清主次，例如，有的在当事人上面加上“立合同人”几个字，还有的将签约时间、地点写在开头而不是结尾，这些就无关紧要。而运输合同要把运输计划号、车号、日期等写在开头就很必要。在示范文本中，有些必备的内容已经写好，有些列出名目由当事人商定，还有的列出了几种情况供当事人选择。此外，当事人商定的内容在示范文本中没有提到的，要做必要的补充。

（三）合同内容要求表述规范、准确。合同关系到订合同者的经济利益和法律责任，写作合同书一定要语言规范、语义明确，避免出现歧义和误解。例如，合同标的一定要使用完整的正式名称；产品要写清规格、型号，工程要写清工程编号，贷款要写清种类、标的的计量方式和数量要写准确。再如，国内合同的价款和酬金一律以人民币结算，数字不能涂改，关键的数字和金额要用汉字大写；有关的时间、地点要明确、具体。

（四）订立合同可以申请鉴证或公证。一般的合同在当事人签字后立即成立并生效。为了保证合同活动的合法和合同书的完善、周密，尽可能避免任何一方因合同的违法或疏漏而受到损失，在订立重要合同时，当事人可以自愿申请鉴证或公证。这样的合同要经过鉴证或公证后才能生效。重要的经济合同鉴证要向合同当事人一方所在的工商行政管理部门申请，工商行政管理部门审查当事人的资格是否合格，是否具备履约能力，合同书的内容是否合法、完备，文字表述是否明确，权利和义务是否对等，印章是否齐全等。并在确认之后签署鉴证意见或出具鉴证书。其他合同鉴证或公正一般向司法部门申请。

文体学练

一、理解合同的内涵。

经济合同是社会经济活动中的契约，请同学们分别说出自己所见到听到的有关合同的种类。并把大家所说的合同记录下来，分析各是哪些种类的合同。

二、课堂活动指导。

每四名同学划分为一个小组，为甲乙双方，每一方 2 人，选择下面提供的材料，选择适合本组熟悉的种类，制定出本组的合同。

1. 订立租赁合同。甲方在××小区有两居室，只住过 3 年，现在准备出租，室内家具、床铺、电话、冰箱（已使用 3 年）、电视机（旧的）齐备，卫生间设施良好，厨房厨具齐全。

乙方为租赁方，准备租赁两年，居住人口 2 人。

请小组的甲乙双方经过协商，制定并写出条款式租赁合同，要求格式写法正确，不少于 500 字。

2. 乙方是农民范××、张××，要承包××甲方农业公司的鱼塘 6 亩。原来农业公司每年在 6 亩鱼塘中养鱼 18 000 公斤，销售额为 108 000 元。现在承包给两位农民。双方准备签订一个承包合同。

请小组的甲乙双方经过协商，制定一份条款式鱼塘承包合同。要求格式写法正确，不少于 500 字。

3. 果树专业户徐×与王×两人，每年苹果种植面积 100 亩，总产 40 万斤，根据今年的生产情况和苹果单价，产量不会少于往年。恰巧××果品公司来了两位工作人员收购苹果，想与这两个果农签订一份购销合同。

请小组的甲乙双方经过协商，根据标的、数量与质量、价款与酬金、违约责任、履行期限、履约地点与方式、未尽事项等各项条款，制定一份条款式供销合同，要求格式写法正确，不少于 500 字。

三、将下面这则合同和对这则合同的修改意见认真读一读，再按要求做如下两个题。

1. 在课堂上当众口述一遍对合同的修改意见，并将你的修改设想谈一谈。

2. 将修改好的这则合同写下来。

合同例文	修改意见
经济合同 甲方:碧雪饮料厂 乙方:深城纸箱厂 乙方按原订合同生产纸箱,因质量存在某些问题,为此发生业务纠纷。现经协商,重新达成如下协议: 一、乙方库存的 3 500 个纸箱由甲方全部提走。提货方法:甲方先提走一车,剩余部分由乙方帮助运送。 二、甲方收货后将款于今年 1 月交付给乙方。 三、上述数量的纸箱作价处理,按每只 1.50 元计算货款。 四、库存纸箱的配件可以由乙方配套提供甲方。 五、库存纸箱中如有质量问题而无法使用者,乙方不予计入提货数量之内。 六、此协定自签订之日起生效,双方不准违约。 甲方代表:张林 乙方代表:王宽 200×年×月×日	此合同错误和纰漏不少,为双方纠纷埋下隐患。 1.标题笼统,缺乏明确的合同性质,应改为“订货合同”。 2.标的数量不明。“一车”,“上述数量”应写成具体数量,金额也应大写。 3.时间注明不具体。“今年 1 月”、“由甲方提走”应写明具体的年份日期。 4.“配件”概念含糊。其质量、数量和价格均应写明,可附清单。 5.没有质量标准。应指明哪些情况下属质量问题,如纸箱破裂、受潮变形、粘和不紧、脱层、穿孔、掉底盖等。 6.纸箱运费不清,应写明确由谁运货,谁支付费用等。 7.缺少违约责任。 8.落款缺少公章及公正处公证,公证员印章。

四、根据所给的六条材料,写出一份赠与合同。

1.甲方:(赠与人)余有强,××区三里河退休职工,60 岁。乙方:(受与人)余海,××区三里河人,男,赠与人侄子,21 岁,未婚。甲乙双方就房产赠与事宜有如下协议:

2.甲方愿将目前所住二居室赠与其侄余海。房屋所有权证同时交割,并办理改变户籍的相关事宜。

3.赠与人要求:①受与人必须与其赠与人(受与人伯父)同住,并赡养赠与人,养老送终;②不许虐待赠与人;③受与人婚后,要求其妻共同遵守如上条件。

4.时间定于 2006 年 5 月 20 日。地点:三里河居委会办公室。见证人:居委会主任郝俊琴(女,56 岁)。

5. 本合同自鉴定之日起生效，合同一式两份，甲乙双方各执一份。

6. 甲方签字盖章，乙方签字盖章，写明订立合同的年、月、日。

第三节 协议书

学习提示点击：

◎ 学习协议书，要准确掌握该文体的格式写法。

◎ 写协议书，主体内容要明确、具体、周密，重要事项不能遗漏，不能含糊其辞，不能使词句有歧义。

一、什么是协议书

协议书有广义和狭义之分。广义的协议书是指一切旨在双方（或多方）权利、义务关系的具有经济关系凭证性质的文书，包括一般合同。按照我国《经济合同法》的定义，“经济合同是法人之间为实现一定的经济目的，明确权利与义务关系的协议。”可见，协议书比经济合同使用的范围要广大。狭义的协议书指在实际使用中，除正式合同以外的作为经济关系凭证的文书。协议书在有些情况下，是经济合同的一种补充。有些还不能达到签订经济合同的规格，可以通过签订协议书的方式确定双方（或多方）的合作、共事等关系。本教材主要介绍狭义协议书的写法。

二、狭义协议书的使用范围

（一）作为正式合同的准备文件。现实经济生活中，当初次建立经济联系或者面对较为复杂的经济关系时，往往经过多次谈判、协商，才能对标的、权利与义务及经济责任做出最后确切的规定。为了表明双方合作意向，肯定初步洽谈成果，便在正式订立合同前先签订协议书。也就是说，协议书是正式签订经济合同的初级阶段的应用文体。

（二）作为已签订经济合同的补充、修改文件。经济合同在履行过程中，如果发现原合同有不妥之处，或者出现了订立合同时未能预料的新情况，经谈判双方取得一致意见，通过协议书形式对具体问题作出规定，作为原经济合同的补充。这种协议书与原合同具有同等法律效力。

（三）协议书起到经济合同的作用。针对现有法律未作明确规定的经济关系，经当事人双方协商一致，明确各自权利义务，通过签订协议书，形成具有凭证性、约束性的文书。

三、特点

(一)协议书使用范围更广大,使用更灵活方便。有些非经济领域的协作关系,如科研及其他事项,也可以通过协议书的形式完成。

(二)既然协议书是经济合同的一种补充,这种文体在经济合同签订和执行的整个过程中,常常起到完善和订正、修订等功用。

四、例文阅读

解除劳动关系协议书

甲方:××有限公司

乙方:李×× 身份证号:110225×××××××××××××

本着公平合理、协商一致的原则,就乙方同甲方解除劳动关系一事,经双方协商,达成以下协议内容:

一、甲方于2008年×月××日一次性支付给乙方工伤补偿金、医疗补助费、伤残就业补助金、工伤期间工资、伙食补助、医疗费、经济补偿等各项费用共计人民币伍仟元整。

二、乙方领取上述各项费用后,双方劳动关系立刻解除。

三、乙方领取上述各项费用后,乙方自愿放弃赔偿差额权利。

四、乙方自愿放弃基于双方劳动关系发生及解除所产生的各项权利。

五、乙方自愿放弃就双方解除劳动关系后所享有仲裁、诉讼的权利。

六、本协议一式两份,双方各执一份,自双方签章之日起生效。

甲方:×× 有限公司(公章) 乙方:李××(盖章)

2008年×月××日 2008年×月××日

五、格式与写法

通过例文阅读明确协议书的格式和写法。协议书分为标题、名称、正文、结尾、落款五部分。

标题 写明协议书的种类、名称,如例文“解除劳动关系协议书”,也可以写“协议书”三字。

名称 写明协议单位(包括个人)双方或多方的名称及其代表人的姓名、性别、年龄、住址以及订立协议书双方相互间的关系。签订者双方的名称分行并列，一般列于标题下方，空一行。为了行文方便，可将签约双方或多方拟定为甲方、乙方、丙方等。

正文　协议书的主体部分。要逐条写清签订协议书的原因、目的和商议的具体内容。如例文中这个有限公司与其中的一名员工达成协议，该公司解除对方劳动合同，一次性补偿各项费用5 000元。这样，协议书根据内容，一次列出条款，写得明白清楚。如果内容单一，也可以不分条款。协议书一般不采用表格式。

结尾　要写明执行要求，即对协议书本身的说明。一般要求：本协议书的书面形式（打印或书写）、份数（正副本各几份）、保存人或单位名称、有效期限、违约责任等。

落款　包括署名和签订时间。位置在正文右下方，写明单位全称，以个人名义签订，要写真实姓名，以及代表人姓名或当事人、见证人姓名，并加盖公章或私章，另起一行写议定日期。

六、写作注意事项

（一）写协议书，根据议定的法律条文，要将法律内容写进协议书，以作为法律依据。以防今后发生争端时，有法可依。

（二）表达清除各项条款。条款依照重要、次要的顺序依次列出，要考虑周到细致，内容要明确、具体、周密，重要事项不能遗漏，不能含糊其辞，不能使词句有歧义。必要时还可以写出“未尽事项”，预防今后履行协议书期间发生意外变化。

（三）书写的协议书，要使用钢笔或毛笔，以防字迹时间久了模糊不清。凡涉及款项等数字要大写。

七、协议书与经济合同的异同

二者在内容上的相同点：①双方（或多方）出于什么目的，在何种工作或生产方面进行合作及进行合作的时间；②为实现上述合作双方（或多方）各履行的职责是什么，承担的义务是什么，提供什么方便，双方的权利与义务；③在上述合作期间和合作范围内出现问题时，双方（或多方）承担何种责任。

二者在写法上的相同点：①标题写协议书或经济合同的名称；②写明订立协议书或经济合同的单位名称（包括个人姓名）；③都要在正文中写出双方的权利和义务；④都要在结尾署名、盖章，写出签约日期。

二者的不同点：①协议书灵活方便；经济合同正规全面；②协议书适用于小型

的合作单位和个人适用，经济合同的签订一般用于大的经济项目；③协议书能够作为经济合同的补充，经济合同不能补充协议书。

文体学练

一、根据下面各题的说法判别正误，对的画“√”，错的画“×”。

1. 协议书有广义和狭义之分，狭义协议书是本讲的内容。（　　）

2. 协议书在签订之后，其法律性质仅仅次于经济合同。（　　）

3. 经济领域的事情签订经济合同，非经济领域的事情使用协议书。（　　）

4. 双方需要进行某一门课程互教互学，则可以签订协议书。（　　）

5. 一名农民工应聘进入一家公司工作，双方可以签订协议书。（　　）

6. 经济合同与协议书在签订中两种文体可以互为补充。（　　）

二、选择合适的词语，填写在下面这段话空白的横线上。

投资及________（筹备　筹建）工作：乙方全部投资________（约需　共用）人民币 850 万元，以正式________（核算　核定）为准。资金________（筹聚　筹集）采取自筹或向国家贷款方式。________（借用资金情况　责任及债务）甲乙双方各承担 50%。

乙方________（原有　现存）设备分散不配套，________（因　除）留用为分工生产零部件及装配配套外，按生产能力________（均需　尚需）引进部分进口设备，约需外汇指标 30 万________（美元　人民币），由乙方（单独　自行）提供。

三、把下面所给的材料整理成一则技术指导协议书，可以调整顺序，适当添加字句。

1. 甲方　××村村委会　　乙方　徐×

2. 甲方请求徐×担任该村大棚蔬菜技术指导，每月工资 3 000 元。

3. 甲方要求徐×每月来指导 4 次，由家中到该村的路费 20 元，由村委会支付或报销，午餐由村委会负担。

4. 甲方要求每次指导时间不少于 6 小时，每次指导户数不少于 15 户。

5. 甲方制定奖励措施，年终完成蔬菜预定指标，奖励 2 000 元，每超额 10%，增加 1 500 元，奖金数目依次递增。

6. 乙方提出，农户经营管理时，必须依照乙方技术指导的要求去做，不按照要求去做而出现蔬菜种植亏损，乙方不承担责任。

以上协议书标题，签订日期等自拟。

第四节 商品广告

学习提示点击：

◎ 商品广告的设计，要使主题鲜明突出，主体内容新颖精粹，做到图文并茂；

◎ 涉及商品广告不要遗漏产品出售方式、服务范围以及生产厂家名称、地址、联系电话等项内容。

一、什么是商品广告

为推销商品，扩大经营，通过一定形式作为媒介物，公开而广泛地向群众介绍商品，报道服务内容的应用文体，叫做商品广告。

介绍商品的广告，是为了说服消费者购买某种商品，宣传商品功能，扩大销路。报道服务内容的广告，是为了扩大某种服务业的规模，介绍服务项目，取得良好的经济效益。

二、种类

根据商品广告的内容和传播方式分为三类：

商品推销广告　指生产和流通领域中商品的广告，例如关于生产资料、生活资料、技术资料等方面的信息广告。

劳务信息广告　指社会各种经济部门介绍服务内容，联系劳务项目，招聘技术人员，推荐专业人才等方面的广告，如办学、招商、某种技术培训等方面的信息广告。

文化事业广告　指提供或传播文化、艺术、新闻出版、教育、戏剧、体育等信息的广告，如书刊预告、影视节目预告、美术作品展览信息等。

此外，还可以包括外商广告、对外广告等类别。

三、载体

商品广告的传播体种类日趋扩大，这里介绍五类：

以报纸、刊物为载体　报纸、刊物上刊登广告，读者广泛，信息传播迅速及时，便于随身携带，长期保存，也便于查找。除附带刊物广告的国家级、省级、区县级报刊外，还在社会上流行商家专门刊印某种商品作用、功能的一种纯广告报纸。

以电视、广播为载体　电视广告可听、可看，形声兼备，形象动人，配乐优美；可聘请影视界明星做广告招徕顾客，在优秀节目前后播放，收视效果更佳。广播广告制作方便，传播不受地域、交通条件的限制，占有时空优势。

以交通工具、设施为载体　利用火车、公共汽车、电车、飞机等交通工具或车站、机场等交通设施做广告，对往返的客商进行宣传，以便成交贸易，或把广告信息带到各地。

以橱窗、牌楼等为载体　橱窗广告通过沿街橱窗的陈列、装点来吸引顾客。其特点是有装饰性和立体感，货真价实，为人注目。橱窗广告还有美化市容的作用。除此之外，闹市中心、十字路口、环岛周围，可以把牌楼等建筑物作为载体，绘制文字画面，以招徕顾客，其特点是气势大，绘制精美，引人注目。

以展销会为载体　通过商品展销方式，吸引客户。发展的商品被用户看好，可及时洽谈面议，达成协议。展销会推销批量大。级别高的展销会对国内、国际的客户都有广泛的影响。

四、特点

（一）真实性。真实性是商品广告的生命。一则好的广告必须实事求是地宣传、介绍商品。华而不实，甚至弄虚作假，就会失去顾客，给企业带来坏的影响，败坏声誉，影响商品的推销。真实性是顾客对商品广告的第一要求和期望。

（二）艺术性。广告通过形象的语言文字、图像、声乐来传播商品信息，本身就是一种艺术，广告具有强烈的审美价值，能够激起听众和观众的审美意识，在美的享受中接受商品知识，进而引发顾客的购买欲。一切广告的构思都应从艺术角度着眼，要新颖独特，切忌模式化。

（三）宣传性。广告宣传作用于公众，所宣传的商品才有可能被人们买走。广告宣传商品性能、商品特点、功能效用，有些名牌商品长期、反复地宣传，以致妇孺皆知。

（四）盈利性。广告通过宣传，将商品推销出去，达到盈利的目的。除公益广告外，任何商品广告都是在为推销商品服务，一旦失去盈利目标，也就失去了这种广告制作的基本意义。

（五）体裁多样性。广告的体裁，采用多种形式，常见的有：①描写体，即对商品的功用、特点进行文字修饰，做到具体、生动、形象。②艺术体，即利用小品、诗歌、曲艺等形式宣传某种商品，诱发顾客购买欲。③幽默体，即用诙谐、幽默的言辞宣传商品,使顾客在笑声中接受商品的特点。④对话体,即通过一问一答的方式宣传商品知识、性能、作用以及商品获得何种奖誉等。⑤现场观摩体,即通过电视中解说人员对实物的解说或试用,使观众亲自感受到某种商品的功能。⑥简介体,即通过简洁的文字语言,介绍商品的外形、包装、使用效果等。⑦影视体,即对某种大型活动做广告,在影视中制作成动感画面,提高观众收视率。

五、作用

(一)沟通产销,为商品和劳务打开销路。商品与劳务是社会主义市场经济的基础,商品广告总是与市场经济活动紧密联系。通过广告的宣传活动,商品的生产与销售,供应与需求,就能相互沟通,有利于厂家产品扩大销路,也有利于劳务服务获得效益。

(二)指导消费,加速商品更新。通过广告的宣传,消费者在花样繁多的商品中,可以选择式样新、流行广、质量高、价格廉的商品。这样,就会促使厂家不断改进商品质量,推陈出新,在商品竞争中站稳脚跟。

(三)增强公众消费意识,普及商品知识。广告的大量传播,各种各类形象化方式的宣传,使商品知识进入千家万户,公众在自觉或不自觉之中,接受了这种宣传,增强了消费意识,了解了商品知识。

(四)美化市容环境,营造文化气氛。商品广告也是一种文化。其宣传范围大,领域广,街头巷尾、车站码头、影院剧场等,处处设有装潢精美、设计新颖的广告牌匾、画面,既有艺术品味,又有思想内涵,不但美化了市容,还营造出一种文化氛围。

六、例文阅读

药品广告

昂立一号药品

电视画面:

陈强(感慨万千地):我了解昂立一号,上海交大的高科技产品。前几年因为肠胃不好,二子就买了几盒给我试试,没想到喝到现在,挺管用的,我相信它。

陈佩斯(在一旁得意洋洋地)昂立一号与其他产品不同;自从老爷子每天服昂立一号后,不仅肠胃不犯病,还越活越年轻了!我们愿意将这样的好产品介绍给大家——送健康,我选昂立!

广告口号:送健康,我选昂立一号

食品广告

双汇火腿肠

（电视画面）

葛优：（沉思状）

冯巩：冬宝，想什么哪？

葛优：想葛玲。

冯巩：甭想了，我给你介绍一位新朋友。

葛优：（接过"新朋友"）双汇火腿肠，还是中国名牌产品。

冯巩：还想葛玲吗？

葛优：葛玲是谁？

冯巩：双汇，省优，国优，葛优。

艺术品广告

水晶彩影工艺品
诚招联营加工商

·时尚产品　·万人追捧　·手工制作　·你产我销　·坐享其成　·高新技术企业　·AAA质量诚信会员单位　·国家权威检测质量合格产品

跨时代尖端科技成果，以水晶为载体，以"真彩透明水晶石英液"工艺为核心，各种图案不用任何设备，纯手工随心所欲地制作在水晶体上，图案超级鲜亮、逼真永不褪色，永久晶莹剔透，艺术收藏价值与个性时尚魅力完美结合，产品供不应求。为满足国内外市场需求，现诚招联合加工商，公司免费培训生产技术，免费提供原材料，产品全部返销。全手工制作，招收不受年龄、产地限制，一人加工即可，轻轻松松赚取加工费！

北燕联盟科技有限公司

电话：010—78328899 78329988

地址：××大学资源管理处东楼一层大厅

邮箱：http://www.5129@sina.com

七、格式与写法

商品广告没有固定格式，通常可分为主题、正文、落款三个部分。

主题　是反映广告的宣传中心，有五种类型：①以突出厂家、企业名称为主题。其目的是使人们对厂家、企业记忆深刻，例如“通威集团：追求卓越，再创辉煌”。②以突出商品的牌号、名称、商标等为主题。其目的是使顾客加深对商品的记忆。例如“505 神功护膝伴君万里行”。③用商品名称加修饰语作主题。其目的是突出某种商品的物性。例如“浪漫、自我、皮仙娜”。④用事由和文体名称作主题。其目的是让人们一目了然、明晓广告意向。例如“计算机应用教材征订广告”。⑤用形象的文字作主题。其目的是招徕顾客，引逗兴趣。例如“一毛不拔”（牙膏广告主题），使用成语，精炼别致；“辛苦了！喝口水！”（广东“佛宝”矿泉水广告），使用问候式话语，热情友善，充满爱心。

主题要求鲜明、具体、形象、醒目，位置突出，用大号字书写。

正文　正文写法很多，主要包括三方面内容：①商品的种类、性能、用途、规格，企业的经营项目、范围及服务内容，等等。②出售的方式、时间、地点、接洽办法等，这些要写得准确、详细。③对顾客所负的责任。广告除了形式诱人，还应写出该商品的使用情况，厂家对顾客所负的责任，以便取得顾客的信任。

正文写作时，可简要说明，也可形象描绘；可制作字画，形诸视觉，也可制作曲目，诉诸听觉，以激发人们对商品的购买欲望。

落款　写明厂家或企业的全称，详细地址；联系电话、电传、联系人等。落款选择放置在广告版面适当位置，安排要得体，美观。

八、写作注意事项

（一）广告要遵规守法。为了规范广告活动，我国制定了《中华人民共和国广告法》和其他一些有关法规，广告文案的作者，必须熟悉并严格遵守这些法律、法规。例如广告中如果使用了国旗、国徽、国歌，或者使用“国家级”、“最高级”.“最佳”等用语，就违反了《广告法》第七条的规定。再如，药品广告中有“药到病除”、“根治”、“安全无副作用”等用语，就违反了《药品广告管理办法》的规定。

（二）创意要独特新颖。广告要引人注目，给人深刻的印象，贵在出新出奇，想人所未想，言人所未言。千篇一律的陈词滥调只能使公众反感。创意新颖体现在内容和形式两方面。内容新颖要求广告作者能寻找到新的视角，发现商品或服务的新特点或与消费者利益的新结合点。例如，现代消费者对食品中化学制剂多有担心，某种食品广告表明“纯天然原料，不含防腐剂”，就抓住了商品与消费者利益的新结合点。形式新颖要求作者在体式、语言和文字编排方面，敢于突破常规，发挥创造性。

（三）内容要适应公众。广告文案的内容必须充分考虑适合公众的特点，投其所好，避其所忌，使他们乐于接受广告的宣传，这才有可能促成他们的消费行为。例如，目前我国对家用电脑感兴趣的人以知识阶层，特别是中青年为主，有的广告就突出某种电脑系列产品具有“多媒体播放、学习娱乐、Intemet 上网”等用途，以满足公众的需要。再如，一则台湾的豆腐广告是“慈母心，豆腐心”，突出慈母——家庭主妇具有一颗豆腐般柔软、细腻的心，自然能得到主妇们的欢心，而她们正是豆腐的主要购买者。

（四）写法要顾及媒体。不同媒体的广告各有特点，对广告内容也有不同的要求。前面所举的实例大多是印发在报刊上、以文字表述为主的广告文案，如果是广播广告，写作的文稿就要适合于口语表达，使受众能够听清、听懂。如果是以画面或音乐为主的广告作品，文案就要与之配合，相辅相成，字数不能太多，以免使欣赏广告的人顾此失彼。据研究，30 秒的电视广告，含有 65 个字的文案效果最理想，但应该突出企业名称、品牌等关键信息。曾经有一种药品的电视广告，生动地体现了只要两片就能驱虫的疗效，但药品名称却少有人知，影响了广告的效果。

（五）字体要适当变化。广告文案中文字在字体、字形、排列形式等方面要有变化，以突出广告主题，给人艺术享受。一般情况下，标题和口号须得到强调，文字要醒目，随文的文字则较小。

文体学练

一、分析下面广告词的特征：

1. 有了娃哈哈，吃饭就是香！（娃哈哈营养液广告）

2. 6:00 下班，6:30 享受热腾腾的晚餐！（台湾微波炉广告）

3. 求人不如求己。（某银行储蓄广告）

4. 一室珍品，千古奇观。（钟表店广告）

5.（爸妈）今年不收礼，收礼还收脑白金！（脑白金广告）

6. 为什么还要苦熬一个夏天呢？让通用空调机给您保持凉爽吧！（美国通用电器公司空调广告）

7.将来,当您的儿孙翻开相册,您的结婚照依然鲜艳如故。(柯达公司胶卷广告)

二、下面有三则广告趣闻,请你记熟并口述给别人听。

空投广告　日本西铁城钟表商为了在澳大利亚打开销路,竟用飞机向指定地点投放手表,并事先在当地报纸上大肆宣传:谁捡到,就归谁。

幽默广告　瑞士旅游公司的广告牌上写着:"还不快去阿尔卑斯山玩玩,六千年以后这山就没了。"

站台广告　英国伦敦地铁入口处挂有一则广告:"如您无票而又乘车,请在伦敦治安法院下车。"

三、将下面这则广告和对这则广告的修改意见认真读一读,再按要求做如下两题。

广告例文	修改意见
××省××服装厂 ××牌羊绒絮片服装 产品特点:防潮、保暖、整件服装洗涤方便,款式新颖,美观大方,轻盈舒适,质量可靠,老、中、青规格齐全。 该产品获××省优秀产品奖,最近男女服装双获××省同行业第一名。 ××省服装厂 电话:93810054 厂址:××省××区×路89号	1.标题不鲜明,不突出。可改为"××省××服装厂热情为您服务"。 2.正文内容安排次序不当。可改为"××牌羊绒絮片服装获××省优秀新产品奖……同行业第一名"。然后再说产品特点。 3.落款处可不再写厂名,因标题中已有。 4.厂址、电话号码的安排次序,应先写厂址,再写电话号码。

1.在课堂上当众口述一遍对服装广告的修改意见,并将你的修改设想谈一谈。

2.将修改好的这则广告写下来(可以添加图样)。

四、根据下面的素材,请以小组(每组2人)为单位,选择你感兴趣的材料,设计一则广告。

1.给一个防盗门的厂家设计防盗门的广告。

2.给你认为生活中所熟悉的某种品牌的汽车设计广告。

3.给你喜欢的服装、皮鞋、围巾等设计广告。

4.给你或同学使用的手机设计广告。

5.给你所学习的某一个专业设计一则广告。

6.从生活中选择适宜的果品蔬菜来设计广告。

设计要求:要文图并茂,既要有形象感,又要有广告词。可以使用电脑设计。

第二单元　司法文书

诉状是公民、法人或其他组织常用的法律文书。它是民事、行政、刑事案件的当事人为了维护自身的合法权益，依法向人民法院提出某种请求或答辩的书面材料，具有一定的格式和要求，包括起诉状、上诉状、答辩状、申诉状、民事调解书等。这里重点讲的是起诉状、答辩状和民事调解书三种。

第一节　起诉状

学习提示点击：

◎ 学习起诉书的写作，要熟悉和掌握该文体的格式要求。

◎ 请求事项部分要把原告起诉目的和要求明确提出，简洁明确。

◎ 事实和理由要围绕诉讼的目的，全面反映案件的客观真实情况。

、什么是起诉状

起诉状是原告向法院递交的表述诉讼请求和事实根据的文书。它是当事人在自己的权益受到损害或与另一方对有关权利、义务问题发生争议而未能协商解决时，向法院起诉，要求法院审理、裁决而制作的文书。原告可以用来陈述产生纠纷的事实，表明诉讼的请求和理由，以维护自己的合法权益。它也是法院立案和审判的依据。没有起诉状，一审诉讼程序就无从开始。

二、种类

起诉状主要分为民事诉讼状和刑事诉讼状两种。民事诉讼状指民事案件的原告在自己的民事权益受到侵害或与他人发生争议时，为维护自身的合法权益，根据事实和法律向人民法院递交的书面请求。它包括经济纠纷、房产继承、经济赔偿、交通事故、离婚等内容。刑事起诉状指刑事案件的自诉人（如被害人或其他法定代理人)直接向人民法院控告被告人的犯罪行为,要求追究刑事责任而提起诉讼的书状,它包括虐待、遗弃、诈骗、侮辱、诽谤、暴力干涉婚姻、轻微伤害等内容。

三、作用

(一)诉状作为以个人名义向人民法院提起诉讼的自讼方式,是国家人民检察院向人民法院公诉以外的一种补充。重大案件由国家追诉为主,而轻微案件的刑事案件和民事纠纷引发的民事案件,必须经过自诉人写诉状的程序,才能由人民法院直接受理。这样,能够减轻国家法律机构的负担,有利于国家的检察机关集中主要精力侦破大案要案,保证社会主义现代化建设正常进行。

(二)自诉人通过写诉讼状的程序,或者控告犯罪行为、维护自身权益,或者通过法院调解、法院审判来强制被告人履行因民事法律关系所产生的责任,都表明人人享有起诉权,法律面前人人平等。这种过程及结果,则是健全社会主义法制的步骤之一。

(三)在程序上,自诉人写诉状,向人民法院提起诉讼,经人民法院审查合法和合格,就直接引起诉讼。在实体上,诉讼可以使法院工作人员了解原告一方的案情,并了解原告的请求事项和目的。

四、例文阅读

民事起诉状

原告人:杨××,男,生于一九六三年四月九日,汉族,务农,住××县××镇太平村二组。

原告人:唐××,女,出生于一九六五年十一月十九日(系杨××之妻),汉族,务农,住××县××镇太平村二组。

被告人:李××,男,汉族,50岁,务农,住××县××镇太平村二组。

被告人:蒋××,女,汉族,48岁,务农,住××县××镇太平村二组。

案由:人身损害赔偿。

诉讼请求:1.请求人民法院判决被告赔偿原告的医药费、误工费、营养费等共计900元。2.本案件受理费由被告承担。

事实和理由:被告李××家田坎因天下暴雨垮塌一丈多远,泥土堆积在原告杨××家责任田里面,占去田面积约0.6平方丈,原告家人曾经再三要求被告人将其田里垮塌的泥土清除走,而被告置之不理,并在垮塌的泥土上栽种上了树苗。

一九九五年五月上午九时许,原告杨××将被告垮塌在自家田里的泥土清除出，准备栽秧苗。被告李××、蒋××以原告清除泥土时挖了他家的树苗为由，对原告杨××进行殴打，此时，原告杨××之妻唐××闻讯前去劝解，也遭到二被告无端殴打（伤情详见医院鉴定）。

原告杨××之妻受伤后在××镇卫生院治疗20天，共花去医疗费700元。

本纠纷经××镇治安室一九九五年八月五日立案解决，确定被告承担80%的责任，付原告医药费500元（误工费、营养费未算），被告不服，也未给付。根据《中华人民共和国民法通则》第一百一十九条之规定，请求人民法院判决被告李××、蒋××赔偿原告二人的医药费、误工费、营养费共计900元。

此致

××县人民法院

具状人：杨××

唐××

一九九五年十二月九日

刑事起诉状

原告人：刘××，女，××岁，基督教徒，现住××市××街××号。

被告人：唐××，男，××岁，摊主，现住××市××区××街××号。

案由：贪占他人巨额财物

请求事项：1. 追回被告人唐××贪占原告遗忘在他处的巨额财富。2. 要求对被告人唐××给予刑事惩处。

事实和理由：

××年××月××日中午，原告人外出办事，来到××区××大街新华书店北侧200米处的西瓜摊位，因口渴，向被告人摊主唐××买了一块西瓜，在摊旁吃，随手将手提包放置在摊位上。当时摊旁无其他顾客。原告人吃完西瓜，急着赶路，忘记拿手提包。走了一段（约10分钟），原告忽想起手提包的事，赶快回来取，手提包已不在摊位上。原告人向被告人唐××索要，被告人含糊回答："我没看见你的手提包，你一定丢在别处了。"原告人坚持索要，被告人唐××拒不交还。双方僵持1小时左右，没有结果。

原告人手提包内放置有金条2根，人民币22 000元，财物金额总计

30 000 元人民币。被告人唐××以非法手段贪占原告人遗忘的巨额财物为目的,拒不交出原告人的手提包,比照《中华人民共和国刑法》第 152 条,已构成犯罪,请予以惩处。

此致

××××人民法院

附:1.起诉状副本 1 份

2.取款存折复印件 1 份

具状人:×××

×年×月×日

五、格式与写法

民事诉讼状和刑事诉讼状的结构相同,一般由四部分组成:首部、请求事项、事实和理由、尾部和附项。

首部　包括标题和当事人的自然状况。

标题　是起诉状的名称,要根据诉状的性质和内容来确定标题,写明是“民事起诉状”或“刑事起诉状”。

当事人的自然情况　要写明原告和被告的姓名、性别、年龄、民族、籍贯、职业、工作单位和住址等八项内容。

请求事项　原告要把自己的目的和要求向人民法院明确提出,民事起诉状的请求事项,要写明原告请求的具体事项,请求人民法院依法判处。刑事起诉状的请求事项,要写明被告人的罪名和向人民法院提出请求。示例刑事起诉状的请求事项包括:归还被告贪占的钱财和依法惩处被告。

事实和理由　这是起诉状的正文。

事实部分要围绕诉讼的目的,全面反映案件的客观真实情况。案件事实主要包括:当事人之间的法律关系;纠纷的发生发展过程;争执的焦点和具体内容;被告应承担的责任。示例民事起诉状的事实部分把原、被告双方的争端原因,纠纷发展的过程和被告的无理行为阐述得十分清楚、完整。示例刑事起诉状的事实部分写得简洁清楚,第一自然段简述事实经过,准确严密;第二自然段写出被告贪占的钱物数额。

理由部分是讲道理,在记清事实的基础上分析事实的证据,引用适当的法律条文,论说起诉的理由和根据。示例刑事起诉状的理由部分是“被告人唐××以非法手段贪占原告人遗忘的巨额财物为目的,拒不交出原告人的手提包;比照《中华人民共和国刑法》第一百五十二条,已构成犯罪,请予以惩处”。写了两层意思:第一层写明被告贪占他人钱物，并拒不交还；第二层引用相关发律，说明被告行为适合判处的依据。理由简洁恰当。

尾部和附项 尾部依次写明：致送法院名称；起诉人签名盖章、起诉时间。附项写明：本诉讼状副本×份，物证×份，证书×件。

附起诉状格式：

××起诉状(供公民起诉用)

<table>
<tr><td>原告：姓名、性别、年龄、民族、籍贯、职业、工作单位、住址</td></tr>
<tr><td>被告：姓名、性别、年龄、民族、籍贯、职业、工作单位、住址</td></tr>
<tr><td>请求事项：</td></tr>
<tr><td>事实和理由：</td></tr>
<tr><td>证据和证据来源、证人姓名、住址</td></tr>
<tr><td>此致
__________人民法院
附：1. 本状副本________份
2. 物证________件
3. 书证________件

具状人________
(签名或盖章)
____年____月____日</td></tr>
</table>

××起诉状（供法人或其他组织起诉用）

原告名称		
所在地址		
法定代表人姓名	职务	电话
企业性质	工商登记核准号	
经营范围和方式		
开户银行	账号	
被告名称		
所在地址	电话	
请求事项：		
事实与理由：		
证据和证据来源、证人姓名和住址		
此致 __________人民法院 附：1. 本状副本______份 2. 物证______件 3. 书证______件 具状人______ （签名或盖章） ____年____月____日		

六、写作注意事项

(一)在当事人自然状况一栏内，按规定要写八项内容，但现在“籍贯”、“民族”两项可以省略。此外，在民事诉讼中，特别是经济纠纷一类诉讼，原告与被告都可以以单位身份出现，这样就要写明单位名称、单位住址，并在单位名称之下，写出单位法人代表人的姓名。

(二)写起诉状要严格分清格式中各部分的界限，有条理、有顺序地安排各部分所确定的内容。不要把事实和理由写入请求事项，也不要把请求事项的内容写入事实和理由。即便在事实和理由中，也要严格分清记叙、事实与论证理由两个层次，不要杂糅。

(三)写起诉状要正确使用记叙、论证、说明的方法。事实和理由部分是使用这些表达方式的关键部分。其中事实部分要使用顺叙法，即以时间为顺序，依次记叙事实全部经过。要写清楚事实的七大要素：时间、地点、动机、目的、手段、情节、结果。其中理由部分要采用归纳的方法进行论证、推理，还要以法律条款为准绳，两方面密切结合，理由才能充分有力。其中证据的内容采用说明的方法，要客观、准确，为诉讼的审理和判决提供证人、证物、证言。

(四)写起诉状要注重事实的客观性和关键性。不论民事起诉状还是刑事起诉状，都应当按照实际情况的本来面目如实写出。自诉人阐述、记叙事情经过，不能有利于自己的方面就随意夸大，不利于自己的方面就歪曲隐瞒，而要客观地反映事实的真相，有利于人民法院公正合理地断案、判案。除此之外，写起诉状还要注意抓住事实关键性情节叙述透彻，并能在阐述理由时给予强调，以便为执法提供重要的本质的内容，使执法部门尽快查清案件的是非曲直。

文体学练

一、对下面的内容进行判断，对的在括号里画“√”，错的画“×”。

1.两个房地产商因为地皮的买卖权发生纠纷，一方一纸诉状，将另一方送上法庭。这种起诉状是刑事起诉状。(　)

2.农民工为讨债务，将包工头王×告上法庭。这种诉状为民事起诉状。(　)

3.无业青年刘×因拦截学生强行收取保护费，打伤学生小A，经司法鉴定为轻伤。小A父母起诉了刘×。这种起诉状为民事起诉状。(　)

4.甲乙两摊贩发生争吵，甲一气之下毁坏了乙货摊上的部分货物，结果被乙提起诉讼。这种起诉状是刑事起诉状。(　)

5.兄弟双方因财产分配发生争执，一方要到法院起诉，以求得法律解决。这种起诉状叫刑事起诉状。（　　）

6.一个家庭中，老人和儿子分开生活已经三年，最近，儿子中断了对老人生活费用的供给，老人写出诉状，要求当地法院给予解决。这种起诉状是刑事起诉状。（　　）

二、现摘录一份起诉状中一段内容，请据此写出这份起诉状的“请求事项”。

2002年3月，我公司与被告签订了一份500条毛毯的购销合同，总货款为2万元，交货日期为4月5日。合同签订后，我公司预付款项1万元，4月5日后，被告未能如约交货。为此，我公司4次派人找被告商量解决，被告既不供货，也不退还预付款项。

请求事项：____

三、根据上题的事实情况，给出下面的材料，请你根据材料，接续上题的事实部分，写出理由部分。

材料：

邱×的行为，左右的邻居202室李×、302室赵×都可以作证；曾经参与调解的居委会孙同志也可以作证。

邱×对原告二人实施侮辱与诽谤，连续多次，情节严重。

根据刑法第一百四十五条，对侮辱诽谤罪有明确规定。邱×的行为已触犯法律。

修改整理的理由部分。

四、根据给出的材料，为原告写一份民事起诉状。

程大年（25岁，汉族，男）与纪小龙（23岁，汉族，男）都在×厂担任推销员。200×年5月，纪小龙因要买一辆摩托车，向程大年借人民币7 000元，答应3个月之内归还。借钱时，同厂的许×也在场。不料，3个月后，纪小龙推说钱不够花，又拖了下来。直到这一年年底，程大年向纪小龙讨要借款时，对方竟然一口否认，说没从程大年处借过钱。这样，双方发生纠纷，程大年写了民事起诉状，向纪小龙讨要借款。

请你代程大年写一份起诉状。要求准确写出以下部分：起诉状的首部、请求事项、事实和理由、尾部和附项。

第二节　答辩状

学习提示点击：

◎ 学习答辩状写作，要熟悉和掌握该文体的格式要求。

◎ 答辩的理由要针对原告人在诉讼状中提出的事实和理由，证明自己的理由正确，提出的要求合理；写作中可以使用反驳的方法。

◎“答辩意见”针对诉讼请求，明确写出主张，做到简明扼要。

一、什么是答辩状

答辩状是被告人或被上诉人针对起诉的事实和理由或上诉的理由和请求，进行回答和辩解的诉讼文书。答辩状反映了当事人诉讼权利平等的原则，其作用在于对起诉状和上诉状中的不实之处进行辩解，达到驳回原告人或上诉人的诉讼请求的目的。

答辩状往往在原告起诉之后，作为被告或被上诉人申明理由时，写出递交人民法院。同起诉书一样，其具有维护自身权益的作用，需要我们学习和掌握。

二、种类

按照诉讼要解决的争议的不同性质，答辩状主要分为民事答辩状和刑事答辩状两种。

民事答辩状是民事被告在民事诉讼中为维护自己的合法权益，针对原告人起诉的事实、理由、根据和请求事项，以确凿的事实、理由、根据和请求事项进行辩解、驳斥或反诉时所用的文书。

刑事答辩状是刑事自诉案件的被告人为维护自己的合法权益，针对自诉人起诉的事实、理由、根据和请求事项进行回答、辩驳和反诉时所用的文书。

三、作用

（一）答辩状通过法律的程序，来回答或回驳原告一方提出的诉讼请求，一方面申诉被告一方的理由，一方面为法院的审理提供了更为充实的依据，以便处理该案件的人员全面地掌握有关材料，了解事实真相与全貌。

（二）被告一方向人民法院提出答辩，就可以使法院有关人员对被告一方的案情如实掌握。如果确系是原告的诬告甚至是陷害,被告一方就可以通过答辩中充足的证据和理由,澄清事实,证实自己的清白。

(三)答辩是被告一方的合法行为,合乎法律的程序要求,同样表现出当事人诉讼权利平等的原则。此外,被告一方的答辩,也为自身被一审判决之后的上诉,提供理由和根据。

四、例文阅读

个人书写的答辩状

××答辩状

答辩人:黄××,男,××岁,××市人,工人,现住××市××区×街××号。

具答辩状人黄××,于××年8月16日收到××市××区人民法院送达的原告××区服装一厂所诉建房纠纷一案的民事起诉状副本一份。现依法答辩如下:

原告在起诉状中指控答辩人拆毁了原告建筑物,要求我"承担一切损失"。事实是,原告因翻修厂房,在我自有房后施工,准备盖两层楼的建筑。原告施工的南墙与我的北墙相邻,距离仅70厘米。我的住房是两层的楼房,上下各三小间筒子房。第一层只有80厘米见方的一个窗子,与原告计划修建中的男女厕所窗子基本相对。因此,原告的建筑物会遮住我室内的光线,建成后使用中的厕所将会污染我室内的空气。为此,我多次向原告反映意见,与原告交涉,但原告不予考虑,继续施工。我出于不得已,才拆除了原告南墙的东段(约1米长)。此拆墙事件是由原告的无理行为引起的,因此,我不能同意原告的指控,也决不承担任何责任。

原告以建筑图纸经市规划局批准不可随意更改为由,提出其诉讼请求。我认为这条理由是站不住脚的。规划局仅是就原告的建房请求进行审查,未必充分考虑到我可能因此遭受的危害。凡事总难处处周全,既然有不妥之处,为什么不通过适当的途径请求规划局作出更正呢?退一步讲,即便按原方案进行,原告也可以通过调换搬迁等办法合理解决我的困难。这也是我向原告建议的解决办法之一。原告以"规划局已批准"为借口,连这样的建议也断然拒绝,可见原告毫无解决问题的诚意。

原告建造车间、厕所未考虑到污染环境和影响我的正常生活,侵犯了我的合法权益,应负担相应的民事责任。我请求法院维护我的合法权益,要求原告改变建房设计或者为我调换相当的住房。

此致

××区人民法院

答辩人：黄××（盖章）
200×年8月20日

单位书写的答辩状

关于维护公共建设的答辩状

答辩人：××市××区区公所，负责人王××。

我们××年×月××日收到××市送达的被告张××因房屋拆迁引起纠纷的上诉状副本一份，现依法答辩如下：

我们因建设需要，于1980年12月向原县委提出报告，请求改（扩）建鉴湖北后街，原县委于同年12月14日以"绍草办[19××]45号"文件批复同意。在改建过程中，张××在房屋拆迁问题上要求过高，几经协商，不能解决。为使改建道路得以顺利进行，才诉请于法院。××市人民法院于19××年依法判决。张××不服，提起上诉。我们认为张××的上诉理由是不能成立的。

一、张××说我所未给他起诉状副本。我们认为，在民诉法实施以前向法院只交起诉状未交副本是不允许的。

二、张××说我们改（扩）建马路是未经批准的。这是没有根据的。法院审查了区公所请求改（扩）建马路的报告和原县委的批准书，并当庭概括讲述了区公所的报告内容，还全文宣读了原县委的批准书，均有案可查。张××不能因为要求查阅区公所向原县委的报告未获准许，而否认（扩）建路的合法性。

三、张××说我们未征得他的同意，与房主沈××订立房屋买卖协议是非法的，这更无道理。张××虽然租用此屋，但只有租住权，并无所有权，所有权归房主沈××。我们改建拓宽马路，拆除沿途有碍的房屋，理当找产权人协商处理，张××无权干涉。

应当指出，对于张××我们已经做到仁至义尽。关于他租住的房屋拆迁问题，我们同他多次协商，除曾拆除他面积为十余平方米的房屋外，其余房屋让他继续居住，同时，又在距离张××现住处200多米的××新建平房一间，计 27.89 平方米抵十余平方米绰绰有余，而张××尚纠缠不休，未免不顾大局，要求过苛。

综上所述，我们认为××市人民法院的判决合情合理，有利于公共建设事业，应予维护。

此致

××市人民法院

答辩人：王××（盖章）

一九××年×月×日

五、格式和写法

民事答辩状和刑事答辩状的内容和结构基本相同，分为四部分：首部、答辩理由、答辩意见、尾部和附项。

首部　包括标题、答辩人的基本情况和答辩的由来。

标题：是答辩状的名称，根据性质和内容写明是“民事答辩状”还是“刑事答辩状”。

答辩人的基本情况：要写明姓名、年龄、民族、籍贯、职业、工作单位、住址。

答辩的由来：写明对什么人起诉的什么案件提出答辩。一般写法是：“因……一案，提出答辩如下：……”

答辩理由　答辩理由的陈述，一定要针对原告人在诉讼状中提出的事实和理由，证明自己的理由的观点是正确的，提出的要求是合理的。例文个人书写的答辩状提交的背景是：原告××区服务一厂，先向××市××区人民法院递交了起诉状，被告人黄××再依照法定程序，递交这份答辩状。状词根据事实证明原告建房污染了答辩人的居所环境，影响了其正常生活。答辩一方辩明：拆毁原告 1 米左右的“南墙东段”是“出于不得已”。然后，通过辩理，要求人民法院维护当事人合法权益，提出要原告改变建房计划或为其调换相当的住房的答辩意见。答辩状陈述事实，申辩理由，层次明晰，格式正确、完整。

答辩意见　是答辩人在阐明答辩理由、根据的基础上，向人民法院提出的要求和主张。不同的案件答辩请求也不同，有的要求法院驳回起诉；有的要求与起诉人和解；有的提出反诉请求。例文个人书写的答辩就在答辩意见中写道：“我请求法院维护我的合法权益，要求原告改变建房设计或者为我调换相当的住房”。这是在答辩的基础上，提出了反诉的请求。

尾部和附项　这部分要写明：致送法院的名称；答辩人签名或盖章；答辩时间和提交答辩状的副本数。

附答辩状格式：

××答辩状(公民答辩用)

答辩人
因　　　　　　　　　　　　一案
提出答辩如下：
此致 ________________人民法院 附：本答辩状副本________份 答辩人 （签名或盖章） ____年____月____日

××答辩状(法人或其他组织答辩用)

答辩人名称	
所在地址	
法定代表人姓名	职务　　　电话
企业性质	工商登记核准号
经营范围和方式	
开户银行	账号
因	一案
提出答辩如下:	
此致 ____________人民法院 附:本答辩状副本______份 答辩人 (签名或盖章) ____年____月____日	

六、写作注意事项

（一）答辩状中“答辩理由”是重点，主要采用反驳的方法。反驳的步骤：首先，抓住对方在起诉中所陈述的错误事实，或所引用法律条文上的错误，作为反驳的论点；其次，列出事实与证据，作为反驳诉讼请求的论据；再次，针对原告人的起诉理由是否符合法律规定进行反驳。在反驳时要遵循以事实为依据、以法律为准绳的原则，在尊重事实的基础上，从法律和事实两方面反驳。

（二）写答辩状除了运用反驳外，还要做到抓住要害，重点突出。答辩状既然是针对起诉状的诉讼请求而答复和反驳的，就应当根据双方当事人在案件中的争执焦点，抓住影响成败的关键性问题，阐明事理，有理有据，论点突出，论据确凿，论证有力，而不要回避要害，横生枝蔓，或答非所问，不得要领。

（三）“答辩意见”是被告人根据可靠的事实和充分理由，从正面提出对诉讼事实争执焦点的主张或看法，这实际是反驳对方之后的立论，所以要做到简明扼要，针对诉讼请求，明确表示同意什么或反对什么，如果内容较多，可以分条列款，使之一目了然。

文体学练

一、判别下面的内容，从括号中挑选正确的短语填写在横线上。

1. 答辩状可以不必依照法定的程序，只要被告人认为应该回驳原告，就可以随时写出并向法院递交，这样________（可行　不可行）。

2. 答辩状的当事人必须是________（原诉当事人　当事人家属　当事人亲友）。

3. 答辩的时间必须____________（在起诉和法庭辩论终结之后　在起诉和法庭辩论终结之前　在起诉之后与法庭辩论终结之前）。

4. 答辩状只能通过________________（市级人民法院受理　审理本诉的法院受理　答辩人所在地区的法院受理）。

5. 答辩状具有回答和辩驳的性质，受理该案件的法院对答辩人具有（强迫性，即必须递交答辩状　无强迫性，即不必递交答辩状）的要求。

二、阅读下面材料，按要求回答问题。

新兴服装厂要在退休工人黄××的私人住房后施工，施工的北墙正与黄××家南墙相邻，距离仅60厘米。而黄××家仅有80厘米的一扇窗子，与新兴服装厂计划修建的厕所相对。黄××认为建成之后，对方建成的厕所会对他家有污染，交涉没有结果，就自行拆毁新兴服装厂新建北墙的一段砖墙(约1米)。

1.作为________(被告 原告)，新兴服装厂向该地区法院________(上诉起诉)了黄××。

2.作为________(被告 原告)，黄××收到法院传票，要递交________(起诉状 答辩状)来对簿公堂。

3.黄××要________________(回答 反驳 叙述)新兴服装厂的说法，理由应该概括为：________________________________。

提出的反诉请求：________________________________。

三、阅读本单元例文中这段反驳文字，按要求回答问题。

张××说我们改(扩)建马路是未经批准的。这是没有根据的。法院审查了区公所请求改(扩)建马路的报告和原县委的批准书，并当庭概括讲述了区公所的报告内容，还全文宣读了原县委的批准书，均有案可查。张××不能因为要求查阅区公所向原县委的报告未获准许，而否认(扩)建路的合法性。

1.答辩状中，答辩人王××引用被告张××上诉理由是：____。

2.答辩人认为被告的上诉理由不能成立的原因是：________________________。

3.答辩人的证据是：____。

4.答辩人除了举出证据，还阐述道理：____。

第三节 民事调解书

学习提示点击：

◎ **学习民事调解书，要熟悉和掌握该文体的格式要求。**

◎ **“事实”和“理由”部分是该文体写作的重点；“文书效力”部分是必写内容。**

一、什么是民事调解书

人民法院审理民事案件，在坚持自愿、合法的原则下，在查明事实、分清是非的基础上，采取调解方式，促使当事人互相谅解，达成协议后写成的文书，称为人民法院民事调解书。

民事调解书在法院工作的案件审理中,用处较为广泛。民事案件经过法官的调解后,原被告双方都愿意通过民事调解的方式解决纠纷,就需要使用这种法律应用文体。调解的案例越多,越能显示社会中人们之间关系的和谐稳定。

二、作用

(一)具有法律效力。经过法院调解后原被告双方达成一致意见,形成了调解。制作的调解书并不意味失去法律效力,而是同样具有法律依据。它既是当事人协商结果的记录,又是人民法院予以批准的证明,也是当事人遵照执行的根据。

(二)民事案件通过调解的方式解决,可以减少诸多的司法程序,促进社会主义社会的安定团结。因此,制作好调解书,对于及时解决人民内部矛盾,促进社会治安稳定,宣传社会主义法制,预防和减少纠纷,都有重要意义。

三、特点

民事调解书有一审、二审、再审调解书的区别。一审的调解书通常没有经过其他的法律程序,较为简单。而二审、三审之后的民事调解书不仅有双方调解的资料,还有原来法院判定的原始资料。这些资料也需要在双方达成的调解书中予以法律说明。

四、例文阅读

民事调解书

(2001)庆民终字第194号

上诉人(原审原告)黄守仁,男,1916年5月20日出生,汉族,无职业,住辽宁省庄河市三架山村栗子园屯。

委托代理人李忠,男,大庆市天衡法律服务所法律工作者。

被上诉人(原审被告)黄群,女,1971年3月9日出生,汉族,大庆市第二十五中学教师,住大庆市让胡路区龙南小区32号楼501室。

被上诉人(原审被告)黄敏,女,1972年11月24日出生,汉族,大庆石油管理局金属构件厂工人,大庆市让胡路区51号楼102室。

被上诉人(原审被告)黄静,女,1981年6月20日出生,汉族,无职业,大庆市让胡路区悦园小区21号楼201室。

案由:遗产继承。

上诉人黄守仁不服大庆市让胡路区人民法院(2000)让民初字第258号民事判决,向本院提起上诉,请求撤销原判,予以改判。

经审理查明:1998年7月26日,黄守仁之子黄成斗病故,在留下的遗产中,由其二婚妻子乔淑云与黄成斗三个女儿及黄守仁协商于1998年8月19日成立遗产分割协议,并由黄群、黄敏、乔淑云在协议上亲笔签字,黄守仁、黄静的名字由黄敏代签,黄守仁、黄静对黄敏代签协议予以认可。协议约定,乔淑云从遗产分割出价值320 000.00元财产给黄守仁、黄群、黄敏、黄静,由其自行分配,其中包括现金150 000.00元、桑塔纳轿车一辆(黑E 94798),折价100 000.00元、京岛轿车一辆(黑E 21140)折价20 000.00元,板房一座、折价30 000.00元、先锋音响及爱华VCD一台折价20 000.00元。之后乔淑云把150 000.00现金及上述财产交给了黄敏。黄敏将现金15万元交给了黄静。1999年3月19日黄敏给付黄守仁10 000.00元。故黄守仁要求分割协议中应属于自己的遗产。

本案在审理过程中,经本院主持调解,双方当事人自愿达成如下协议:

黄群、黄敏、黄静一次性给付黄守仁人民币30 000.00元(已给付10 000.00元),此款于签收调解书时一次性付清。其继承黄成斗的遗产现金150 000.00元、桑塔纳轿车一辆(黑E 94798)、京岛轿车一辆(黑E 21140)、板房一座、先锋音响及爱华VCD各一台归黄群、黄敏、黄静所有。

一、二审案件受理费5 220.00元,由上诉人黄守仁负担2 610.00元,黄敏、黄静、黄群负担2 610.00元。

上述协议,符合有关法律规定,本院予以确认。

审判长　×××
审判员　×　×
2008年×月×日

五、格式与写法

根据例文阅读,熟悉民事调解书的格式和写法。包括标题与编号、诉讼参与人基本情况、案由、事实、理由、协议内容、注明文书效力、落款等项内容。

标题与编号　写明法院名称和“民事调解书”字样。编号由年份、法院简称、文书简称和文书顺序号组成,写于标题之下。如例文中“(2001)庆民终字第194号”。

诉讼参与人基本情况　在这一部分写明姓名、年龄、性别、年龄、身份、民族、籍贯、职业、工作单位和家庭住址等。一般情况先写原来原告的基本情况,再写原来被告的基本情况。

案由　一审民事调解书要直接写明案由。如例文中“遗产继承”。

事实　调解书事实的写法,应视具体案件而定。写明纠纷的原因、过程和现状,双方所持理由以及双方的请求。在写法上,一般采取把双方争议的事实和法院认定的事实综合在一起写。它不像判决书那样把事实写得很详细,而是力求高度概括,在简明上见功夫。

理由　调解理由是指人民法院在查清事实的基础上,针对当事人争议的问题,根据法律的适用条款,做出公正评定。理由部分主要说明能够达成调解的原因,分清是非。因为是调解,所以,理由既要充分,又要客观公正。案情简单,协议达成也顺利的,可以不写理由,或者调解理由从简,与事实写在一段里。案情比较重大复杂的,当事人要求法院明辨是非,以及经济纠纷案件等,则应当另起一行写明调解的理由。

协议内容　这是指当事人在自愿合法的原则下达成的解决纠纷的一致意见。有两方面的具体内容:一是案件实体问题的解决意见,二是诉讼费用的负担。

注明文书效力　在诉讼费用负担的下一行,写明“本调解书与判决书具有同等的法律效力”字样。

落款　合议庭组成人员或者审判员署名,达成协议的时间,并加盖人民法院章;书记员署名,加盖“本件与原本核对无异”字样的印戳。

六、写作注意事项

(一)民事调解书仍然属于法律文书,因此,制作的过程与其他司法文书格式一样,保持其严肃性和法律依据的性质。

(二)写作事实与理由两部分,事实要高度概括,写明要点,事实中的有关钱款、物资等的数量要准确无误。理由要根据事实,合情合理,严密周到,双方均无异议。

(三)语言做到简明平实,保持严肃的风格,以显示法律文件的权威性。

文体学练

一、根据下面各题的说法判别正误,对的画"√",错的画"×"。

1.民事调解书虽属法律文书,但没有法律效力。( )

2.调解的双方可以不经法院主持而自行解决。( )

3.调解书可以只陈述事实,不必阐述理由或援引法律条文。( )

4.这种文书只限于民事调解而不能用于刑事诉讼。( )

5.王老实因宅基地案由与邻居发生争端,法院认为可以进行民事调解,并形成民事调解书。( )

6.于发财抢劫一位妇女的财物,这个案件不能通过民事调解书解决。( )

二、选择合适的词语,填写在下段话空白的横线上。

面对这样一起________(争夺 抢夺)孩子抚养权的案件,宣武法院少年庭的法官________(动用 花费)了一番心思。可以说把孩子判给哪一方都将面临着________(你争我夺 彼此拼抢)的局面,而这种表面上看似疼爱孩子的做法其结果必然使孩子的________(身体健康 身心健康)受到伤害。如何使孩子能有一个________(相对和谐 相对平静)的环境,既能够享受到父母的关爱,又不会被他们的吵闹________(惊吓 惊扰),案件承办人决定在目前《婚姻法》所涉及子女抚养权的法律条文相对比较简单的情况下,做一次突破性尝试。

三、把下面的内容整理成一则民事调解书(可以打乱次序,梳理顺畅)。

1.孙某,男,31岁,宣武区××街××号,公司职员。李某,女,30岁,××区××街××号,幼儿教师。

2.佳佳的父母2007年6月离婚。佳佳从小由爷爷奶奶带大,父亲照看的时间比较多,离婚协议上写明佳佳由父亲自行抚养。没过三个月,佳佳的母亲一纸诉状递到宣武区法院要求变更孩子抚养关系,理由是男方借故不让自己看孩子。

3.男方却说孩子现在已被女方抢走,并且已经转到了新的幼儿园。现在男方看不到孩子。为此,也一纸诉状递到了宣武区法院执行庭,以孩子合法监护人的身份要求法院把孩子"执行"回来。

4.宣武法院进行了民事调解,规定佳佳由孙某(注:孩子的父亲)自行抚育。

5.每月第二、第四周的星期六上午10时李某(注:孩子的母亲)将佳佳接走,星期日晚8时将佳佳送回孙某处;春节期间初一上午10时李某将佳佳接走,初三晚8时将佳佳送回孙某处,国际劳动节和国庆节期间,1日上午10时李某将佳佳接走,2日晚8时将佳佳送回孙某处;偶数年的儿童节由李某接佳佳,接送时间仍为上午10时和晚8时。

6.这份调解书是双方当事人自愿达成的协议,经双方当事人签收后即具有法律效力。审判员 张××

第三单元　社交礼仪文书

工作和生活中，社交礼仪文书是必不可少的。政府机关、企事业单位接待、宴请、迎送友邻单位或客户，一个家庭的婚丧嫁娶，给长辈做寿辰，都要使用必要的礼仪，进行必要的仪式，也必须有各类适合礼仪形式的致辞。学习这些辞令、有这方面的素养是完全必要的，也是社会活动中必需的。

第一节　欢迎辞　欢送辞

学习提示点击：

◎ 学习写作欢迎辞和欢送辞表敬用语的正确使用。

◎ 不同场合、不同身份的欢迎辞和欢送辞写法上的区别。

欢迎辞

一、什么是欢迎辞

欢迎辞是政府机关、企事业单位、社会团体，甚至家庭中在较为盛大的场合欢迎友好团体或来宾进行访问、交谊等活动时的致词。

二、种类

从社交的形式上划分，欢迎辞可以划分为公事往来的欢迎辞和私人往来的欢迎辞两种。

三、特点

（一）遣词造句的口语特点是欢迎辞必备的条件。面对众人现场讲话，使客人听得清楚，听得舒服，要运用大众熟悉的口语，而不必文句满口，生涩板滞。

(二)欢迎辞还要亲切柔和，使客人听了有宾至如归的感觉。“有客自远方来，不亦乐乎？”亲切的话语能引起客人的好感，增加亲和力，使彼此逐渐熟悉亲近。

四、例文阅读

胡锦涛总书记欢迎连战等访问大陆的欢迎辞

尊敬的连战主席和夫人，尊敬的吴伯雄副主席、林澄枝副主席、江丙坤副主席，尊敬的国民党大陆访问团的全体成员：

大家好！

四月的北京春意盎然，在这美好的季节里，我们迎来了中国国民党主席连战先生率领的国民党大陆访问团。今天的会见是我们两党主要领导人历史性的会见，我为此感到非常高兴。首先，我代表中共中央向连主席和夫人，向各位副主席，向访问团的全体成员表示热烈的欢迎，并致以良好的祝愿。

有朋自远方来，不亦乐乎。你们的来访是中国共产党和中国国民党关系史上的一件大事，也是当前两岸关系当中的一件大事。

从你们踏上大陆的那一刻起，我们两党就共同迈出了历史性的一步，这一步既标志着两党的交往进入了新的发展阶段，也体现了我们两党愿共同促进两岸关系发展的决心和诚意。我们共同迈出的这一步，必将记载在两岸关系发展的史册上。

当前，两岸同胞都希望两岸关系走向和平、稳定、发展的光明前景。我们多次表示，欢迎认同“九二共识”、反对“台独”、主张发展两岸关系的台湾各政党、团体和代表性人士同我们开展交流和对话，共同推动两岸关系的改善和发展。

昨天全国政协贾庆林主席和连战主席以及访问团的成员进行了很好的会见，陈云林主任和林丰正秘书长也进行了工作会谈，等一会儿我还要和连主席交换意见。我想，我们一定能够在促进两岸关系发展和两党交往等问题上达成重要共识。

虽然我们两党目前还存在一些分歧，但只要我们双方都能够以中华民族的根本利益为重，以两岸同胞的福祉为重，就一定能够求同存异，共同开创美好的未来。

今年是孙中山先生逝世八十周年，连主席和访问团的全体成员在南京敬谒了中山陵。中山先生是伟大的爱国主义者和民族英雄，是中国民族革命的伟大先行者，他为民族独立、民主自由、民生幸福，为国家的统一和富强贡献了毕生精力。他在全国各族人民和一切爱国人士当中有着崇高的威望，中国共产党人始终对他怀着崇高的敬意，从来就是中山先生革命事业的坚定支持者、合作者、继承者。中山先生也把中国共产党人当作自己的好朋友。在当年，中国内忧外患的情况下，中山先生第一个喊出了“振兴中华”的口号，这理应继续成为我们两岸的中国人共同的追求和责任。中山先生为中华民族和中国人民留下了许多珍贵的精神遗产，值得我们永远地继承和发扬。

在当前两岸形势复杂变化的形势下，我们两党都要深入地体察两岸同胞的所愿所想，深刻地把握两岸关系和世界大势的发展趋向，要以我们积极的作为向两岸同胞展示两岸关系和平稳定发展的前景，要向世界表明两岸的中国人有能力、有智慧解决彼此的矛盾和问题，共同争取两岸关系和平、稳定、发展的前景，共同开创中华民族的伟大振兴。

我相信，国民党大陆访问团的这次访问，以及我们两党的交流对话，已经给两岸关系的改善注入了春天的气息，希望我们双方共同努力，争取两岸关系朝和平、稳定、发展的方向前进。让我们两岸同胞一道在和平、发展的道路上不断开拓前进。

非常感谢连主席和各位听完我的欢迎辞，谢谢大家！

胡锦涛

2006年4月29日

（引自2006年百度网）

五、格式与写法

根据例文阅读明确欢迎辞的格式和写法。欢迎辞包括标题、称谓、主体、落款四部分。

标题 首行正中写“欢迎辞”三字，必要时前面加修饰语，说明写给谁的欢迎辞。

称谓 写明欢迎的对象，如果是一个团体，其中的主要负责人要都写到。例文中称谓涉及的来访成员除国民党主席连战，还有其他重要成员。

正文 ①表示问候，如“大家好”等。②客人到来的时间、地点、背景以及东道主表示欢迎的态度。如例文中“四月的北京春意盎然，在这美好的季节里，我们迎来了中国国民党主席连战先生率领的国民党大陆访问团。今天的会见是我们两党主要领导人历史性的会见，我为此感到非常高兴。首先，我代表中共中央向连主席和夫人，向各位副主席，向访问团的全体成员表示热烈的欢迎，并致以良好的祝愿。”③写明双方交往的积极意义，还可以回顾以往的友情，等等。例文中就说明了国民党代表团此行的意义和双方十分友好的会谈，还回顾共产党对孙中山先生的崇敬之情以及这次对话交流对国共两党关系发展的现实意义。④结尾，再次表示对客人诚挚的欢迎和良好祝愿。

落款　在正文右下方写致辞人姓名，下一行写年、月、日。

六、写作注意事项

(一)不管是单位还是个人，写欢迎辞是作为东道主的一方欢迎客人到来，因此称呼要表示尊敬，使用适当的表示尊称的修饰语，如“可敬的”、“尊贵的”、“远道而来的”等。

(二)正文中的遣词用语要注意对方的礼仪规矩以及习俗等，用词要恰当得体，还要感情充实、真挚，使客人听了十分满意舒畅。

(三)欢迎辞不宜过长，以在 5 分钟之内为好。个人使用的欢迎辞应力求更短些。

欢送辞

一、什么是欢送辞

政府机关、企事业单位、社会团体或个人送别友好团体或客人归去时的致词。

二、种类

从社交形式上，欢送辞可以划分为公事往来的欢送辞和私人往来的欢送辞两类。

三、特点

(一)把握好送别时使用的词语，把惜别的情感表达充分。语言要真挚，并希望客人们再来。并对客人的归程进行良好的祝愿。公共事务交往的欢送辞，话说得更要妥帖、恰当。

(二)欢送辞中，对客人们在逗留期间的活动可以精要评价，把客人的好思想、好作风说充分，指出可供学习之处。

(三)使用口语,富于情感又含有趣味,留给客人难忘的印象。

四、例文阅读

老战士退伍的欢送辞

亲爱的战友们:

时间过得好快,一转眼,你们就要告别这绿色的军营,离开亲爱的连队,在此,我代表连队党支部和全体官兵祝你们一路平安,前程似锦!

四年前,当多数同龄人还在父母呵护下生活在家庭的温室里时,你们胸怀祖国,心系国防,积极响应祖国的号召,坚定的跨入了共和国绿色的方队。

四年前,你们穿着肥大的军装,来到连队,是那么的天真。记得在第一次参加连队紧急集合时慌得把裤子都穿反了;记得第一次在班务会上发言,憋了几分钟也没蹦出几个字;记得第一次正步训练,踢成顺拐的情景。如今你们长大了,成熟了,进步了,自信了,当初的小不点成为威武强壮的军营男子汉。

四年来,你们以连为家,扎根军营,严格训练,刻苦学习,你们把生命中最灿烂、最富有色彩的年华献给了军营。正是有你们,连队连续三年被评为先进,并连续三年夺得师岗位练兵比武的金牌,正是你们,丰富了连队的文化生活,正是你们,为连队送上营养可口的饭菜,正是你们,用自己优良的作风在每一个角落都留下了矫健的身影,连队的一草一木都洒满了你们的汗水。通过你们自身奋发努力,有的成为训练标兵、技术能手,有的成为思想骨干、文体尖子。在这里,我代表全连向你们表示衷心感谢!

分手了,往昔的一切,珍存在我们的记忆里,构成了我们人生永恒的回忆。亲爱的战友们,虽然你们离开了连队,却为我们留下了无私奉献的精神、艰苦奋斗的优良作风,这都将成为连队宝贵的财富和前进的动力。

最后,让我说一声再见,道一声珍重!在未来的岗位上,盼望你们做出更辉煌的业绩!

×××
2008 年×月×日

老教师光荣退休的欢送辞

心头的话语

谭　泽

小序:2008年4月3日,××区实验中学以"做人要做这样的人"为题,欢送常××老师退休。

一撇一捺撑起人,一撇一捺撑起人,一撇一捺撑起人,
今生有缘识常君。有骨有肉须有魂。撇捺支撑不可分。
为人正派沧桑路,做人须有铮铮骨,一撇有如艳阳灿,
脚踏实地总认真。风吹浪打抖精神。一捺好似天阴沉,
锲而不舍做实事,做人须有真情在,喜怒哀乐逆与顺,
精益求精建功勋。山高水长情谊深。得失成败浮与沉,
持之以恒如一日,做人须有仁和义,酸甜苦辣寻常事,
披肝沥胆见真心。亘古不变是人魂。人生画卷色缤纷。
循循善诱显诚意,仁义道德真君子,宠辱不惊如止水,
桃红李艳育新人。地久天长见良心。宁静致远靠修身。
年逾花甲精神在,君子胸襟坦荡荡,俯仰不愧天与地,
松柏长青又一春。光明磊落深扎根。褒贬自有春秋分。
交友须交这般友,事品道品皆人品,常修做人阳关道,
做人要做这样人。品事品道皆品人。一生一世学做人。

五、格式与写法

根据例文阅读熟悉欢送辞的格式和写法。欢送辞包括标题、称谓、正文、落款四部分。

标题　首行正中写"欢送辞"三字,一般情况都有修饰语,写出欢送辞的性质。如"欢送老战士退伍的欢送辞"等。

称谓　写明欢送人的称呼,如果是团体,可以写出团体的称呼。必须带有修饰语,如"尊敬的诸位客人"、"可敬的专家教授"、"亲爱的朋友们"等等。

正文　由开头、主体和结尾组成。开头说明致辞者是以怎样的身份、代表那些人为客人送行。主体阐述客人们逗留期间,双方取得何种共识、协议、成果等,把客人们优秀的品德和良好的作风讲充分,说透彻。如例文中说到老战士们是这样评价的:"四年来,你们以连为家,扎根军营,严格训练,刻苦学习,你们把生命中最灿烂、最富有色彩的年华献给了军营。正是有你们,连队连续三年被评为先进……我

代表全连向你们表示衷心感谢!”结尾要说出预祝的话,表示对被欢送者的祝福。如例文中“最后,让我说一声再见,道一声珍重! 在未来的岗位上,盼望你们做出更辉煌的业绩!”

落款 写出致辞人的姓名,下一行写日期。

六、写作注意事项

(一)使用称呼的礼貌敬语要根据客人的身份使用恰当。对年长而身份高的客人,要使用表示敬重的敬语;对年轻活泼的客人,如学生等,用语宜亲切;对女士,用语宜端庄。

(二)正文的措辞要语言简洁、凝练、有意义而不死板,不宜做长篇发言,像作报告那样。简短精彩的欢送辞是适合这种送别的场合的。

(三)写作中注意表达感情,要把对客人真挚的情感通过言辞恰当表达出来,做到文情并茂。

文体学练

一、选择合适的词语,填写在空白的横线上。

1. 你们的到来,让我感到十分________(愉快 高兴)

2. 我代表全家________(热烈 热情)欢迎您

3. 你们________(热烈地 热情地)款待使我感动

4. 祝你归程________(一路顺风 一路平安)

5. 对您们的招待深表________(谢忱 致意)

6. 我们珍视彼此的________(好感 情意)

7. 为双方合作成功________(一饮而尽 干杯)

8. 我们向各位表示良好的________(庆贺 祝愿)

二、把下面的句子整理成一则欢迎辞(可以打乱次序,梳理顺畅)。

1. 各位来宾:大家好!

2. 最后,让我再一次对各位朋友的到来表示欢迎!

3. 请你们也不要客气,只要在饮食、出行、购物等方面有为难之处,尽管提出,我们会立即加以改进,直到大家满意为止。

4. 愿大家有一个愉快的旅行!

5. 欢迎你们从遥远的边城来到首都。你们是我们尊贵的客人,我们会在大家逗留期间,为每一位朋友提供周到的服务。

三、写作训练。

××公司的客户在该公司洽谈业务，进行了三天谈判，双方都十分满意，订立了合同，然后，公司还派专车、专人陪同客户游览了一天长城。在送别的宴会上，××公司经理准备祝酒欢送客人。

请你为该公司经理拟写一则150字的欢送辞，要求格式正确，符合写作要求。

第二节　婚礼致辞　婚礼主持辞

学习提示点击：

◎ 婚礼致辞因为致辞者的身份地位不同，写作语言风格都要有所区别。

◎ 婚礼主持辞的写作，注意其整体性、链接性、环节性，又要注意用语切合情景和对象。

婚礼致辞

一、什么是婚礼致辞

婚礼致辞是青年男女结婚典礼上，双方家长、来宾在婚礼上的祝福、讲话。

二、种类

一般有三类：一是结婚新郎、新娘双方家长的致辞。在热烈的典礼上，新人家长对新人的祝福。二是主婚人对新人的祝福。三是新人双方单位的领导或来宾对新人的祝福。

三、特点

（一）祝福的致辞依据身份而确定风格和内容。新人家长的致辞要热切深挚，含有长辈对子女的期望。新人单位领导的致辞除了对新人新生活的祝愿，还可以对他们在未来的工作中提出期望。主婚人或来宾可以赞美新人以前的美好品质，可以作一些幽默而有情趣的调侃，以营造热烈的气氛。

（二）致辞以精短为好。“精”指的是语少意丰，也要情感充沛；“短”指的是不要让发言占用更多时间，以利于下面程序的进行。这种致辞以不超过三四分钟为宜。

四、例文阅读

家长的致辞

各位来宾、各位亲朋故旧、新人双方的领导：

大家好！

今天是爱子×××新婚的庆典，××作了他的妻子，就是我的爱女了！（大家笑）在今天你们两人大喜的日子，我作为父亲，赠送你们几句话：

祝你们互敬互爱，共同创造幸福的未来！

愿你们勤劳务实，共同建造理想的家园！

望你们遵行孝道，对岳父尽孝，对岳母尽孝，对婆母尽孝，当然，（对着新娘）也别忘记我这个老公爹！（众人笑）

最后，愿各位来宾，吃好喝好！一醉方休！（众人鼓掌）

来宾的致辞

各位来宾、双方家长：

大家好！

今天不同以往，是新郎×××、新娘××喜庆的节日，我作为你们的朋友，送几句祝辞：

“执子之手，与子偕老”。此一刻，意味着你们这两颗相恋已久的心，终于走到了一起；此一刻，意味着两个相爱的人步入了神圣的婚姻殿堂；此一刻，意味着在今后日子里，无论是风是雨都要一起度过；此一刻，将在人生的旅途中相濡以沫、恩爱到老、携手一生。

愿你们恩爱久长，比翼齐飞，也愿你们早生贵子，振兴家业，走向美好的明天！

谢谢大家！

五、格式与写法

根据例文明确婚礼致词的写法。婚礼致辞包括标题、正文两部分。

标题 写明在新郎××、新娘××的结婚典礼上的致辞。如“在王广河、郝梅新婚典礼上的致辞”等。

正文 先要向在场的双方家长、亲友、嘉宾、客人问好，再根据不同的身份，结构对新人祝福的正文。长辈的致辞宜亲切温暖，满含期盼之情，还可以在这个这个场合对作为子女的晚辈提出适当的期待。如例文中“望你们遵行孝道，对岳父尽孝，对岳母尽孝，对婆母尽孝，当然，也别忘记我这个老公爹！”平辈朋友的祝愿致辞可以搞笑、逗趣、开心、幽默、活泼，但不宜使用粗俗的话语。嘉宾或新人双方单位领导的祝福致辞，除了美好祝愿，还可以从新人工作的角度，在事业发展方面开拓话题。不管是哪方面的致辞，都必须语言热情，感情饱满，表示对新人的祝愿和颂扬。结婚典礼致辞的致辞人身份由婚礼主持人介绍，因此落款可以省略。

婚礼主持辞

一、什么是婚礼主持辞

在结婚典礼的整个过程中，即从典礼开始到典礼结束（宴席开始），主持人自始至终的发言、引导、结语辞等都属于主持辞。

二、种类

主持辞整个过程的环节就是其类别的体现。

开场的发言　主要内容介绍是哪两位新人的婚礼，其中包括对新人的颂词。

引导辞　包括新郎新娘出场；主婚人致辞；新人双方家长等致辞；新郎新娘的场上各种仪式。

结语辞　包括送新郎新娘退场等。

三、作用

（一）主持辞是结婚典礼的串联辞，自始至终都必须依靠主持辞引导婚礼向前推进，在结婚庆典中是极为重要的。

（二）主持辞对结婚典礼的每一个环节，都必须层次分明，每个过程都不可忽略，要有板有眼按顺序写出，并依次进行。

（三）婚礼要举办得隆重热烈，主持辞内容精彩是重要因素（包括主持人的完美表现）。主持辞除了表现为对婚礼秩序的安排，还有煽情的作用，不断烘托气氛，逐步把婚礼推向高潮。

四、例文阅读

童×先生和李××小姐结婚典礼上主持人的致辞

各位来宾、各位领导、各位先生、各位女士：

大家好！

阳光明媚，歌声飞扬，欢声笑语，天降吉祥，在这美好的日子里，在这金秋的大好时光，我们迎来了一对情侣童×先生和李××小姐幸福的结合。在这里首先请允许我代表二位新人以及他们的家人对各位来宾的光临表示衷心的感谢和热烈的欢迎！（结婚典礼开始前的致辞）

接下来我宣布——新婚庆典仪式现在开始！

好，请我们的音响师奏响庄严的婚礼进行曲，让我们大家以最热烈的掌声有请二位新人登场！（进入新人隆重登场环节）

红杏枝头春意闹，玉栏桥上伊人来，身披着洁白的婚纱，头上戴着美丽的鲜花，沐浴在幸福甜蜜之中的佳人在庄严的婚礼进行曲当中心贴着心、手牵着手，面带着微笑向我们款步走来。朋友们，让我们衷心的为他们祝福，为他们祈祷，为他们欢呼，为他们喝彩，为了他们完美的结合，让我们再一次热情鼓掌，祝福他们美好的未来！

各位来宾，各位领导，今天是公元两千零七年十月三日，现在是北京时间八点四十八分。据擅观天象的权威人士说，此时这是成婚的黄道吉日，我们的童先生和李小姐怀着两颗彼此相爱的心，终于走上了这庄严神圣的婚礼圣堂！

请问童先生，您愿意娶您身边这位李小姐为您的妻子吗？（愿意）请给点掌声再来一次！无论贫贱与富贵直到永远吗？那么好请问李小姐：您愿意嫁给在您身边这位童先生为您的丈夫吗？无论贫穷与富贵直到永远吗？那么好，上帝匹配，两厢情愿，一生平安，前程灿烂！

接下来请嘉宾赵总经理代表中华人民共和国民政部向新郎新娘宣读并颁发结婚证书！（进入主婚人宣读结婚证书环节）

接下来请允许我向各位来宾介绍一下今天的二位新人，站在左边的这位亭亭玉立婀娜多姿的这位小姐就是今天的新娘李小姐，向前一步走让大家来认识一下。翘首望，看新娘，美妙佳人人向往，身形苗条似仙女，风姿翩翩似鹤翔，有如出水芙蓉娇艳美，赛过五彩金凤凰，大眼睛高鼻梁，唇红齿白体透香，真是要说多美有多美，要说漂亮赛秋香，风流才子唐伯虎，为点秋香愁断肠，三点秋香真情在，春心拥抱入洞房，且看小伙儿有绝招，梧桐引来金凤凰。

介绍完新娘我们看新郎，新郎就在新娘旁，站在新娘旁边的这位美滋滋乐颠颠的小伙子就是咱们今天的新郎童先生，向前一步，让大家来认识一下，好，看新郎，也漂亮：英俊潇洒，相貌堂堂，浓眉大眼，落落大方，比阿兰德龙有魅力，比施瓦辛格体格棒。这正是，才子配佳人，织女配牛郎，花好月圆，地久天长！

那么接下来就有请我们的二位新人以夫妻的身份向在座的所有来宾行新婚大礼。大家知道年轻人结婚，无论是从装修房子到打家具，还是买衣服、办酒席，大部分的经济支出都出自于父母，父母可以说为了儿女的婚事费尽了心血，支出了大笔的费用。但是咱们大婶说了能够娶这么一个温柔漂亮的儿媳妇别说花上几万，就是花上十万、五十万都值得。所以新郎新娘请听真，水有源，树有根，儿女不忘养育恩，今朝结婚成家业，尊老敬贤，拜上白发双亲。（进入新人双双拜双亲的环节）接下来是二拜高堂，父母双亲，一鞠躬，感谢养育之恩，再鞠躬，感谢抚养成人，三鞠躬，永远孝敬老人！

好，接下来拜咱们今天远道而来的亲爱的娘家客人，她们把这一位温柔漂亮的小姐从小养到大，今天呢高高兴兴送到了你们家，在这里咱们首先要向他们道一声谢谢，二位新人向咱们今天亲爱的娘家客人深深的三鞠躬，一鞠躬，再鞠躬，三鞠躬！

接下来是夫妻对拜。（进入夫妻对拜的环节）二位新人向左向右转，在咱们鞍山有这么一个风俗，夫妻对拜的时候谁鞠躬鞠得越深说明谁爱对方爱得越深，一鞠躬，谢谢您选择了我，再鞠躬，白头偕老，三鞠躬，永结同心！

还有这么一句话，打鱼要用网，划船要用桨，新郎新娘入洞房，怎能离开大红娘。（进入拜介绍人的环节）那么请二位新人的介绍人站起来让大家认识一下，哪位，您好，我代表二位新人非常感谢您这位介绍人，刚才二位新人说了，如果没有您牵线搭桥，她们今天也不能在这里喜结连理，那么在给您三鞠躬的同时，要由我代表二位新人献上您三句话，好，下面向亲爱的介绍人三鞠躬，一鞠躬，感谢您，是吧？二鞠躬，再谢您，三鞠躬，不理您，结完婚了用不着您了，开句玩笑，不要新人进洞房，媒婆抛出墙，过年过节拿个两块三块钱的东西看看，咱们也不嫌少是吧？开句玩笑，请坐，谢谢。

那么，接下来拜见来自祖国各地四面八方大街小巷的各位来宾、各位朋友、各位领导、各位同事、各位亲朋、各位挚友、各位大爷大娘、大叔大婶、大哥大嫂、大姐大姐夫们深深的三鞠躬！（进入新人拜来宾的环节）首先是我们这边的朋友，一鞠躬，中间的朋友，再鞠躬，这边的朋友，三鞠躬！朋友们，掌声代表回敬啊！好，谢谢。

好，亲爱的来宾朋友们，接下来让我们大家用最热烈的掌声有请今天咱们的老东家，也是咱们新郎的父亲童老先生代表他们全家向我们在座的所有来宾致答谢词，让我们掌声欢迎！（进入双方家长致辞的环节）

好，亲爱的朋友们，接下来让我们大家用同样热烈的掌声有请咱们今天娘家客人的代表也是咱们新娘的叔叔代表所有的娘家客人向二位新人向所有的来宾致贺词，让我们大家掌声欢迎！

让我们为幸福的恋人起舞，为快乐的爱侣歌唱，为火热的爱情举杯，愿他们的人生之路永远洒满爱的阳光，好，各位来宾，亲爱的朋友们，今天的新婚庆典仪式就暂时告一个段落，那么，接下来咱们要进行的是二〇〇七年钢城杯喝喜酒大赛，今天咱们的老东家准备了一些薄酒淡菜不成敬意，那么在开局之前呢送我们在座的所有来宾一副对联。上联是：吃，吃尽天下美味不要浪费，下联是：喝，喝尽人间美酒不要喝醉，横批是赵本山的一句至理名言：吃好喝好！那么最后呢，也祝愿我们在场的所有来宾所有的朋友们家庭幸福，生活美满，身体健康，万事如意！现在，敬请大家入席！

五、格式与写法

通过例文阅读明确写法。主婚人致辞包括标题、正文两部分。

标题　写明在哪两位新人结婚庆典上的主持辞。如："童×先生和李××小姐结婚典礼上主持人的致辞"。这里要说明一点，即标题在结婚典礼上是不必宣读的。

正文　包括如下环节：①结婚典礼开始前的致辞。首先对参加婚礼的所有来宾表示问候，包括各种身份的客人。如例文中"各位来宾、各位领导、各位先生、各位女士：大家好！"再介绍这次婚礼的主人即新郎新娘。然后宣布结婚典礼开始。②新人隆重登场。这是一个十分热烈隆重的场面，当新人胸佩红花走来时，主持辞要对二位新人极力赞美，如例文中新人登场那部分。③主婚人宣读结婚证书。这段时间安排给主婚人。主婚人宣读完毕，婚礼再继续进行。④新人拜双亲。主持辞要把新人今后如何孝敬双方老人的话写充分，并写完整这个过程主持的仪式。⑤夫妻对拜、喝交杯酒、拜介绍人及嘉宾。在一系列过程中，主持辞都必须从旁渲染。⑥双方家长致辞、来宾代表、亲友代表、双方新人单位领导致辞等。对这段时间的各个程序，主持辞写作中要达到串联效果。⑦结婚典礼结束的致辞，要再次表示祝愿。

六、写作注意事项

（一）写作要结构好各个环节，做到串联自然，表述时间设计准确，不拖沓，也不简略。对各个阶段的常用辞令必须使用得当。

（二）注意在写作前了解并熟悉各个环节致辞人的姓名、身份、地位及与两位新人的关系，以便在写作中不是生搬硬套，而是合乎这一场婚礼的特定情况。

（三）主持辞的用语是多方面的。有介绍的方法，说明的方法，描述的方法，议论抒情的方法等。这些写作方法要使用恰当，贴切。

（四）主持辞的感情要热情奔放，声调要激昂振作，语调要铿锵悦耳，有音乐感。典礼是否热烈，关键要看主持辞写得是否精彩，主持人是否充分发挥。

文体学练

一、根据下面各题的说法判别正误，对的画“√”，错的画“×”。

1. 结婚典礼中的家长致辞可以由主持人代理。（　　）

2. 主持人的主持辞是贯穿婚礼始终的，把婚礼的各个环节串联起来。（　　）

3. 新郎新娘在婚礼当中都必须向对方父母认亲，这是一个优良的传统习俗。（　　）

4. 一般认为，银婚是二十年，金婚是三十年。（　　）

5. 主持婚礼的前后程序可以根据新郎新娘的意愿改变，这样也许使婚礼更热闹。（　　）

二、选择合适的词语，填写在下面各题空白的横线上。

1. 请新人向你们的________（同事　来宾　父母）三鞠躬！

2. 我作为新人的朋友，祝福你们的________（美满家庭　美满良缘　美满幸福）。

3. 在今天大喜的日子里，您作为女方的家长，请您向________（您的女儿　两位新人　您的女婿）说几句祝福的话。

4. 我作为新郎单位的领导，希望你们________（同舟共济　相濡以沫　和谐美满），共建家园！

三、把下面的句子整理成一则婚礼致辞（可以打乱次序，梳理顺畅）。

1. 二位新人，我衷心祝福你们白头偕老，相依相伴，走向幸福的人生！

2. 今天，你们既是夫妻，又是战友，将走上建设美好家园的新里程。

3. 二位新人，我作为你们的朋友，亲眼见证你们的爱情。

4. 过去，你们既是同学，又是朋友，共同克服工作中的困难，共同在庆功大会上授奖带花。

四、请鉴别出下面对联中哪几幅是婚联。

1. 勤劳儿女财源旺 和睦家庭福泽长

2. 并蒂花红呈异彩 连理树壮绽新枝

3. 花好月圆逢喜庆 门当户对结良缘

4. 春雨春风滋万物 新人新事播千村

5. 日丽风和桃李笑 珠联璧合凤凰飞

6. 红花绿叶相辉美 名师高徒共展才

第三节　祝辞　题词

学习提示点击：

◎ 写祝辞要根据不同的祝辞种类和情境来决定内容并遣词造句。

◎ 题词的内容要意高旨远，还要注意格式和版式的安排。

祝　辞

一、什么是祝辞

祝辞是机关团体或个人祝贺某项事业的成就，或祝贺某人生日时写的祝福言辞或诗文。

二、种类

祝贺诞辰的祝辞　这类也划分为是给长辈的祝寿还是祝贺晚辈的生日。

酒宴上的祝辞　在酒宴上祝贺婚嫁，或新生儿满月，或儿女考取了大学，或开业庆典，或某项事业取得成功，或某种著作出版发行，等等。

会议祝辞　祝贺某个会议召开或闭幕，展览会的剪彩等，或某项事业取得成功,或某种著作出版发行,等等。

三、作用

(一)具有庆贺、庆祝的特点。这类祝辞,使用热情的话语,祝贺一个人的健康长寿,生活美满,祝贺某项事的成功发达,本身带有喜庆的内容,给被祝愿的人或事物以鼓舞和推动。

(二)祝辞的风格、内容、形式灵活多样。或是一段话,或是一首诗,或是一篇短文,或是一幅字画等,都能够表现祝贺者的心意,被祝贺者的美满,具有纪念意义。

四、例文阅读

祝贺祖母生日

看见片片雪花飞进您的小屋,就像我的一声声的祝福,飞到您的身边。奶奶,虽然我在远隔千里的上海读书,而祝愿您长寿的心情也和在场的所有人一样!恭祝亲爱的奶奶健康、长寿、平安、幸福!

——孙女 文艳

祝贺朋友考入大学

贺我友立安金榜题名

可敬的立安友:

你多年的梦想已成真,多年的奋斗已结果,多年的苦读终有报答。作为朋友,我衷心向你祝贺,但愿在未来的岁月,你前程似锦,成果辉煌!

——老友 琴

五、格式与写法

因为祝辞的形式多样,格式和写法也有别。一般格式包括标题、称呼、正文、落款四部分组成。

标题　一般由致辞对象和致辞内容组成。如例文中的“贺我友立安金榜题名”;又如“张经理和昭小姐婚宴上的致辞”等。也有的时候把致辞人的姓名写在标题里。如“孙××贺于老师六十大寿”等。

称谓　写在开头顶格,前加修饰语,表尊敬,后加职位或头衔。如“尊敬的王×

×博士”等。

正文　首先向受祝贺的一方致意，如“恭贺您取得博士学位！”，“祝贺您喜得外孙！”等。再表示祝贺人的心情，对被祝贺者的成果、业绩、收获表示称赞，对对方的付出做出评价等。

落款　在正文右下方署上单位名称或个人姓名，下一行署明年、月、日，以示纪念。

六、写作注意事项

（一）表达的祝愿与被祝愿的人或事十分相符，不写现成的套话、空话，祝辞满含感情，真挚热烈。

（二）不写长篇大论，语要精，意要深，具有丰富的思想感情。有的祝辞，虽片言只语，却对受祝贺者有很高的价值。

（三）形式不拘一格，采用写贺辞人擅长的方式和风格。如诗词歌赋、书法绘画或美文卡片、短柬寸书，都是可以的。

第四单元 事务文书

事务文书是机关、团体、企事业单位或个人在处理日常事务时用来沟通信息、安排工作、总结得失 、研究问题、制定规章制度等所写的实用性文体。作为机关单位处理日常事务使用的时候，就属于广义的公文；它与狭义的公文，即通用公文的区别在于，它没有统一的文本格式，不能单独作为文件发文，必要时可以公开面向社会，或提供新闻线索，例如简报；或通过传媒宣传，例如总结、调查报告等。

第一节 规章 制度 公约 守则

学习提示点击：

◎ 规章、制度、公约、守则都要采用条文式的写法，是这些文种的共同特点；而公约还可以写成韵文的体式。

◎ 规章、制度、公约、守则的语言都采用说明性文字，简明扼要，准确平实。

一、关于规章、制度、公约、守则

规章、制度、公约、守则不属于公文文件，是政府部门、机关单位、社会团体以及单位或个人制定的约束人们行为条例、条文。制定的目的是建立正常的工作、学习、生产和生活秩序；制定的根据是国家有关方针政策、法令以及具体情况。因此，规章制度是方针政策的具体化，具有法规性质。

规章、制度、公约、守则是机关、团体、企事业单位规范本部门、本单位及其所属成员行为，并要求必须共同遵守的行动准则。

二、种类

规章制度不是单指某一种应用文体的称呼，而是章程、制度、规定、办法、细则、条例、规则、规程、公约等的总称。除了制度、守则、规则、公约将另行详细介绍外，其他种类这里做概要说明。

章程　是社会组织、团体的纲领性文件，有鲜明的宗旨，明确的目的、任务、组织原则、人员组成、活动规定等具体要求和准则。例如《××市高等院校语文教学研究会章程》。

规定　是对某一方面的行政工作作出具体的要求和规范，是具有一定的权威性的法规类文件。例如《国家行政机关及其工作人员在国内公务活动中不得赠送和接受礼品的规定》。

办法　是对某项行政工作作出的比较具体的规定的文件。例如《国家预算调解基金征集办法》。

细则　是针对某项行政工作或事项制定的详细的准则。例如《××省人民政府关于贯彻执行〈关于职工探亲待遇的规定〉的实施细则》。

条例　是国家机关制定、批准和发布的、比较长期实行的调整国家政治、经济、文化等方面的准则和要求，也属法规类文件。例如国务院发布的《禁止向企业摊派的暂行条例》。

规程　是对某一工作或操作程序作出统一要求的程序性说明的规定。例如《电工安全操作规程》。

须知　是针对某一事情或某项活动，要求有关人员必须知道并遵守的制度性文件。例如《市场经营交易须知》。

三、特点

（一）具有约束力和强制性。规章制度是单位或部门根据党和国家政策法令和实际情况做出的规定，因而在该单位或部门中具有行政的约束力和强制性。一经制定颁布，就须遵守执行。违反了规章制度，还会受到不同程度的批评、教育和处罚。

（二）内容具体，形式灵活。规章制度的条文是针对该地区、该部门、该单位的实际情况而制定，内容规定非常严密、具体，务实而不务虚。又因为不像政令法律那样具有原则性、指导性、强制性，任何部门、单位都可以制定，形式相对灵活，内容可长可短，根据实际需要而定。

（三）适用面广，针对性强。规章制度的使用范围相当广泛，大到党政机关、国家团体、社会组织、军队地方，小到院所科室、车间班组，乃至社会生活的诸多领域，都需要而且可以制定规章制度来约束、规范人们的行为，确保各项事业正常有序地进行。各种规章制度都由本部门本单位亲手制定，对象明确，制定的有关规定、做法也具有很强的针对性。

四、例文阅读

制度

××市计划生育委员会财务管理制度

200×年×月×日

加强计划生育委员会财务管理制度十分必要，在此特制定八项条款，务必使每个工作人员认真履行。

一、委机关的日常办公设施、业务印刷等一切公用费用开支，事项须填报《经费申请表》，由分管领导批准后，方能执行。

二、办公用品由人秘股统一购买，实行领发登记，年终公布。

三、严格执行财务预算计划，超预算由主任办公会讨论决定，追加预算指标方能执行。

四、强化财务管理，实行“一套账”、“一个出纳”、“一支笔”审签。500元以下由分管领导审签，500元以上由分管领导会同主任研究同意后审签，1 000元以上由主任办公室讨论决定，分管领导签字。否则，出纳不得付款，会计不得入账。

五、一切功用费用的支出发票，须经办人和审签人签字，审签人审核同意等手续齐备后，出纳付款，会计才报销入账。

六、严格现金管理，公用经费凡达到转账起点额度的实行转账支付。

七、给下属单位的收支预算计划、补助经费等由计财股提出方案，经委机关主任办公会或党组会议集体研究同意后再执行。

八、特殊项目的开支，按委机关主任会议集体研究的决定执行。

守则

国务院工作人员守则

一、拥护中国共产党的领导，努力学习马克思主义、毛泽东思想，坚持人民民主专政，坚持社会主义道路，全心全意为人民服务。

二、模范执行国家的宪法、法律、法令和行政法规，严格遵守纪律，廉洁奉公，不徇私情，勇于同不良倾向作斗争，特别是同官僚主义作斗争。

三、注意调查研究，一切从实出发，实事求是地反映情况和处理问题。

四、办事认真、负责、准确、迅速，注重质量，讲求效率，自己职责内的事或上级交办的事，要按规定的时限完成；紧急的事，及时处理。

五、坚持民主集中制，服从组织领导，密切联系群众，虚心倾听人民群众和下级机关的意见和建议。

六、树立全局观念，同兄弟单位主动配合，团结协作，不扯皮、不推诿，共同搞好有关工作。

七、努力学习科学文化知识，积极钻研业务，不断提高知识水平和工作能力。

八、生活艰苦朴素，遵守社会公德，讲究文明礼貌。

九、谦虚谨慎，不骄不躁，坚持真理，修正错误，经常开展批评与自我批评。

十、提高革命警惕，严守国家秘密，维护国家的尊严和荣誉。

规则

驾驶训练班学习、实习规则

2005 年 12 月×日

为保证完成××期学员驾驶训练任务，学好理论、掌握技术要领，特制定学习、实习规则：

1. 理论课上认真听讲、记笔记，按时完成作业。

2. 实习中，尊重师傅，爱护机车，练习驾驶要听从指导，规范操作。损毁机车零件，要酌情赔偿；违反操作程序，要按情节轻重给予批评教育。

3. 定期对自己的理论学习和技术实习进行小结，总结经验，找出差距和不足。理论考试和实习考核达到及格标准以上者，发给结业证明。

4. 遵守作息时间及各项规定。学习期间无特殊原因不得随便请假。

××驾校驾驶训练班

公约

首都市民文明公约

一、热爱祖国 热爱北京 民族和睦 维护安定
二、热爱劳动 爱岗敬业 诚实守信 勤俭节约
三、遵守法纪 维护秩序 见义勇为 弘扬正气
四、美化市容 讲究卫生 绿化首都 保护环境
五、关心集体 爱护公物 热心公益 保护文物
六、崇尚科学 重教尊师 自强不息 提高素质
七、敬老爱幼 拥军爱民 尊重妇女 助残济困
八、移风易俗 健康生活 计划生育 增强体魄
九、举止文明 礼待宾客 胸襟大度 助人为乐

首都精神文明建设委员会
一九九六年三月

五、格式

规章制度采用条文方式写作，体例的条文根据内容分为若干级层次，即“章”“节”“条”“款”“项”等，常用的是“章”“条”“款”三级或“条”“款”两级。

规章制度的格式，由标题、签署、正文、落款四个部分组成。

标题 由制定“机关名称”、“事由”和“文种”组成。例如《国务院关于职工探亲待遇的规定》，“发布机关”是“国务院”；“事由”是“关于职工探亲待遇”；“文种”是“规定”。有的标题不使用机关名称，只由“事由”和“文种”组成。例如《财物管理制度》。

签署 标明制定机关的名称和发布日期。有三种写法：①制定机关在标题中已经注明，这部分可以省略，日期写在正文之后右下方。②标题中没有标明制定机关的名称，则可以置于正文之后右下方的日期之下。③将发布机关名称和发布日期置于标题之下，用括号括上，例如在《禁止向企业摊派暂行条例》这个标题之下标明(1988 年 4 月 28 日国务院发布)。这类规章制度的发布应属政府高级机关部门的使用范围。

正文 正文是各个种类规章制度的主体，根据内容的需要确定篇、章、节、目、条、款、项等。凡属严格细密的文件，如章程、规章等，必须分章节写的，可划分为总则、分则和附则。

总则是规章制度的开端部分，可以采用概述的写法或"条文"的写法，表明订立规章制度的目的、要求、原则和适用范围。分则是规章制度的主体部分，可采用分章分条分款的写法写明所要求的事项；这部分是主体，内容要具体细密。附则是规章制度的结尾部分，其内容是对主体部分的补充和说明，包括文件的适用对象、生效日期以及制定权、解释权等。

对于内容较少，不需要细分的规章制度，如社会生活中的公约等，可以采用先写前言，说明制定文件的目的、意义，然后订出各项条款。还有的可以直接写条款，不必写前言，例如《实验室管理制度》等。

落款　在正文右下方标明制定机关名称，下行写日期。如机关名称已在标题中或标题下标明，落款处只将日期写在正文右下方。

六、写法

制度

制度是机关团体、企事业单位对某一具体工作，某一具体事物制定的行为准则。制度规定的范围明确，针对性强。

制度的写法包括三个部分，即标题、正文、落款。

标题　由机关、单位名称、事由和文种构成。例文《××市计划生育委员会财务管理制度》"××市计划生育委员会"是单位名称；"财务管理"是事项；"制度"是文种。

正文　开头写出前言，即制定此项制度的目的。例文的前言是"加强计划生育委员会财务管理制度十分必要，在此特制定八项条款，务必使每个工作人员认真履行"，言简意赅，概括该制度全文，有提纲挈领的作用。

落款　写明制定制度的单位名称、团体名称，下面写制定制度的日期。例文的单位名称已经在标题中出现，放落款处省略。日期写在标题之下。

守则

守则是适用于机关、团体、部门、单位中特定人员的行为规范准则。制定守则要符合法规法纪，符合本部门、本单位的实际情况；还要明确限定自身的权利和义务。

标题　由机关名称、事由和文种构成。例文《国务院工作人员守则》"国务院"是机关名称；"工作人员"是事由中的适用范围；"守则"是文种。

签署　标明制定机关的名称和发布日期。国家高级机关发布的守则，名称与日期签署在标题之下。一般机关单位，名称与日期可写于正文右下方，用“落款”的格式写。

正文　一般采用分条表述，可以不必用“前言”的写法写。例文即采用这种写法，从政治方向、遵纪守法等，逐条做出要求，明确具体，切实可行。

规则

规则是为了开展某项工作，维护某种秩序而制定出的条文式行动准则。规则要根据本部门、本单位的权限制定，不能超越这个权限，条目的内容要明确、具体、可行。

规则的写法包括三部分：标题、正文、落款。

标题　由机关单位名称、事由和文种构成。例文《驾驶训练班学习、实习规则》“驾驶训练班”是单位名称；“学习、实习”是事由；“规则”是文种。

正文　采用条文式写法，要表明订立某种规则的要求、原则、使用范围、要求有关人员如何遵守履行。规则中也可以写出对违反者的处理办法等。例文中写作的目的明确：完成学习、实习任务，掌握理论和技术要领。采用条文式的写法，则分别写明学习、实习中应该做到哪些事项、注意哪些事项，违背制度如何处理等，语言明确。

落款　在正文右下角写明单位和日期。例文的单位名称虽已在标题中出现，但落款处又标明驾驶学校的名称，很有必要。日期写在标题之下，落款处可以省略。

公约

公约是机关、团体、群众组织等经过协商讨论后所制定的，人们应普遍遵守的道德规范或行为准则。制定公约有几点要做到：①主题要鲜明，与社会政治、经济发展合拍。②内容要全面、具体，语言要通俗、简约。③要具有适用性、可行性、进步性，依靠群众，集思广益。④形式可灵活，篇幅宜简短，符合规章制度类文体的要求。

公约的写法包括三部分，即标题、正文、落款。

标题　由适用范围和文种构成。例文《首都市民文明公约》“首都市民”是适用范围；“文明”限定公约的性质；“公约”是文种。

正文　一般都采用条文式写法，内容事项应具体简明，篇幅力求简短，便于人们学习、遵守，也便于督促检查。公约正文也可采用韵文形式，如例文《首都市民文明公约》，形式整齐，音韵和谐，不仅给人美感，而且便于记诵，使人印象深刻。

落款　在正右下角写明制定公约的单位或群众组织、团体和制定时间。

七、写作注意事项

(一)制定权限要适度。规章制度有大有小。大到党和政府高级部门,小到一个普通单位。制定时,一要符合党和国家的方针政策,二要根据部门的职权范围和具体情况来把握分寸。要制定得有原则、有限度,适合本部门执行。

(二)内容要可行。规章制度不能讲空话、讲大话,要从本部门、本单位、本社团的实际情况出发,从可以操作的角度,来研究制定的内容。制定过程中,要使条文细化,不能粗枝大叶,漏洞百出;要界限分明,使执行者有章可依;同时,又要避免内容烦琐而使得执行者无所适从。

(三)要深入调查,客观实用。制定者作为一个部门单位或团体的领导者,要从群众的角度考虑问题,征求大家的意见,将群众的意见集中起来,使之条文化,款式化。群众执行的规章制度,又是他们自己的要求和愿望,不是"管、卡、压"的那一套,每个人自然会自觉自愿地遵守执行。

(四)语言要规范。规章制度的语言,要规范严密,简约平实,要使用禁令式的句式,规定式的句式,不能采用规劝或讨论的方式。庄重的语气,严肃的辞令,整齐的句法,规范的条文,是写规章制度必备的风格。

文体学练

一、判别以下的各种情况,应该制定哪些规章制度。

1. 为了禁止行人随地吐痰,在广场的旁边贴出一个《广场游人________》(公约　条例　须知)。

2. ××科的办公室内制定了工作人员工作时间内的要求,名称叫做《××科工作人员________》(规定　守则　章程)。

3. ××机修车间为了安全操作,制定了一则操作时应遵守的事项,叫做《××机修车间机床操作________》(守则　章程　规程)。

4. ××学会成立之后,经过全体常务理事的研讨,制定出学会活动目的、活动规定、工作准则,叫做《××学会________》(章程　办法　制度)。

5. ××宿舍为了使宿舍环境清洁,特制定《××宿舍卫生________》(规定　章程　公约)。

二、下面的几段文字,都是属于规章制度内容的,请区分各属于哪一个种类。

守则　　公约　　规定

1. 积极学科学,讲卫生,勤劳致富;不迷信,不赌博,不穿奇装异服。

这是一个家庭制定的《家庭________》中的两项条款。

2.第四条　行政人员施行现场处罚应当有两名以上人员参加，并出示行政监督执法证件；第九条　现场处罚执行完毕的案件，应当及时审查结案。

这是一则《技术监督行政案件现场处罚________》中的条款。

3.热爱本职工作，坚守岗位，严格执行岗位责任制；爱护文物，要像战士热爱武器一样，千方百计确保文物不受损伤；严禁将文物化公为私，监守自盗。

这是一则《文物工作人员________》中的条款。

三、改正下面这则《游园须知》几项条款中不合乎写作文体要求的语句（都画有横线）。

游园须知

1.爱护公园的一草一木，<u>攀折花木是不保护林木的表现，应该改正</u>。

改为：____________________________。

2.保持公园的卫生整洁，<u>凡是随地吐痰的行为都将受到谴责和罚款 10 元</u>。

改为：____________________________。

3.<u>任何人都要珍惜自己的生命</u>，不在水边嬉戏，以免发生危险。

改为：____________________________。

4.<u>和坏人坏事作坚决的斗争</u>，遇到有人破坏公园的石凳石桌应尽快报告公园管理人员。

改为：____________________________。

四、写作活动指导。

同学们准备写的课堂规则，议定了一些内容，还没有形成规范的格式，有的语句要修改。请根据这则材料，写一则课堂守则。

材料：上课要准备好书、笔记本和笔。用热情和饱满的态度准备上课。课堂上要关闭手机，更不能在上课时间发短信。课堂上不看课外读物。回答问题要先举手，征得老师同意再起立回答。同学之间禁止在课上交头接耳。有听不懂的地方或看不清的板书，要有礼貌地向任课老师提出建议。有问题与老师共同探讨，把老师看作自己的朋友和同志。

第二节 计 划

学习提示点击：

◎ 写计划要抓住“做什么”、“怎样做”、“什么时间完成”这三大要点来展开构思。

◎ 计划写作中的“怎样做”是这一文体的核心内容，写得是否严密细致，关键是看这部分写得如何。

一、什么是计划

工作、学习之前的安排和打算行之于文字的应用文体叫计划。“凡事预则立，不预则废”。制定计划，是对工作、学习及开展各项活动事前的部署。大到国家机关，小到个人，都必须在做事前作出打算。机关单位制定计划，还必须根据党和国家的方针政策及上级指示精神，结合本部门本单位的实际情况拟订出切实可行的措施和步骤。

二、种类

计划的分类方式很多。按内容划分，有工作计划、学习计划、生产计划等；按范围划分，有单位计划、个人计划，局部计划、整体计划等；按时间划分，有月度计划、季度计划、年度计划等；按写作形式划分，有条文式计划、表格式计划等。

各种类别计划的区分

名称	时限	基本内容	说　明	示　例
规划纲要	长期	涉及面广，规模大，内容概括，定规模、定方向、定远景	纲要比规划更概括，政策观念强	《××公司十年发展规划》《××地区经济发展纲要》
要点	一定时期内	布置主要任务，交代政策，提出原则要求	要点偏重于原则性的指导	《××学校 2006 年工作要点》
安排	短期	任务明确，内容单一，措施具体	是计划中最具体的一种，适用于设计某种活动或会议	《×班春节联欢晚会活动安排》

续表

名称	时限	基本内容	说 明	示 例
方案	近期短期	就某项任务、课题的具体实施,从目的、要求、方式、方法各项都作全面安排	方案的特点是细致周密,专业性强	《××市机关工作人员社会养老保险试行方案》
设想或构想	较长远的打算	对工作任务作粗线条的、非正式的安排	设想一般比较粗简,离执行的距离还较远。构想是有一定规模的长远计划,有创造性	《××区建设××卫星城的战略构想》

计划的名称也因时间长短、内容详略、制定的规模大小有所不同。不同性质的计划可以称为规划、安排、方案、要点,等等。

三、作用

(一)预先制定计划,可使人早做安排,心有全局。工作减少盲目性,增强自觉性。单位计划,可以按照计划的部署,合理使用人力物力资源。个人计划,可以对将要开展的学习、工作安排有序,步步落实到位。

(二)预见困难,及早防范。制定计划,可以预先估计工作、学习中可能出现的困难,做好思想和物质准备,采取针对性的有效措施,掌握主动权,已便更好地推进工作。

(三)便于检查、总结和推动工作。上级部门督促下级机关制定计划,可以及时掌握工作进展情况,检查和考核工作质量,并帮助下级机关随时处理问题。因此,一项周密完善的计划有利丁指导和检查工作,总结经验。

四、例文阅读

计划的制定形式有条文式和表格式两种。

条文式计划

××市200×年春季全民义务植树造林工作计划

根据第×届全国人大第×次会议通过的《关于开展全民义务植树运动的决议》,我市广大群众积极响应党和政府的号召,人人争当植树的突击手,争当保护林木的哨兵,为绿化祖国贡献力量。为此,我市决定在今年春季做好以下几项工作:

一、任务与要求

(一)全市造林××亩,植树××株,要求每人平均植树3～5株;栽下后要有专人管理,保证成活;春季植树造林要在植树节前基本完成。

(二)在市政府领导下,以城区为单位,由全市植树造林指挥部统一指挥。具体要求如下:

1.各机关、团体的领导要带头,并指定专人负责此项工作。

2.充分发动群众,组织好力量,采取分片包干的办法。

3.要因地制宜,根据气候、土壤等不同条件,栽植不同品种的树。

4.各苗圃要做好挖苗备运工作。

5.对各环节的工作情况,2月中旬作一次全面检查。

二、具体措施

(一)于2月下旬召开一次植树造林工作会议。参加人员:各区区政府的主要负责人和本市各机关、团体、学校的有关负责人。重点研究植树造林的各项准备工作,落实有关措施。

(二)加强各单位各部门的植树造林的领导工作,切实解决好发动群众、分片包干、培训栽树技术、选种、挖苗运输、栽后护理、查缺补种等具体问题。

(三)抽调××名干部到植树造林第一线具体指导工作。

(四)春季植树造林任务基本完成后,召开一次全市性的总结评比会议,总结经验,表彰先进。

××市植树造林指挥部

二〇〇×年二月五日

表格式计划

与杨庆生物集团签约的日程安排表

日期	时间	地点	参与人	拟达成目标	洽谈要点
8月28日周三	16:05	机场	刘创佳、方华	机场接机	
	18:05	总府皇冠假日酒店	王董、徐总、刘创佳、方华	1.晚餐 2.王董了解成都业务	1.汇报成都市机场开拓工作 2.介绍杨庆生物公司基本情况及第二日洽谈要点

续表

日期	时间	地点	参与人	拟达成目标	洽谈要点
8月29日周四	9:30—12:00	杨庆生物B20会议室	我方：王董、傅总、刘创佳 对方：杨刚奇、总经理、王庆声董事、刘渝文副总经理	签定合作协议	1. 全面陈述我公司之实力，再次增强对方信心。 2. 与杨庆生物业的合作将是长期的
	12:10—14:00	与杨庆生物高层在皇冠假日酒店共进午餐，庆祝合作成功			
	18:00	清水茶馆	王董、李刚成	—	—
8月30日周五	10:00	机场	王董、刘创佳、方华	送王董	—

五、格式与写法

计划的结构由标题、前言、主体、落款四部分组成。

标题　通常有公文式标题和简略式标题两种。公文式标题的写法是单位名称＋时限＋事由＋文种。如例文《××市200×年春季全民义务植树造林工作计划》。简略式标题的写法是省略公文式标题的某一项或某几项。如上例标题可以省略为“植树造林工作计划”。简略式标题更适用于个人制定的计划，如“学习计划”，“周日生活安排”等。

机关单位制定重大计划，要经过上级机关审批才能实施的，可先以“草案”、“讨论稿”等形式出现，等到审批通过，再进一步修改完善，成为正式的计划。

前言　写出制定计划的依据，或根据哪些方针政策或上级的指示精神，有的要写明目的、意义等。如例文的前言，“根据第×届全国人大第×次会议通过的《关于开展全民义务植树运动的决议》”，写出了依据；“人人争当植树的突击手，争当保护林木的哨兵，为绿化祖国贡献力量”，写出了目的。

主体　包括任务和要求，方法和措施及时限等。

任务和目标　这部分要说明“做什么”。写明所要达到的目标，实现的任务，完成的具体要求。如例文条文式计划中写的任务十分明确，把植树造林工作任务要求写得很具体，具有可操作性，有“做什么”的具体做法。写任务和要求，一定按照计划制定的目标来写，写计划完成的结果，不要写成具体做的实际过程。

方法和措施　这部分说明“怎样做”。完成任务需要具体的措施、方法和步骤，因此要针对上一部分的任务和要求来写，要写得可操作性强，要说明怎样安排，谁来执行，执行到何种程度。还要注意操作的先后顺序，有条不紊，具体明确，丝丝入扣。如例文条文式计划中的方法和措施，就依次针对任务要求写出来，周到有序，能按部就班完成。这一部分还要写明何时完成。计划的结尾可申明制定者的决心、态度。但大部分计划都省略结尾。

落款　写明制定计划的具体时间。单位名称如果标题已写，落款可以省略。

六、写作注意事项

（一）以方针政策为准绳，以实际情况为出发点。单位计划既要体现出政策性，又要实事求是，切实可行。摸清情况，切忌主观，根据事物发展现状作出安排部署。

（二）科学合理的预测，周密细致的考虑。制定一个可行的计划，要对掌握的情况认真分析，经过科学的考证来确定行动的步骤。要调动以往学习、工作中的成功经验，又必须重视事物本身的性质特征，经过深思熟虑确定任务，采取措施。

（三）从群众中来，到群众中去。对于某项工作任务或生产指标，要充分发动群众，经过讨论，确定方案。计划草拟后，还要经过大家研究、修改，得到一致认同，才能成为正式计划。即使是个人的学习、生活计划，也可以与其他人共同研究探讨之后，才能付诸实施。

（四）局部服从整体，个别服从全局。一个局部计划要与整体的工作部署和谐一致。在这个基础上，使所制定的计划内容充实、准确、具体、细密、先进、合理。制定计划要避免盲目冒进，又要避免原地踏步，落后保守。

（五）实践中经受检验，执行中不断修正。计划在学习和工作中变动的情况时有发生，这是因为客观事物变化发展的结果。执行中不断检验计划的合理性，修正计划中的缺陷，完善计划中的方法、步骤和措施，使计划更加符合事物发展的客观要求。

文体学练

一、计划标题学练。

计划的标题有两种，一种是公文式标题，一种是简略式标题，拟写一则计划的标题，照下面例子的样子试写同一计划两种不同类别的标题。

标题示例：公文式标题 ××班团支部2008年3～6月份宣传工作计划

简略式标题 宣传工作计划

二、计划前言学练。

计划的前言应写明制定计划的依据、目的或意义，根据下面所给的材料，试写这则计划的前言。要求字数在80字以上。

材料：××宿舍近一时期卫生状况差，有人起床后不整理床铺，牙具胡乱摆放，水果皮随地乱扔没人收拾。请写一则宿舍卫生管理计划的前言。

三、下面《文学作品阅读计划》的主体内容混淆，毛病出在哪些地方？经过分析整理，请重新写出。

《文学作品阅读计划》主体：

1. 提高阅读能力，达到对文章段落分析正确的目的。

2. 每天阅读一篇散文，一首诗歌，并作好笔记。

3. 阅读中遇到问题，要虚心向老师和同学请教。

4. 通过阅读，半年之内要提高写作能力，能写出有质量的散文，在学生会《文学天地》中要发表2～3篇习作。

5. 要做到每天积累词汇，进行摘抄，每月词汇积累不少于300个。

修改要求：①从以上内容中，分出“任务和要求”与“方法和措施”两个层次。②使用序号，对这两个层次的条目作出安排。③必要时可以对内容添加补充。

四、根据下面条目中的内容制定一份你当前最需要制定的计划。

每月用餐消费计划　宿舍卫生工作计划　体育锻炼计划　阅读写作计划

计算机、英语考级计划　××科目的复习计划（还可以自选内容）

要求：制定的计划要有标题、前言、主体、落款，字数不少于250字。

第三节 总 结

学习提示点击：

◎ 写总结要抓住“做了什么”，“是怎样做的”，“结果如何”这三大要点来展开构思。

◎ 总结写作中的“是怎样做的”，是这一文体的核心内容。

◎ 总结的语体采用说明性、记叙性的文字，议论性文字要少而精。

一、什么是总结

对本单位或本人已经完成的工作学习等情况进行回顾，进而检查、分析、评判，得出规律性的认识，写出有理论深度的书面材料，用以指导今后的工作、学习，这种应用文体叫总结。单位或个人工作、学习及参加各种各样的社会活动，总要积累经验,不断发展、提高。总结就是积累经验,把感性的认识提高到理性认识的一种常见的应用文文种。因此,单位和个人都需要写总结来提高学习、工作的效率,把自己的事情做好。

一般情况下,总结是计划执行之后所得到的结果,告诉人们"做了什么","是怎样做的","结果如何"。

二、种类

总结的分类方式很多。根据不同的分类标准,可以划分为以下种类:按内容划分,有工作总结、学习总结、生产总结、思想总结等;按时限划分,有年度、季度、月度总结,有学期、阶段总结;按范围划分,有个人总结,单位、部门、集体总结等;按性质划分,有专题总结、综合总结等。总结也有其他的名称。内容少、范围小、时间短的活动,如一次劳动、一次听课,都可以称为小结或体会,写成"工作小结"、"听课体会",等等。

三、特点

(一)自身的实践性。总结是单位或个人实践活动的反映,对这种实践活动的经验或教训的提炼和概括需要自身来实现。一个单位某一方面的总结要由单位自身完成,一个人的某一种活动的总结要由本人来完成,其他单位或个人都无从代替。总结就是一种自为性的应用文体。总结的人称只能使用"我单位"、"我部门"、"我本人"、"我们小组"等。

(二)高度的概括性。总结不是事无巨细,记"流水账",把某一时期所做的事情一一写出。而是在有限的篇幅,选择最能说明某些问题的材料,进行有点有面的叙述,必要时还须精要的评议。总结的情况也许是几个月所做的事,也许是几年来的成果,甚至是更长时间中积累的经验。因此,是一种高度的概括,是对自身实践活动的浓缩。

(三)较强的理论性。总结不是仅仅陈述工作、学习及其他活动的情况就够了,重点在于要对这些情况作出合理的分析,深刻的检查,确切的评判,感性的材料上升为理性的认识。提炼这些实践活动的精华,并揭示事物的规律性,用以指导以后的工作和学习及其他活动。

四、作用

(一)探索规律,把握事物特点。对事物的把握过程,是认识—实践—再认识—再实践的过程,这个过程循环往复,无穷发展。总结就是实践之后的认识过程。对前一阶段的实践活动,归纳、分析、评判,进而提高认识,用来指导下一阶段的实践。总结会使人们不断探索事物的性质和特点,研究新情况,以便解决新问题。因此,总结是用来认识规律,掌握规律,以便更好地利用规律,使实践活动上升到新的水平。

(二)交流经验,推动全局工作。单位或个人在某项活动中有所收益,获得成功,仅仅是局部的成绩。工作学习都是这样。把成绩推广开,以点带面,才能全局开花结果。善于总结工作中的成绩,平时注意积累新鲜的经验,归纳出办法措施,写出书面文字,在报刊上发表,或在大会上宣讲,既能丰富自身,又能有益于人,从而推动全局,这是进行总结的基本原则。

(三)注重积累,提高自身水平。单位和个人要不断进步,有效方法是通过总结,检查自己工作学习情况。总结是经验和成果的积累,经过实践进行一次总结,自身能力提高,经验得以丰富,思想和业务素质得到强化。"注重积累,偶然得之"是对总结和实践关系的一种肯定。

五、例文阅读

个人总结

当好家庭养猪的好参谋

我在校学的是牧医。几年中,我边学习,边实践,把学的知识技能和家中的养猪实际结合起来,帮助爸爸兴起了养猪事业。主要的成绩有以下几方面。

改善猪舍

去年我家养了6头母猪,产仔时,由于猪舍的设施狭窄,母猪压死小猪的事常有发生。最后平均每窝仅剩六七只,压死了十几只。我看过学校猪舍的情况,放假回家就建议父亲改建猪舍。不久,建成的猪舍相对宽大了,适于养小猪,今年还是那几头母猪,产仔56只,仅有两三只小猪死亡。可见,有一个良好设施的猪舍多么重要。

严格防疫

过去猪贩子常常来我家买肥猪,他们随意进出猪舍,我家又没有消毒措施,猪贩子衣服上粘有大量病菌,感染了两窝大猪,得了痢疾,不吃不喝,又感染到一窝小猪,没多久就整窝病死,损失很大,我和父亲都很心瘪。我在学校学习了关于如何防疫的知识后，便在今年春天建议父亲对猪舍进行封锁，隔断病源。我还和父亲一起，在猪舍前铺洒了大量的白灰，进行严格消毒，任何人禁止随便进入。这样一来果然奏效，从此以后再也没有出现母猪、仔猪成批生病死亡的情况。

优化猪种

过去父亲曾经购买过一窝仔猪。这种猪腿短毛长，长大后肥膘过多，以致出售时无人问津，家里亏了本。我在学校实习期间，看到过各类猪种，懂得了优生优育的好处。我就劝父亲买一头优良品种的公猪，与母猪配种。自此，家里自繁自养，生出的品种瘦肉率高，猪贩子都乐意买我家的猪，有一个屠宰厂还经常光顾我家把成猪买走。

改良饲料

以前父亲从饲料厂购买饲料养猪，旧料吃完，往往要把猪饿上一两顿才吃食，否则，就不认食。这样时饱时饿，长肉的速度当然缓慢，3斤8两料才长一斤肉。我咨询了专业老师后，知道了原因。饲料厂的料不但比自家配料贵，而且，猪不喜欢吃。我说服父亲自家配料，买了原料磨好，先拿一窝猪做试验，与吃买的成品料的猪对比，研究自家配料如何能让猪喜欢吃，吃得饱，想方设法提高猪的长肉率。开始，我们也走了弯路。父亲用厂家的配方去配，结果不是太贵，就是难于买到。于是我从学校专业找到配料的配方，用玉米、豆饼、花生饼、鸡肠、盐等这些容易买到的原料来配，测试到蛋白质占35%，能量饲料占60%，粗纤维占5%，我又调整了一些比例，料配出来，成本比厂家少，猪却爱吃，生长速度加快，料和肉的比是28:1，饲料节约了，猪却增长了分量。这样一来，父亲也尝到科学养猪的甜头，夸我是他的好参谋。

单位总结

××市200×—200×年植树造林工作总结

我们这个地区，易旱易涝，多沙多碱，几年来随着植树造林工作的开展，我们既防了旱，又排了涝，既治了沙，又治了碱。我们得出的经验是：发展绿色农业好处多。

过去，我们发展农业，也讲山、水、田、林、路综合治理。其实，名曰综合治理，实际上只重视整地、挖沟、修路，忽视植树造林。不但浪费了土地，还造成水土流失，收不到防止旱涝沙碱的实际效果。

针对这种情况，我们在黄河涯乡搞农田林网化的试点，2000年一个春天植树13.6万棵，等于过去全乡9年植树的总和。市郊普遍推广这个乡经验的好处有五点：一、充分利用土地。全市郊区沟、渠、路占地1 467公顷，近几年我们全部种上了树，经济价值大大超过了粮棉收入。二、保护了农田。我们在沟、渠、路旁种上树，防止了坍塌淤积和水土流失，有利地保护了耕地。三、开辟了多种经营基地。我们发动群众，在沟、渠、路旁种乔木，在高树底下种灌木，边坡种苜蓿，沟底种苇蒲，为积肥培养了地力，同时增加了农民的收入。四、调解气候，防风固沙，有利于农作物的生长。五、提供了大量的木材和烧柴。

200×—200×年，我们在全市推广了黄河涯乡的经验，同时落实了各项植树造林的政策，建立了林木管理维护制度，植树造林同调整农业结构结合起来。到目前，全市建成的千余条沟、渠、路基本绿化。几年来，全市共植树14 000万株，种植灌木1 945.6万墩，桑园80公顷，桐、粮间作3 000公顷。农业大大提高了抗灾能力。粮食总产比植树造林前的199×年增长33.8%，平均每户农民收入增长36%，初步实现了天更蓝、水更清、山更美的绿色农业。

六、格式与写法

总结的结构由标题、前言、主体、结尾、落款五部分组成。

标题　常见的标题有两种写法：公文式标题和文章式标题。

公文式标题由单位名称＋时限＋事由＋文种组成。如例文“××市200×—200×年植树造林工作总结”，也可以省略某一部分，如“××市植树造林工作总结”，但要在总结的落款处写上年份。文章式标题指对总结的主要内容加以提炼概括，使用具体生动的文字结构标题。然后在正标题之下使用一个破折号，后面写一个副标题，表明是何种类的总结。“我写一手好字的‘秘诀’——学练书法的总结”，“当好家庭养猪的好参谋”也是文章式标题，概括了全文的内容。

前言　以简练的文字概括总结全文的主体内容。这部分主要叙述基本情况，可以简要概述单位或个人的发展变化，取得的成绩和进步的总体情况，也可以交代写总结的目的，或总结的写作背景及当时形势，等等。前言可以写出取得成绩的具体数字或突出事例，使读者对一篇总结的主要内容有个整体印象。如例文《××市

200×—200×年植树造林工作总结》的前言以简要文字交代了这个地区“易旱易涝，多沙多碱”的背景，这才能突出主体发展绿色农业的各项好处。

主体　是总结的主干和核心。主要写“如何做”、“怎样做”“为何这样做”。采用的方法主要有三种：①按照事物的性质归类，即对材料进行提炼概括，“片言居要”，总领全段或全文。②按照事物的发展顺序来写。起因是怎样的，中间的发展过程如何，遇到什么困难和问题，怎样克服解决，取得什么成绩和收获。③综合以上两种方法，既体现出按照事物的性质归类，又体现出事物发展过程的先后顺序。如例文单位总结的写法，本着存在什么问题，怎样解决的，效果与收益怎样的事物发展顺序来写。先交代原来“易旱易涝，多沙多碱”的情况，再写这个市采取的有效措施，即植树造林改善环境，最后写发展绿色农业所产生的良好效益。同时，总结中又体现了按照事物性质归类的方法。如“市郊普遍推广这个乡经验的好处有五点”，接着综合了这五个方面的好处。这种提炼概括的方法也使这篇总结有了理论的深度。

结构类型一般有三种：①三段式。按照人们认识事物的习惯安排结构，使用前言、主体、结尾三个部分。前言概要介绍总体内容，主体对材料进行分析、比较、综合，得出理性认识；结尾指出存在的问题，或提出要求，或做出评述。单位总结例文就属于这种类型。②小标题式。根据材料的不同性质，按照事物的内在联系，划分成若干部分，在每部分前，提炼出小标题，起到提示全段或提炼主旨的作用。个人总结例文采用四个小标题，逐一总结协助家庭养猪的经验，内容具体，层次清晰。③条目式。从大量的材料中概括要点，按一定的逻辑关系，或递进，或并列，分别加上“一”、“二”、“三”、“四”等序号，或按照“首先”、“其次”、“再次”等方法进行安排。或者在开头写出前言，总体概括，然后对主体部分的材料分条列项，依次排列下来。这种结构的好处是条理清楚，梗概分明，内容明晰。

总结的材料一般分为四种：背景材料、概括材料、典型材料、图表或数字材料。下面分别介绍。①背景材料指总结实践活动中的条件、环境和形势等。利用背景材料，读者可以对总结的主旨有深入的理解。如单位总结例文中的背景材料是这个市地处“易旱易涝，多沙多碱”的环境中，那么这个市发展绿色农业，植树造林的意义重大。②概括材料也可以叫一般材料，交代事物发展过程，叙述工作、学习及其他活动的一般情况，为使用典型材料或叙述重点事件做好铺垫。③典型材料一般指内容充实，有利说明主旨的事例。典型事例说明事物的类型和深度，深化总结的思想意义，突出总结的理论性。④图表或数字材料指使用图表或数据说明问题，清楚、准确，有说服力，使人一目了然。如单位总结例文中“几年来，全市共植树 14

000 万株，种植灌木 1 945.6 万墩，桑园 80 公顷，桐、粮间作 3 000 公顷。”“粮食总产比植树造林前的 199×年增长 33.8%，平均每户农民收入增长 36%”都是数字材料，来说明发展绿色农业的好处，有极强的说服力。

结尾　总结的结尾没有固定模式。可以像单位总结例文的结语，主体写完即告结束。

落款　写明总结的时间、单位。如使用公文式标题，单位在前面出现，落款的单位可以省略，具体时间写在落款处。个人总结要写明作者所在单位、姓名并写上写总结的日期。

七、写作注意事项

（一）指导思想正确。从实际出发，反映和提炼实践中的经验，总结实践中的教训。从方针政策的大局出发，反映执行政策的效果和成绩。从自身的工作、学习及其他活动的感受、体会出发，真实深入地归纳条理，探究道理，总结成败得失。

（二）掌握充实丰富的材料。总结是反映自身实践的应用文体。不管单位或个人，要把自身所做出的事情真实反映，必须挖掘真实可信、鲜活具体的材料，通过材料，表明观点，得出规律性的认识。选择提炼材料的过程，是总结写作的重要环节。选择材料要齐全，包括各种各类的材料，不能单一死板。材料不足或不够典型，写出的总结就缺少深度，也缺少说服力。

（三）做到观点和材料的统一。观点统摄材料，材料说明观点。观点从材料中提取，又决定材料的取舍。一篇总结应做到观点单纯鲜明，深刻而有意义。

（四）正确使用总结的应用语体。总结以记叙为主，同时兼有议论、说明的表达方式。记叙应该平实、简练、概括、明确，要求言尽意尽，不需要形象生动的语言描述，把话说明确、说清楚就够了。议论应该紧贴事例，不生枝蔓，总结不需要空洞的议论，而应该依事说理，议论附着在记叙之上，是记叙基础之上的恰当分析和评判，这样才能对理性的升华有帮助。说明做到客观而又恰当得体，是对事例的补充完善。

文体学练

一、总结标题学练。

总结的标题有两种，一种是公文式标题，一种是文章式标题，照下面例子的样子试写同一个总结中两种不同类别的标题。

标题示例：公文式标题　××公司 2005 年全年营销工作总结

文章式标题 齐抓共管 促销盈利——××部门营销工作总结

二、总结前言学练。

总结的前言有几点写法应该注意到,例如可以概括全文内容;可以概述总结的总体情况;可以交代写作总结的目的、背景等。请根据下面的两则材料,经过整理加工,写成一段前言。

1.××镇(写前言时可写作"我镇")经济发展迅速,正如该镇一位干部所说:"这与镇党委加强党支部建设,深入落实'三个代表'的思想密切相关"。

2.该镇2000年人均收入2000元,2004年人均收入3200元,增长了1.6倍;2000年乡镇企业总产值3 000万元,2004年达到8 400万元,增长了2.8倍。

三、总结主体学练。

下面这段总结,虽然使用了记叙的方法,但语言缺乏提炼,不简略,主旨不突出。请根据总结语体的特点进行修改:

……8点钟,我来到客房,把门咚咚咚连敲三下,没有回应,就把门彻底打开,把工作车堵在了门口,填好进房时间,准备打扫卫生……忽然听到一个刺耳的声音:"出去!"我吓了一跳,转过身一看,客人正躺在床上向我大吼,我胆怯地退了出来。谁知走了几步,他又冲我大叫:"谁让你这么早打扫房间的?干嘛不敲门?你打扰我休息了知道不知道?"

四、根据下面的题目自选,写一篇总结。

1.你有什么兴趣爱好?这些兴趣爱好对自己有帮助吗?

2.你在新农村建设中有什么经验体会,请谈一谈。

3.学习某一门课,你有什么诀窍吗?能够与同学通过总结的方式互相交流吗?

4.你现在或过去担任专业或班级的一些工作吗?从这些工作中,你获得了什么益处?

5.你帮助过别人吗?在这方面有较为具体的事例吗?

6.在某一项活动中,你参与了吗?整个活动过程使你获得了那些经验?

写作总结的要求:①选择你最想写、最爱写的题目。②先要选材,选材要深入具体,以找到事例为好,事例至少2～3个。③在班级内先开一个材料座谈会,相互交流,老师评析,确定材料之后再进行写作。④总结的字数在800字以上。

第四节 简 报

学习提示点击：

◎ 简报的选材贵在及时，才能做到内容新颖；选择典型材料，内容才能有分量。

◎ 简报报体的文字安排，第一段使用概括的方法提示全文内容，是写作中经常被运用的方法。

一、什么是简报

机关、团体、企事业单位或私人企业内部用来汇报工作、交流经验、反映情况、沟通信息、报道动态的应用文体叫简报。简报使用范围广，信息量大，写作印制方便，十分有用。简报把丰富的内容进行缩编，文体简约、语言精要、篇幅不大，一般情况下不超过 2 000 字，是简短的情况报道。

二、种类

按时间分，有定期和不定期简报；按内容分，有工作简报、学习简报、生产简报、科技简报等；按性质分，有专题简报、综合简报；按使用范围分，有业务简报、中心工作简报、会务简报等。

通常使用的简报有以下三种：

工作简报 配合中心工作，有计划、有目的地反映工作进展情况，便于领导机关对工作的指导监控。这类简报常常反映工作中出现的问题，解决的办法，工作的质量要求和进度等。

动态简报 及时反映机关单位一个时期的内部状况，员工生产、生活中的思想动态，精神状况等。这类简报文字简练，新闻式的消息较多，形式灵活，不拘一格。

会议简报 在较为重大的会议中，报道会议的进展情况，宣传会议的基本精神和有关领导的重要指示，反映会议代表在会议上的发言、表态，评价会议的意义和影响；这种简报为会议服务，在会议召开时编发，会议结束时终止，密切配合会议进展情况，编写速度快，内容精短，形式活泼。

三、特点

（一）简明扼要。简报内容集中凝练，用途明确，报送领导看，一篇文字就可获悉有关情况，省时间，用处大。发给下属，容易学习领会。简报简而明，重点突出，这是简报赖以存在的先决条件。

（二）迅速及时。简报能够快捷地反映工作情况，发现有指导意义的典型事例或有价值的信息，可以及时编发，快速反映，或汇报上级、或同级交流。

（三）功用多样。简报上传下达，兼有公文中通报、报告的特点，还起到消息报道、信息传播的作用。简报可报道好人好事，揭露工作中的缺点或失误，宣传典型经验，推广先进方法，传达上级精神，反映基层群众呼声；凡可参考、借鉴、学习的情况，都可以用简报的形式反映出来。

（四）事例真实。简报材料真实可靠，反映事物前因后果，事情发生时间和地点，人物的语言与行为，都必须准确无误；引用数据、事例都要经过核实。写简报从真实着眼，成绩不夸大，缺点不缩小，禁绝一切胡编滥造。

四、作用

（一）指导工作。简报传达解释上级文件精神，指导下属的工作。上级可通过简报向下级部门贯彻有关政令、法规，转达领导意图和倾向性意见。简报也可以作为下级参照执行的依据。上级机关通过简报推广典型经验，表彰先进，批评错误做法等。

（二）协调工作。简报送达兄弟单位，互通情报，报道动态，彼此沟通，双方或多方之间可以取长补短，相互促进，既可融洽部门单位之间的关系，又能协调工作、探讨问题，对双方乃至多方都有益。

（三）汇报工作。简报可以作为向上级汇报工作的材料，提供基层的情况，使领导机关及时获取信息，知悉情况，采取对策，部署任务。简报反映的新问题、新情况、新经验也可以作为上级决策的依据。

五、例文阅读

简报格式

<table>
<tr><td colspan="2" align="center">简　　报</td></tr>
<tr><td colspan="2" align="center">第×期</td></tr>
<tr><td>××市人民政府办公厅</td><td align="right">二〇〇五年六月十日</td></tr>
<tr><td colspan="2" align="center">标　　题</td></tr>
<tr><td colspan="2">（前 言 与 主 体）</td></tr>
</table>

报××××　　　　送××××　　　　发××××

（共印××份）

工作简报

简　报

第×期

××学院招生就业办公室　　　　　　　　一九××年七月三日

编者按

今年毕业生分配工作，已进入最后阶段。从整体形势看，依然不容乐观。一些同学依然在观望、等待，等着抱“铁饭碗”。本期简报选编了这篇文章，希望广大毕业生能够从中领悟一些东西。这就是：转变观念天地宽。

房山区良乡地区××村陈艳华，在下岗失业的情况下，自筹资金建猪场，成为当地有名的养猪能手，致富女状元。

1991年，聪明好学的陈艳华考入房山畜牧兽医专业，毕业后分配到良乡肉联厂工作。不到一年，便和工友们一起下了岗。

1995年下半年，陈艳华在家人的支持和镇村领导的帮助下在自家院内建猪舍，又从外面买回一头带着一群猪仔的母猪，搞起了家庭养殖。为了让小猪健壮成长，她像对待孩子一样悉心看护，精心照顾，甚至抱在怀里喂奶喂药。然而，辛勤的汗水却没能换回满意的回报，当年由于猪价下跌，白忙活了几个月，一分钱没赚，但她决心一点没动摇，坚信市场经济，有赔就有赚，坚持就会成功。第二年她进一步扩大养猪规模，新建400平方米猪舍，购进了上百头仔猪。结果正赶上猪价上涨，这一年陈艳华共售出商品猪100多头，除去各种开销，纯挣3万多元。成功的喜悦鼓舞了她，1997年她出售商品猪的数量又增加到200多头，还新购进28头母猪和饲料加工设备，由过去外购仔猪，改为自繁自养；由外购饲料，改为自己配料加工。猪场形成了养殖、防疫、饲料加工一条龙。短短两年内，陈艳华的家庭生猪存栏已发展到200多头，固定资产达到了20多万元。今年她计划出栏商品猪300多头，仔猪200头。纯收入要突破6万元。

动态简报

献爱心　见行动
——各系师生为病中的××同学踊跃捐款

在知悉××同学患了严重病症之后，全院师生立即行动起来，一周之内为××同学捐款1万余元。下面摘引几则捐助信息。

▲6月××日至××日，××系××专业2004级×班下午课余时间，在学院宣传栏前张贴“献出一份爱心，挽救一个生命”的大标语，设立捐款箱，仅3天募捐2 042元。

▲6月××日下午，××系××专业2003级×班同学召开了“为××同学献爱心”的主题班会，班会上同学纷纷表示：“每天宁可少吃一根冰激凌，少喝一袋酸奶，也要向××同学献爱心”。这个班捐款780.50元，已经交送红十字捐助会。

▲正在进行共产党员先进性教育活动的××系党总支，向全体党员教师说明××同学患病和她家境困难的情况，号召全体党员同志救助××同学。仅在当天，这个党支部就收到党员捐款2 300元。

（写稿人×××）

六、格式与写法

简报的结构包括报头、按语、标题、前言、主体、结尾、具名与日期等七个部分。按语、标题、前言、主体、结尾一般称为报体，具名与日期称为报尾。

报头　由简报名称、期数、编印单位、日期和间隔横线组成。①简报名称。一般直接用“简报”文种称呼。有的在“简报”二字前标明类别，如“专题简报”、“会议简报”等；有的加上事由，如“救灾工作简报”；有的概括范围，如“情况交流”等。简报名称占第一页上方几行的位置，字体要醒目。②期数也叫编号，是编发简报的顺序号，位置在简报名称之下，写明“第几期”等。③印发单位名称。左起顶格写在间隔横线之上，要写编印简报单位的全称。如简报格式示例报头的印发单位名称是“××市人民政府办公厅”。④印发时间。标在右侧间隔横线之上。

按语　也叫编者按，一般加在标题的上端。常见的种类有：①评价性按语，即认为编发的材料对当前的工作有指导或借鉴意义，给以评析，启发思考。如工作简报例文中的按语，把编发陈艳华事迹同学生就业联系起来，启发思维。②提示性按语，即提示编发材料中的意义，引起注意或引发联想。③说明性按语，即对所编印的材料做简要的说明概括，便于读者理解透彻。编者按语代表简报编印机关的意向，发表指导性和倾向性的意见。按语的编排要突出、醒目。

标题　是简报的"眼睛"，写在报头正下方。文字要准确、简洁、新颖、生动。标题一般概括文章的核心内容。如工作简报例文的标题"陈艳华下岗养猪创新业"，提示了全文主旨。动态简报例文标题"献爱心 见行动 ——各系师生为病中的××同学踊跃捐款"涵盖了下面三则短讯，点明主题。用主标题不能全面反映文章内涵时，可加副标题补充说明。

前言　前言概括文章的主要事实，揭示文章的主旨，要求用一句话或一段话概括。前言也可以交代时间、地点、人物、事因、结果等。如工作简报例文中的前言"房山区良乡地区梅花庄村陈艳华，在下岗失业的情况下，自筹资金建猪场，成为当地有名的养猪能手，致富女状元"。一句话写明了时间、地点、人物、事因、结果，揭示了文章主旨。

主体　简报的主干，对前言内容充分展开。主体要包括典型而有说服力的材料。主体着重介绍具体做法，介绍经验或揭示问题等。工作简报例文就是一篇介绍经验的简报，将人物的情况，按时间顺序，逐一介绍：下岗养猪，遇挫折不动摇，终于获得显著效益成为养猪状元以及陈艳华事业的发展前景。主体简练具体、详略适度，数字准确，内容充实，具有感染力。主体还可以以反映情况为主，组织材料可按中心内容，采用逻辑顺序，方法灵活多样。会议简报和动态简报分别有不同的写法。动态简报一般采用新闻报道的形式，介绍情况，编发信息，概括写出当前某种工作的状态，或根据同一事物性质，综合方方面面的问题，作出简括扼要的报道等。动态简报注重时效，注重报道的真实和新颖，快速地反映日常事务中的各类情况。动态简报例文，采用编发信息的方法，快速反映了该学院当前的师生为病中的大学生捐款救助的活动情景，很见真情。

会议简报侧重报道会议进展情况，告知分组讨论的某些重要会议内容，侧重宣传会议的主题。也编发一些会议人物报道及会议进程中的某些参观走访活动等。会议简报注重客观性，一般采用专题报道的方式。

以上三种简报的主体都没有固定格式，因为简报编入的体裁往往不拘一格，如经验介绍、讲话要点、消息转载、人物小型报道等。内容的转换以单位工作重心为定位。

结尾　作出小结，提出希望，点明意义等。一般简报都省略结尾。

具名与日期　简报一般不具名，必要时，可在正文右下方写明“××供稿”或介绍资料的出处等。日期报头部分已写，可省略。发送简报一般还要在末页（报尾）写出报、送、发的单位名称、打印份数等。

七、写作注意事项

（一）内容真实。简报的材料来自工作现场和机关实际事务，具有客观真实的特点。对材料的报道和评价也必须反映群众的意愿。简报具有“内参”的性质，真实可靠会使简报成为领导机关决策的依据。

（二）材料新鲜。简报反映本单位新近发生的新情况、新问题、新动态，立足一个新字。尤其是动态简报，更应该及时捕捉新的信息、新的事物，给单位领导提供鲜活材料，让员工准确了解当前工作重点。

（三）篇幅精短。简报贵“简”，内容精要，做到篇幅短小。简报切忌啰唆冗长，言不及义。

（四）编发快捷。简报的信息反映要及时迅速，只有快，才能及时传播经验，介绍做法，揭示问题，对单位领导指导工作才更有借鉴意义。

（五）语言精练。文字简练，以少胜多，简洁明了。还须用语质朴无华，通俗易懂，言简意赅。

文体学练

一、请精心设计一个简报的报头，要求体式正确、字体美观、醒目突出。

二、下面给出材料，请你加以组织、提炼、加工，写成一则动态简报。

9 月 5 日，××区工会、团委联合组织了一次长跑活动，参加人数 236 人。区委书记亲临赛场。因为是纪念抗战胜利 60 周年，这次长跑的主题是“勿忘国耻 振兴中华”。这次长跑被命名为“醒狮杯”象征性长跑比赛。

写作要求：1. 要有报头。2. 材料要根据逻辑顺序组织，不能任意罗列。

三、根据下面的材料，写一则工作简报。

2005 年 9 月，高考结束后，××大学负责招生的同志得知：通州区有一名被录取的考生叫杨×，他的父亲去年病故，母亲体弱多病，只能做些家务，家中还有一个 65 岁的爷爷，在一个公司看门，全家人靠他微薄的收入维持生计。因此，杨×入学的学费成为极大困难。眼看一个优秀的学生即将失学。听了招生办公室负责人的汇报,这所大学的领导开会研究,作出决定,免收杨×同学的全部学费,杨×同学终于实现了自己上大学的梦想。

写作要求:1.要以这个大学学生处招生办公室的名义写。2.写出报头。3.写出前言。4.标题自拟。

四、你们经常搞什么活动?你经常参加吗?请根据实际情况,写一则简报。

第五节 消 息

学习提示点击:

◎ 消息的标题具有概括性,对全文的要点或主旨有画龙点睛的作用。

◎ 写消息要先写好导语,掌握导语写作的五个要素,以导语概括正文内容。

一、什么是消息

消息是新闻的主体。对新近发生的有社会意义的事实进行的小型的新闻报道叫做消息。消息可以简明报道某一部门、某一单位的活动,可以报道某个先进人物的事迹,可以反映带有全局性的情况,等等。消息是新闻体裁中的一种,与简报不同之处在于,简报只是内部资料,而消息可以公开发表,见诸报端,社会生活中新出现的人和事都能得到快速反映。消息这种应用文体,在日常生活中传达最新信息。

二、种类

消息根据一般分法划分为动态消息、综合消息、经验消息、人物消息、述评消息等。动态消息侧重反映社会生活中的新近发生的情况和变化,篇幅短小,有很强的时效性,写作中要求时间、地点、人物、事件、经过、因果等要素齐备。简讯也属于这一类。综合消息往往综合某地区、某部门的若干事实概括报道,反映全局性的情况、动向、成绩、问题等。人物消息以报道人物的事迹为主,通过人物的言行来客观反映。经验消息是一种经验报道,对某部门、某单位在执行党的方针政策中取得的经验进行报道,以点带面,推动全局工作。典型报道还可在陈述事实中,进行分析评议，总结出规律性的经验。述评消息对近来发生的事件以及事物发展变化进行报道，并进行评述，以引导读者思考的导向，掌握事物发展的动态。

三、特点

（一）重在真实。消息的内容必须真实无误，用事实说话，报道的人和事，应该是实有其人实有其事。事情的细节也要求真实。报道中使用的材料、数据要准确无误，事情发生的时间、地点要进行严格核实。消息要做到绝对真实，确凿无误。真实是消息的生命。

（二）报道及时。消息的特点之一就是快捷，能够迅速及时地报道当日或最近发生的事情。动态消息在这一点尤为突出。消息的时效性关系到新闻的价值，报道慢了，就会失去其应有的作用，价值量也会降低。

（三）简洁精要。消息一般篇幅精短，内容集中单纯，语言明快简洁。其目的是说明事实情况，让人易读易懂。因此写作中切忌拖沓冗长、修饰铺陈，更不需要夸张渲染，只需精要地言明事实就够了。

四、例文阅读

动态消息

悲怆曲中玫瑰开
——数千读者汇聚上海送巴金

（本报记者　周凯）历经百年雾、雨、电，而今泪洒家、春、秋。今天下午，来自全国各地的数千名读者来到上海龙华殡仪馆，为一代文学巨匠巴金送行。

与一般的遗体告别仪式不同的是，在龙华殡仪馆的告别大厅门口悬挂的黑色横幅上，只有“为巴金先生送行”7个大字，仿佛巴老只是一次远行而已。今天，龙华殡仪馆其他送别厅停止举行一切告别活动，整个殡仪馆只为巴老开放。

巴老的灵堂并没有惯常的沉重，正中间的灵床上花团锦簇，巴老静卧其中。由101朵红玫瑰组成的心型图案，给肃穆的气氛平添了一丝生气，好像巴老并没有离我们而去。每个熟悉巴金的人都知道，象征着热情和忠诚的红玫瑰，正是老人家生前最喜爱的花。根据巴老的生前意愿，在告别仪式上不放哀乐，代之以大师生前最喜欢听的柴可夫斯基第六交响曲《悲怆》。

大厅正面的墙上挂着一张大幅彩色照片，照片里的巴金开心地、灿烂地笑着。这幅照片摄于1995年的夏秋之交，作者是《文学报》的摄影记者徐福生。1995年的夏秋之交，巴金照例来到杭州西湖边上的汪庄小住。有一天，巴金的老朋友杜宣先生在女儿的陪同下，前去探望巴金。时任《文学报》摄影记者的徐福生也随同前往，并为巴金抓拍了这张照片。同年巴金生日那天，徐福生和报社领导赶到华东医院为巴老祝寿，特意把这张照片放大送给了巴老。巴金非常高兴，说这张照片拍得好。在筹备父亲的遗体送别仪式时，女儿李小林想到了这张照片。

巴老的告别仪式原定于下午3时向公众开放，不到下午2时，殡仪馆内已经聚集了近千名前来向巴老告别的群众。（有删节）

人物消息

抗震救灾人物消息三则

温家宝总理冒雨攀上瓦砾堆摔倒手臂出血

在被掩埋的小学废墟旁，温总理用嘶哑、哽咽的话语，向废墟中的孩子喊话。一位在现场的记者通过QQ发出即时报道称："年过花甲的总理已经哭得不成样子了。"

这位网名为绮梦(360327959)的记者透露，被压在废墟下的300多学生很危险，在一次营救失败后，总理冒雨攀上瓦砾堆，组织再次营救。10时20分，即时报道突然显示，"啊！总理摔倒了"，"老爷子的手臂受伤出血了，他把要给他包扎的医务人员推开了。"

10时28分，当发现一名学生时，总理攀到塌方点，动手帮忙。当他看到抢险人员正在解救两名被困在废墟下的孩子时，感动得流下了热泪。他表示，"房子裂了、塌了，我们还可以再修。只要人在，我们就一定能够渡过难关，战胜这场重大自然灾害。"

现场记者还目睹了救人心切的温总理罕有地发怒："当温总理接到电话，听说由于桥梁倒塌，彭州市10万群众被堵在山中，救灾人员和物资无法运入时，总理在电话里大喊，'我不管你们怎么样，我只要这10万群众脱险,这是命令!'之后他把电话挂了。"总理向前往汶川的登机部队领导发出指示,"我就一句话,是人民在养你们,你们自己看着办。"

（选自2008年5月14日新浪网转自《文汇报》）

学者易中天出国前捐款8万

著名学者易中天在首都机场飞赴韩国之前,得知了这个消息。随后他通过短信告知家人在博客发布消息。他称:"出国前夕,惊闻地震,欲哭无泪,悲痛莫名。我已委托家人将《成都方式》一书税后稿酬八万元全部捐往灾区,愿灾区人民早离苦海,中华大地早得安宁!"

据悉,目前捐款事宜已在处理当中。

（选自2008年5月14日新浪网）

地震那一刻,她用身体挡住了水泥板

记者深入绵竹市遵道镇采访,记下三个抗震中的普通人物,瞿老师就是其中的一个。

地震发生后,孩子家长很快就聚集在幼儿园废墟周围,不停地呼喊着孩子的名字,开始孩子们还能在废墟中发出微弱的回应,但随着时间一秒一秒地逝去,回应声越来越弱。家长们也只能无奈地坐在废墟边上,焦急地等待着救援队伍到来。

幼儿园园长李娟回忆起瞿万容老师被救援队发现的情形,泣不成声。"当时瞿老师扑在地上,用后背牢牢地挡住了垮塌的水泥板,怀里还紧紧抱着一名小孩。小孩获救了,但瞿老师永远离开了我们。"

在幼儿园废墟里,记者看到孩子们使用的小枕头、小盖被,还有散落的一只只小鞋。人们不愿再去想象当时的慌乱与无助,但正因为有了像瞿老师一样的平凡人,才让更多孩子得救。

（选自2008年5月14日新华网,有删节）

五、格式与写法

消息包括标题、导语、主体、结尾四个部分。

标题　分为引题、正题和副题。引题放在正题之上,字号比正题字号小,起到由因或由果,或由其他内容引入正题的作用。正题是标题中的主干,是对消息主要事实或思想内容的集中概括,字体要鲜明醒目。副题置于正题之下,字号可与引题字号相同。副题起到对正题进行补充、印证和解释说明的作用。如例文《悲怆曲中玫瑰开》这则动态消息，标题有正题与副题。正题是“悲怆曲中玫瑰开”，副题是“数千读者汇聚上海送巴金”。标题中，也有引题、正题、副题皆备的，如：

低龄留学　盲目成风 …………………………… 引题

教育岂能拔苗助长 ……………………………… 正题

——我国中小学学生出国留学现象堪忧 ……… 副题

大多数情况下，消息的标题可用正题与副题，或正题与引题，不必求全。

导语　消息开头的一段话叫导语。写出消息的五要素，即“Who，When，Where，What，Why”，即“什么人”、“什么时候”、“什么地方”、“什么事情”、“为什么”。明确人物、时间、地点、事因、结果等。导语文字要简明扼要，对正文的主体内容作概括提示，把消息的核心内容揭示出来，起到总领全文的作用。导语还有吸引读者阅读兴趣的作用。导语写法多样，常见的有以下几种：

（一）直叙式。扼要叙写消息最主要事实，开门见山，使读者一目了然。如两篇例文都是使用这种方法。

（二）引用式。引用有关该事件的其他报道，或引用权威人士的话，或引用名言警语，以增强导语的可信程度和实际效果。

（三）提问式。为了将报道的事实或问题更突出，使用提问的方式，以引起读者的兴趣。提问式可以只提问题，造成悬念，主体中再给予回答；也可以在提出问题之后，导语中作出扼要回答。

（四）结论式。导语中对报道的事实或问题，做出结论。

（五）评论式。导语中对所报道的事实或问题进行精要评析，起到揭示事物性质的作用。

（六）描写式。导语中对所报道的消息有特色之处，进行简而精的勾画，以便给读者鲜明深刻的感受，引入情趣。

导语的写法还有多种，以上是消息写作中经常使用的几种。不能把这些格式生硬套用，要根据内容需要，灵活适当地加以选用。

主体　是消息的主要部分，是对导语的展开和深化。一篇消息的质量，主要体现在主体内容方面。主体的写作方式有以下几种：

（一）时间顺序。以事实发生、发展、结束的顺序安排结构，从头到尾，有始有终。这样写可使读者明了事实的来龙去脉，对消息有整体把握。如例文以空间和时间顺序报道群众为巴金送行的情况，表现人们哀悼的情怀，叙述十分清楚。

(二)主次顺序。按照事情的性质安排材料，把重要的内容放在前面，把次要的内容放在后面。这样写有助于让读者抓住主要方面、重要内容，结构上也显得主次分明。

(三)逻辑顺序。根据事物的内在联系组织材料，安排层次和段落。报道中，叙述的事情一个层次比一个层次深入，是纵式深入的逻辑顺序；对事物几个方面的问题、情况做并列的叙述，是模式并列的逻辑顺序。使用这些写作方法，要依据报道内容的需要确定。如第二篇例文中的三则消息，都通过典型的事实材料，既有言，又有行，事迹突出、感人。

消息的主体还体现出选用事例的生动性和典型性。例文第一篇在使用材料中，有一则写巴金生前几幅照片的来历，很有典型意义。第二篇例文通过温总理在抗震救灾中“攀上瓦砾堆摔倒手臂出血”的细节，来揭示国家领导人奋不顾身，救人如救火的可贵品格、英勇行为。

结尾 消息的结尾以自然为本，不必强求一致或采用固定格式。如第一篇例文就是主体写完，消息结束。有必要写结尾时，可以做出小结，或者使结尾发人深省，给人启发，或者催人振作，给人希望和鼓舞。

六、写作注意事项

(一)写好五要素。消息或长一些，或短一些，都必须在导语中恰当使用这些要素，报道事实准确无误。在使用各种要素中，不一定面面俱到，哪些该使用，哪些可省略，要由消息内容的需要来决定。

(二)勤于采访，捕捉新鲜事物。采访是写消息的主要手段，常用“问”、“听”、“看”、“记”、“想”五环节进行。在观察、询问、考查、调研时，要灵活运用谈话、观察、记录等办法捕捉新闻的线索，获取有价值的信息，及时报道最新的动态。

(三)立足于揭示事物的本质。消息并不是有闻必录，而要披沙拣金，从纷繁的事物中发现能够表现事物本质的材料，加以整理，提炼。因此，消息也不是纯客观的记人记事，而是有倾向性的报道。

(四)利用好背景材料。背景材料介绍消息产生的环境或原因，有利于揭示事物的主旨。一些事实较为复杂的消息，使用背景材料十分必要。而写那些简单明了的短小消息，就不必硬加进背景了。

（五）语言要简洁准确生动通俗。消息是大众传媒的一种，精短的消息，能给读者必要的信息。所以消息的语言既要简练，又要准确，既要生动，又要通俗易懂。写作时注重文字的推敲，能够引起读者的阅读兴趣和精神的愉悦。

文体学练

一、根据下面的示例，构思一则消息的正题、引题和副题。

示例：人类铁路建设史上的伟大壮举（引题）

青藏铁路全线开工（正题）

朱镕基出席开工典礼并发表重要讲话（副题）

二、写导语要求简练精要。下面这段导语较为啰唆，请你帮助修改好。要求不超过60字。

据新华社沈阳10月7日电（记者×× ×××）中国足球队与阿曼队展开激战，虽然对方攻势很猛，但我们的队员更勇猛善战。于根伟作为一名出色的足球队员，和他的队友们冲进对方的防区，临近大门，他动作娴熟，快捷有力地一扫，扫清了中国队第七次冲击世界杯的最后一道障碍，对中国人尘封了44年的世界杯大门第一次豁然洞开！

三、阅读后把下面的例文改成一则消息。

2006年×月×日，在×学院操场上，园艺系正同牧医系进行拔河比赛。园艺系同学人高马大，十分强悍；牧医系的同学身强体壮，非常魁梧。这场比赛，两个系足有100多人为自己系的代表队助阵呐喊，欢呼声此起彼伏。比赛开始，处于僵持状态，而后，园艺先胜第一场，第二场由于牧医队奋力拼搏，扳回一局，成为平局。关键在第三场。开始之后，牧医队先发制人，处于优势。就在即将胜利的时候，园艺队突然一齐大喊，死力往回拉，结果胜出，以2比1胜牧医队。

修改要求：①标题自拟，要有主标题、副标题，也可以有引题。②要写出导语，五要素的使用得当。③背景材料要放在适当位置。④突出消息的主旨。⑤文字要修改得简洁。

第六节　调查　采访

学习提示点击：

◎ 灵活掌握和运用调查的多种方法是收集材料、写好调查的重要一环。

◎ 调查写作中，要按照所得到的材料构思布局，不能脱离客观材料；基于客观材料提出对策，切忌主观议论。

◎ 采访中对于如何启发被采访人，是需要精心准备的；采访材料的整理和加工不能脱离原材料客体内容。

调　查

一、什么是调查

调查是根据一定的目的，对某种情况，某些问题或经验进行深入细致的调查研究后写出的书面文字。具体来说，就是采用一定的方法，对客观事物进行调查研究，获得大量的材料，然后经过整理分析、概括归纳，写成的揭示事物本质或规律性的书面材料。调查是调查报告的一个种类，是应用十分广泛的文体，写作样式也多种多样。从大的方面说，作为党政机关的内部参考，为制定方针政策提供依据；从小的方面说，作为客观反映事物的一种载体，大量出现在报刊、电视和网页上，使人们真实地了解社会生活中的一些问题及解决对策。

二、种类

调查的种类很多，有考察、调研、查询等。这里介绍这一写作文体的较为普遍的方式，便于掌握和运用。

调查大致划分为四个类别：

反映社会情况　针对社会上某一领域的情况，对其历史和现状进行调查。根据调查结果对情况作出正确的估计和判断，为领导部门掌握情况、研究问题、制定方针政策提供重要材料和事实依据。

推广经验　侧重于总结具有普遍意义的典型经验。调查反映某些先进单位的管理经验"点"上的经验,会对"面"上的工作起推动作用;这类调查在写作中,必须说明先进经验的产生过程、具体做法和实际效果,给人启发收获。

揭露问题　一种是揭露人民内部矛盾的调查,侧重反映某些机关单位存在的某些问题、不良倾向,以便引起有关领导部门和社会的注意,采取有效方法给予解决。另一种是揭露敌对势力的反动活动的调查,要尖锐、深刻地揭示事实真相,引起人们的警觉。这两种调查的名称,可以称为调查报告。

热点问题或突出事件　社会生活中经常出现引人关注的热点问题,公众迫切希望了解详情。对此类问题进行调查采访,具有一定的社会意义。新闻记者经常在报刊写这类调查,回答公众关心的问题。这类调查既可以称为调查报告,也可称为调查、调查记等,要根据内容和篇幅确定。

三、特点

以事实为依据　调查的生命和价值就是用事实说话。调查者要深入采访,实地观察,通过现象深入事物的本质。通过能够反映事物本质的事例反映情况,揭露问题,提出解决问题的对策和建议。写作中要出示确凿的事实,真实准确的背景,确切的数据,而不能杂有任何虚构的成分。因此,调查是客观实际的真实反映。

有极强的针对性　从调查对象的选择,调查纲目的拟定,到调查材料的取舍,分析归纳的运用,都必须紧紧围绕特定的调查目的。可以针对某些方针政策执行中的偏颇,用实际中发生的事例予以说明,以便政策方针的调整和完善。针对某个热点话题、重大问题进行调查,及时回答广大群众关心的问题。针对某个先进集体或个人进行调查,总结出具有普遍意义的典型经验,以利于推广。

具有典型性和理论性　调查的材料必须是典型的,有代表性的,以便从中探索事物的发展规律,寻求解决矛盾的办法,以点带面,推动工作。同时,在建议或对策部分,调查还需针对事实来提出作者的见解,分析事物产生的原因,拿出可行的解决方案。从这个意义上说,调查又具有理论价值。

四、作用

(一)反映问题,了解情况,为工作决策提供依据。调查能真实反映客观存在的现状,发现存在问题,提出解决问题的办法,为决策机关制定政策服务。

(二)养成调查研究的工作作风。实事求是是党和政府各部门领导遵循的基本原则,调查是执行这一原则的有力武器。在工作中形成调查研究之风,可以克服主观主义和官僚主义,深入实际,深入群众,深入基层,形成理论联系实际的好学风,领导和人民群众密切结合的好作风。

五、例文阅读

农村调查

治治村民小组长的"五偏病"

最近，江苏省海安县通过问卷与座谈，对全县4个片7个乡镇844名村民小组长的现状进行了专题调查。调查情况显示，村民小组长队伍普遍存在着"五偏"现象：

一是年龄偏大。被调查的884名村民小组长平均年龄51.8岁，50岁以上的395人，占47%，其中年龄最大的74岁。

二是文化偏低。村民小组长中具有高中文化的仅占18%，而只有小学文化的占42%，还有4%的人识字不多，近乎文盲。

三是能力偏弱。相当一部分村民小组长难以独当一面，遇到棘手的问题，不是回避就是上交。

四是应付的偏多。有的村民小组长忙于发展家庭副业，较少顾及组内工作；村干部布置给的任务，被动应付，得过且过。

五是后备人才偏少。有能力的年轻人对操作此项职务不感兴趣，村民小组长"青黄不接"，后继乏人。

如何克服五偏现象，加强村民小组长队伍的建设呢？

一、加强后备队伍建设，营造有利于人才成长的氛围。村民小组长是农村基层组织的成员，是党在农村方针政策的执行者，是发展农村经济的带头人。因此，要加大培养力度，广开"才源"，把回乡初高中毕业生、退伍军人、专业大户、个体工商户、乡镇企业骨干作为培养对象，分期分批培训，鼓励他们树立为人民服务的思想，立志在农村干一番事业。

二、对村民小组的工作要积极支持。目前条件下，组干部肩负的任务繁重，他们有苦衷、有想法，更有困难，需要理解和支持。乡里要经常召开小组干部会议，了解他们的工作情况，掌握他们的思想动态，及时发现问题，解决问题。乡村干部还要在政治上关心组干部，对公正廉洁、努力工作、成绩显著者，予以宣传表扬，在社会上形成尊重基层干部的风气。

街头调查

乞丐现象调查

今年来，城镇的街头巷尾，各种各样的乞丐越来越多。针对这种现象，我小组针对人们对乞丐的看法 ，设计了若干个问题，利用一周的时间，对36名师生做了一次问卷调查。

一、调查问卷

对街头乞丐表示同情	原　因	救助的方式
调查统计：36人中，对街头乞丐同情的有9人，占总人数的25%。9人中有6名是女性	被调查者说，这些人可能是无家可归的人。一位同学看到有一次一个中年妇女倒在路旁奄奄一息，她认为这是一个离散的家庭成员，是十分可怜的。还有人看到年老的乞丐，经过询问，老者说儿女已经不赡养他们，只得流浪乞讨度日	一般拿出一两元钱，丢在他们的乞钱桶里。有的人只给三五角钱。还有一位同情者一次给了一位老太太5元钱
对街头乞丐表示冷漠	原　因	采取的态度
调查统计：36人中，对这些人表示冷漠的有18人，占调查总人数的50%。18人中男女比例相当	被调查者认为，这些乞丐的大多数可以自食其力。例如，有些乞丐年纪并不很大，他们完全能够找到一个适当的工作养活自己，总比乞讨来得体面。一个被调查者告诉我们：前些天他在北京宣武区六里桥天桥上看到一个学生模样的男子坐在桥边，旁边放着一张纸板，写有"回家没有路费，请求帮助"的字样。其实，这些人完全可以通过自己的劳动取得回家的路费。还有一位同学在某地下通道里看到一个盲人拉二胡乞讨，这位同学假意喊了一声，这钱包是谁的，那个盲人顿时眼睛睁开，问："在哪儿？"可见，这些乞讨者是不值得同情的	18个人大多表示，从这些乞丐的身边走过去，不予理睬。有时被乞讨的小孩逼得没有办法，只好拿出1角钱搪塞，但心里一点同情的感觉都没有
对街头乞丐表示愤恨	原　因	采取的态度
表示愤恨。占调查总人数的25%。这些被调查者有6位是女性，2位是男性	被调查者认为，这些街头乞讨者很多都是职业乞丐，他们靠乞讨发财。一名被调查者告诉笔者，近日某电视台法制时空栏目拍摄这样一个镜头：一名年纪30余岁的男子化装成乞丐，跟路人只要钱不要食物。警察来了，他就躲避。还有一名被调查者向笔者反映，一个乞丐教唆四五个小孩子追着路人要钱，最后都交给教唆者。他们就是采用这种办法挣黑心钱，肥了他们自己	被调查者一致认为，这些所谓乞丐不仅不值得同情，还应该当众斥责他们这种损人利己的行为。如果这些人有违法犯罪行为，应该立即报警

二、分析与对策

对于以上调查结果，我们提出三点对策：

1. 街头乞丐现象是一个复杂的社会问题，对不同情况要区别对待。对于确实属于生活困难，本人又丧失了劳动能力的人，社会应该给以同情，当地政府应该主要负担起这些人的救助问题。政府可以成立收容机构，把这些人安排妥善，让他们有衣穿，有饭吃，有房子住。

2. 有些残疾乞丐有一定的劳动能力，甚至有的是健全的人，年纪都很轻。他们乞讨的原因是：有人觉得乞讨来钱快，不要费什么气力就能得到温饱。有的人纯属好吃懒做型，不愿意劳动，只靠乞讨维持生计。对这种人，政府要派出专职人员对他们说服劝导，并给他们安排力所能及的工作，使他们通过劳动自食其力。

3. 确属靠乞讨发财致富者。他们不惜一切手段来捞取钱财，有的雇佣帮手，有的唆使儿童，欺骗群众，达到敛财目的。这些人为了搞到钱，扰乱社会治安，干扰社会秩序，甚至有的走上违法犯罪的道路。政府要对这些人加强管理，批评教育，违法者应受到法律制裁。

2008年是北京奥运年。为了在世界面前树立中国良好形象，为了整洁市容市貌，招引更多外商前来投资，呼吁有关部门高度重视街头乞丐这种现象，并有效根除，营造良好的社会环境。

六、格式与写法

调查报告一般由标题、前言、主体和结语四个部分组成。

标题　有单标题和双标题之分。

单标题就是只有一行题目，写法可以多种多样。有的是调查内容加文种，如《凤阳县考城公社体制改革情况调查》；有的只以内容为标题，例如《治治村民小组长的"五偏病"》；有的是提问式，例如《隆安乡农业技术推广站是如何实行责任制的？》；有的像公文式标题，例如《关于东山县乱砍滥伐森林的调查报告》等。

双标题就是有正副两个标题，正标题主要是概括全文内容，反映事物本质，揭示文章主旨，副标题交代时间、地点、单位、内容、对象、范围等。如《昔日荒山变绿洲——山西省右玉县绿化山区的调查》。

前言　前言是全文的开头，要简洁明了，提纲挈领，概括性强。写法灵活多样。内容上可以交代调查的人员、目的、时间、地点、对象、范围、方法、结果等；可以概括介绍调查对象的基本情况或基本经验；也可以概述主要问题，以引出下文。形式上可采用新闻导语的叙述式、描写式、议论式、提问式、结论式等写法。例文《治治村民小组长的“五偏病”》的前言开门见山，说明这篇调查采用座谈的方式，对江苏省海安县7个乡镇844名村民小组长专题调查，发现“五偏”的现象。

主体　主体是调查的核心部分，主要写调查了解到的事实和分析结果。一般是先叙述情况，介绍所调查事物的发生、发展、变化的过程及存在问题，再进行分析研究，从中找出主要矛盾，引出规律，最后得出结论。

这部分内容比较多，可将材料进行科学分类，合乎逻辑地安排顺序，逐项阐述清楚。常见的结构形式有三种：

（一）按照事物发展变化的先后顺序安排结构，组织材料，依先后顺序逐项表述，脉络清楚。这种方法也叫“纵式结构”。这种结构有助于读者了解事物的发展变化过程。情况类调查常采用这种方式。例如有一篇《2006年广州×大学就业现状调查》的文章，在其中第三部分中，笔者先写对大学生到食堂洗刷碗筷、打扫卫生的勤工助学活动调查问卷结果，接着采访了两位大学生，写出他们的感受和想法。这种写法是按照事物发展变化的先后顺序组织材料的。

（二）按照事物的性质归类。从归属的材料中提炼出小标题，并根据各部分问题的性质来安排组织材料。这种结构也叫“横式结构”。其特点是能突出观点，理论性强，便于对事实进行剖析。经验类调查常采用这种形式。例文《治治村民小组长的“五偏病”》完全采用这种形式，主体分两个部分：第一部分归纳出村民小组长“五偏病”，第二部分提出解决问题的对策。全文结构完整，脉络清晰，观点清楚。

（三）两种写作形式的结合。在叙述事实时用纵式，在归纳经验、分析议论时用横式。纵横式结构结合。例文《乞丐现象调查》就是这两种形式相结合的。实际写作中，两种形式的结合十分必要。在客观叙述事情时使用纵式，在分析问题、归纳要点时使用横式，达到理论和材料的有机统一。

结语　结语是调查的结论部分，即结束语。写结束语的方法多种多样，要根据内容的需要而定。有的概括全文，点明主旨；有的针对存在问题，发出呼吁，提出建议；有的是展望未来，指出方向；有的是对正文有关问题进行补充说明；有的是提出希望，发出号召，等等。结语要写得简短有力，不要拖泥带水、画蛇添足。

七、写作注意事项

调查是常用的一种应用文体，要实地调研，掌握第一手材料写作中应遵循如下要求：

（一）调查准备。调查在写作前，必须进行系统周密的调查研究。调查的准备工作分两步走：首先是确定调查目标，决定调查重点，调查哪些问题，何者为主，何者为次，哪些作为核心问题，都必须心中有数；下一步是根据调查内容，拟定调查提纲和具体步骤。

（二）制订课题。根据有关的方针政策，上级的指示精神，制订出调查的课题。

（三）确定调查研究的方式方法。例如召开座谈会，个别采访，实地观察，搜集有关问题的资料，问卷调查，民意测验，等等。这些方式方法，可以个别拣选地使用，也可以综合运用，但需要拟定好调查方式，确定如何展开，并做好调查日期的安排。

（四）问题归类。把调查的问题归类，或者按性质归类，或者按事情发展的进程归类。归类内容的顺序；一般是先易后难，逐步推进。

（五）分析已有的材料，找出规律性的东西。实地调查中，会积累大量材料。有直接材料，即亲见亲闻的第一手材料；有间接材料，即别人介绍的情况或有关问题的书面资料。还可能有在这些材料后写出的自己的初步观点、简单评析、不成熟的建议等。对于这些材料要进行分类，即哪些属于现实性材料，哪些属于历史性材料，哪些材料最能够反映所调查问题的本质，而哪些材料只作为背景或相关联事情的补充等。在分析研究、归纳综合的基础上，把确定作为写作范围内的材料按不同性质整理归类，并按照材料之间的内在联系将其连作一个整体。对那些反映事物本质，有典型意义的材料，在认真研究的基础上，分清成绩与缺点，本质与现象，揭示出客观存在、而不是主观臆造的规律。对材料的鉴别选用，有如下方法：剔除法——辨别材料的真假，去伪存真；筛选法——分清主次，去粗取精；分类法——将获得的材料按一定标准进行分类；比较法——纵向或横向进行比较，说明作者的观点；求实法——找出事物之间的联系，透过现象看本质，从而形成正确观点。

（六）观点与材料的统一。调查的特点是运用事实阐明事物的本质，用材料说明观点。而观点的确立、具体和深化，又有赖于对调查所得材料的深入分析研究。可见，观点是在材料的基础上形成的，又反过来统帅材料；而材料又能够充分说明观点。调查研究的过程就是在掌握大量真实材料的基础上分析论证材料、提炼观点的过程，使观点和材料统一要做到如下三点：

第一，掌握两种安排材料和观点的方法。一种是先观点后材料，观点是在调查研究之前拟定了的，例如“吸烟会影响身体健康”。有了这个观点，在调查中搜集有关说明这一观点的材料，来充分加以说明。另一种是先材料后观点，在调查中获得大量材料，并经过分析研究，观点就逐渐明晰清楚了。

第二，掌握对比的方法。通过材料的对比来突出观点。今昔对比、正反对比、新旧对比、前后对比、两种不同性质事物的对比，都是安排材料过程中可以考虑并适当运用的方法。使用对比的材料来说明观点，能够更鲜明地揭示事物的特点，使观点更突出。

第三，掌握统计数字的方法。调查求真、求实、求准。材料水分大，容易空泛虚假，立不住脚。而使用统计数字的方法重在增强调查的科学性、精确性和可信程度，增强观点的力量。因此，调查普遍采用统计数字的方法，计算百分比或列出简明图表等，准确无误地使用数字说明观点，使文章具有说服力。

采 访

一、什么是采访

针对某一个人或某一件事，有计划、有目的地去访问要采访的对象，通过询问、访查、座谈等多种形式，获取某方面的材料，加以整理加工，写成的应用文体叫采访。采访不仅是记者的事，就是一般领导干部、科室人员，在需要了解某种问题时，也需要使用采访这种应用文体。采访不仅要动笔写，更主要的是亲自去访问、询问，得到第一手资料。所以，采访更具有实践性。

二、种类

采访的种类主要有以下几种：

模范事迹、先进典型的采访　一般是采访某一个英雄模范人物，目的是报道他们的先进事迹。

科研课题、科研成果的采访　一些前沿性的科研课题，或最新的科研成果，报道宣传科技经验。

某一些重大政治、历史事件的采访　对于某些政治或历史的问题，只有被采访人是当事人、见证人，通过采访，揭示事物的真实情况。

对大众关心的热点话题的采访　大众十分关心的问题，需要媒体深入报道，针对类似问题进行采访后，详实地报道出来。

三、作用

（一）通过采访报道好人好事、英雄业绩，做好舆论导向，做好宣传教育工作，推动物质文明和精神文明的建设。

（二）采访工作本身实践性强，是根据当事人获得的真实准确的材料，比一般的文章更具真实性，容易被广大读者接受和认可。

（三）采访到的情况也可能是政府部门急需解决的，通过采访，发表出去，有助于政府机关解决群众急需解决的难题。因此，采访还能协助政府机关展开工作。

四、例文阅读

科研课题采访

专家访谈录

T. Bruening博士是联合国粮食及农业组织教育专家，供职于美国宾夕法尼亚州立大学农业教育推广系。1995年以来，应中国农业部邀请，3次来中国，先后在陕西、甘肃、青海、宁夏、新疆、山东、江苏、吉林等省(区)举办12期当地的教学模式和教学法培训班，主要介绍CBE(Competency-Based Education，培养高水平能力的教育)思想、模块式教学模式的运作和以学生为主体的教学方法。目前主要致力于教育研究和新教学法的推广及课程开发工作。今年暑假，就有关CBE和模块式教学的几个问题和他进行了探讨。现将部分内容摘录如下，以期对有意教改的同仁们有所帮助。

问：首先请您概括介绍一下有关CBE和模块式教学的思想。

答：CBE是一个强调学生通过学习获得高水平技能的教育思想。在CBE教学中，学生们积极参与学习并成为学习的主体，经常性的评估主要侧重于技能水平。为达到CBE教学的目的，教师们通常使用模块式教学途径，即教师积极准备和组织教学内容和教学材料，并以模块的形式组织教学，突出每个模块的教学目标。教师在课堂上的讲授量明显减少，而由教师编写的各种学习活动材料加大了学生学习的主动性和责任心。

问：就您在中国的经历，您是怎样看待中国农业学校和学校教师的？

答：我在中国讲学期间所遇到的教师大多对CBE和模块式教学有着浓厚的兴趣，而且他们也希望能改进和提高自己的教学。总体上说：中国农业学校教师的理论学术水平要高于他们的美国同行。然而，许多美国教师在教学方法和教学策略方面的经验又优于中国同行。我发现：中国教师在向学生们讲述某些极其深奥的理论和概念时，有着令人敬服的耐心。

我认为，如果中国的农业学校采纳了农业部提出的某些教改意见，那么他们的前景将是广阔的。最近，我有幸访问了江苏省苏州农业学校，在学校看到了这样的标语“发展是硬道理”。我深有同感，改革和发展的脚步从来就是不可逆转的。对于那些固守旧教育思想、仍采用以讲授为主来组织农业教学的教师来说，学生将很快失去对他们教学的兴趣。

我曾与一些中国农业教育的管理者与骨干教师交谈，从他们那里得知，有些专业教师自身的动手操作能力就很不理想，对于面向社会的职业技术教育来讲，这种现象的存在是很危险的。

（节选自张凯《CBE.专家访谈录》）

五、格式与写法

通过例文阅读熟悉采访的格式和写法，包括标题，作者提问，被访问者的回答（这项内容是主要部分），作者的认识、评价和说明等。

标题　标题的确立有两种情况：一种是采访时就写上“××访问记”字样；另一种是采访时可以暂不拟标题，等采访完毕，获取了丰富资料之后，再根据资料拟写标题。

作者提问与被采访者的回答　这两个方面是一个互动的环节。所提问题不是罗列在一起，而是将主要性质的问题放在前面，问完一个，再进行下一个。要听取被采访者的回答，尽可能将答话的所有资料都收集到手。提问与被访问者的回答交错进行，而以答话作为主体内容。答话中间有疑问，还可以插入补充的提问，以便使采访的资料更充实。提问虽然不作为采访全文的主体，但提出的问题必须针对采访的中心展开，要问到要点，问到关键，问得恰当巧妙。因此，作者采访时必须口问、耳听、心想、手记，及时做出判断，把握访谈的大方向。将采访的资料整理加工，按照一定的顺序组织文章，其中要核对资料的可靠性、真实性，要梳理全文的层次结构，要对记录的语言进行必要的修改加工，使文章语言简练通顺，必要时还要注意保持被采访者讲话的风格特点。

作者的认识、评价和说明　这些内容不是作为一个整体放在文章的哪一部分，而是针对采访的原资料，对有必要解释和说明的部分给予说明，有必要评价的地方进行适当的议论，以便起到点拨引导的作用，或突出采访文章主题的作用。

六、采访与写作注意事项

（一）做到尽量了解熟悉采访的对象。采访者对这个对象性格、爱好、生活习惯都要摸清，有的时候还要熟悉被采访者原来的工作、学习的一些突出事迹，发表过的文章等，以便询问时尽量缩短双方的心理距离，相处融洽，被采访者愿意说真话、说实话。采访中要注意倾听，诱导得力，注意察言观色。为了得到更真实的材料，还可以接触与被采访者关系密切的同事、朋友、亲属，扩大采访的外延。

（二）做好采访前的业务准备。如准备与采访内容相关的资料，采访的有关工具，如照相机、录音机等，还要找好有关的联系人，确定好行车路线，等等。

（三）制定好周密的采访计划，做好应付意外情况的准备。如采访者突然有其他事情暂时不能接受采访等。还要整理出采访内容的提纲，列出具体采访的问题，以便使采访工作顺利展开。

（四）采访的文章虽然经过作者的加工整理，但主要内容应该保持原貌，不要主观性太强，使文章失去新鲜的色调。整理加工中，尽量使用采访中获得的原话，原词语如果没有语法错误，读者能理解，都要尽量使用。

文体学练

一、结构调查的标题，可以写成单标题与双标题。根据下面所给的标题示例和材料，分别写出单标题和双标题。

单标题示例：上海郊区农民生产状况调查

双标题示例：生育观的大转变——陕西汉中地区计划生育调查

1.哈尔滨市近年加快城市建设步伐，出现了新的变化。请为这条内容拟写一个调查报告的单标题＿＿＿＿＿＿。

2.上海中小学从家庭伦理道德抓起，开展尊敬父母，尊敬老人，争做“孝星”的活动，取得良好效果。请为这条内容写一个调查报告的双标题＿＿＿＿＿＿＿＿＿。

二、阅读下面这段调查的前言，按要求回答下列问题。

辖 10 县 1 市的陕西汉中地区曾是刘备称王、诸葛亮屯兵的重地，一代代英才创下的伟业装点着这块富饶的土地。今天，他们的后代用现代文明开拓了一条计划生育幸福之路，托起新的辉煌。全地区连续 20 年人口自然增长率控制在 10%以下，少生人口 129 万，361 万汉中人生育观念发生了转变。

这个前言写出汉中的历史背景是：＿＿＿＿＿＿＿＿。

取得的成绩是：＿＿＿＿＿＿＿＿。

使用的具体数据是：＿＿＿＿＿＿＿＿。

作者对这一地区取得成绩的赞语是：＿＿＿＿＿＿＿＿。

三、按照下面的这个调查表，如实填写自己的情况。

调查项目	调查内容	"√"或"×"
体育活动调查	1.除了体育课，还进行其他体育活动	
	2.爱好较宽泛，如篮球、游泳、乒乓球等	
	3.喜欢早起，晨跑或其他活动，不贪睡	
上网调查	1.喜欢上网聊天、游戏之类，觉得有益	
	2.不接触网上不健康的内容	
	3.能够利用上网增进知识，搜集资料	
生活用度调查	1.消费单纯，除三餐基本无其他消费	
	2.有吸烟、饮酒等嗜好	
	3.在同学中自己属于消费合理型	
社会交往调查	1.不喜欢交往，尤其不喜欢异性交往	
	2.交往较为宽泛，校园中熟人较多	
	3.没有必要在人际关系上浪费精力	
公务活动调查	1.喜欢公务活动，愿意做此类事情	
	2.在班级或专业或学校担任工作	
	3.公务活动浪费学习时间，不参与为好	
打工调查	1.经常在假期或其他时间打工	
	2.打工为了缓解家庭经济困难	
	3.打工不能锻炼自己，不能为就业做准备	

四、把下面给出的材料整理成一则采访提纲。

1.5月9日采访原厂办主任孙×，5月11日采访现任厂长张××。

2.整理采访的材料，写出采访的初稿。

3.5月12日召集若干职工开一个座谈会，了解该厂亏损原因。

4.××厂是一个过年亏损的企业，现在面临破产。对该厂的实际情况进行系统采访。

五、下面是一则采访短文，请把划横线的语句改通顺。

采访者：请问目前一些教师都有何种心态？

××老师：我曾听过一些教师在①遭到不公正待遇，有的教师发牢骚说："真不想再管学生。"②但事发后仍兢兢业业，严谨教课。再问他们时，答道："我不忍心，不能为了几个钱，③毁坏一代人，不这样，良心难安。"

采访者：您怎样认识这种情况？

××老师：这样的教师令人④敬仰，他们想到的不是一己私利，而是老师就有的⑤为师师表，尽管受到不公正待遇，仍能坚持廉洁，保持为师者的高风亮节。

第七节　记录稿　讲话稿

学习提示点击：

◎ 记录过程中，熟练掌握记录技巧，学习整体记录、摘要记录、要点记录的方法。

◎ 讲话稿既有书面语又有口语，写作中要能够恰当使用；写讲话稿要紧紧围绕主旨展开。

记录稿

一、什么是记录稿

在听报告，听取指示，学习经验，或听课、听讲座时，为了记住必要的内容，常常使用记录的方式，记录后整理成的稿件，叫做记录稿。做记录不仅是秘书的事，任何人在工作、学习中都要记录一些重要的事情、要点等，必须掌握这种灵便有用的方法，使自己的知识和经验通过记录丰满起来。

二、种类

记录稿按种类划分可以分为三种，一是会议记录稿，二是采访记录稿，三是听讲记录稿。三种记录的语言环境不同，讲话者的方式和风格也不同，因此记录方法也不同，整理成的记录稿样式、写作要求也有所区别。

三、作用

（一）练习准确记录，有利于正确领会上面所传达的精神，能够有效地理解和执行工作方针，确定工作方法。

（二）学会快速记录，可以提高自己的工作效率，以便把有关的事情办好。

（三）采访中除了使用录音机，还要在接受采访者正常讲话时尽可能多地记录对方说的话，以便使稿件内容丰富完整。

四、例文阅读

会议记录

××矿区行政办公会议记录

一、时间：200×年6月28日

二、地点：矿区办公楼会议室

三、主持人：程××主任

四、参加人：矿区副主任刘××、劳资科科长赵×、财务科科长刘××、安全科科长熊×、人事科科长范××、办公室主任张××

五、会议议题：

1. 二季度奖金发放办法。

2. 自然减员招工方案。

3. 有关人员的调动问题。

4. 对违反纪律人员的处理问题。

六、会议进程：

1. 矿区二季度奖金按××总公司200×年1月制定的《奖金发放办法》（试行草案）第六条、第七条办。

2. 这次自然减员招工，招收19××年以前参加工作的职工的子女，并实行文化统考，择优录取的办法（详细规定由劳资科负责制订）。

3. 同意刘翔同志提出的父母身边无人照顾的申请，批准他调往东升容器厂工作。

4. 同意我矿职工陈信同志与×铁矿吴才明对调，解决其夫妻两地分居问题。

5. 对矿工盛利无故旷工三天的行为，责成劳资科在全矿区内给予通报批评，并扣发月工资30%及当月全部奖金。

（记录人：李师法）

××矿区办公室（盖章）

××××年6月28日

听讲记录

《播种前要进行种子处理》的听讲记录

讲题：播种前要进行种子处理

主讲人：农场公司冯技术员

时间：×年×月×日

地点：农场会议室

精选过的种子，播种前进行种子处理，会使种子发芽整齐，出苗茁壮。常用的处理方法有：

1. 晒种：能使种子出芽好，早出苗。

晒种方法和时间必须很好掌握。水稻、小麦最好在播种前两三天晒种，棉花最好在播种前10～15天晒种。种子铺5厘米厚，用中午前后几小时的阳光，晒两三天就行。晒时，每天翻动三四回，一定要晒透。

2. 浸种：把种子泡在水里几个钟头或几天，可以让种子提早生长，发芽整齐。水稻浸种，还省得种子播下后在水里漂动。

方法：上下搅动几次，使其均匀吸水，浸泡后捞出来摊在席上，等表面水分晒干后，就可播种了。

3. 种子消毒：许多病毒是通过种子传播的，有的病菌附在种子表面，有的藏在种子里。带有病菌的种子，播种后，随着种子发芽，病菌也许开始活动，危害植株。

种子消毒就是要杀死种子所带的病菌和害虫，常用的方法有：

(1)温水浸种：麦类浸种是先在容器中放入50℃热水，种子在水中浸5分钟随时搅拌，然后在另一容器中放入55℃热水，种子在水中浸10分钟，也随时搅拌。接着移入冷水中，种子冷却后立即摊在席子上阴干。经过处理的种子要马上播种。

(2)变温浸种：先把种子用凉水浸7小时左右，再按温水浸种法处理。

采用以上两种方法，必须严格掌握水温和浸种时间。水温低，时间短，病菌不易被杀死；水温高，时间长，会烫坏种子。

(3)药剂拌种：比温汤浸种操作简便而且效力大。拌种时戴上口罩，用具要清扫干净。

五、格式与写法

会议记录稿

标题　写在首行正中，应写明“××会议记录”字样；如是领导讲话，可写“××会议上××领导的讲话记录”等。

记录项目　标题之下，提行空两格，分行并列写上“会议名称”、“会议时间”、“会议地点”、“参加会议人员”等项目，每个项目后加冒号。“会议名称”后写明何种会议。“会议时间”后写明“×年×月×日×时”。“会议地点”后写有会议在哪里召开的。“参加会议人员”后写参加会议人员姓名，有必要时，要写明与会人员身份、职务；如参加会议人数多，可记出席者数目，例如“出席代表35人”，等等。例文《××矿区行政办公会议记录》就是使用这样的格式，因为标题已经写有会议名称“行政办公会议”，标题之下的会议名称可省略。

正文　记录讲话者的讲话、发言。如是某位领导人的讲话，记录要理清层次，调整好结构；如是众人的讨论发言，原始记录要按发言顺序依次记下来，会后可按会议组织者的要求整理记录稿。例文《××矿区行政办公会议记录》是与会者讨论通过的事，因此按照顺序一一写出结论。

署名　签署记录人姓名，写在记录正文之下，可用括号括起来，表明其性质是个人所作记录，而不是会议纪要。

会议记录稿，大致有三种写法。一是将讲话人的讲话内容进行整体记录，采用从头到尾完整记录的方法。二是将讲话人的讲话、发言要点记下来，采用摘要记录的方法。三是将讲话人讲话、发言的主旨记下来，采用重点记录的方法。

（一）整体记录。要求记录下会议上领导者讲话或数人发言的整体内容。做好整体记录有一定的难度。因为讲话的速度与记写的速度相比要快得多，每字每句都原封不动记下，难以做到，可采用几种记录方式：①使用代码。将会议使用的特定用语、习惯用语用代码表示。如召开的是关于计划生育宣传工作会议，凡用“计划生育宣传工作”一语处，可用“S”来代替，还有领导讲话的一些习惯用语，也可用此类方法记下，会后再及时补上，整理好，以免遗忘。②缩写短语。有的短语、句式，能用简称或可以缩写的，就用简称、缩写的方式。如讲话者使用“××市妇女联合会”这个专有名词短语，可简称为“市妇联”；“密切我区区政府与当地人民解放军相互之间的关系”这一动宾短语，可缩写为“密切军政关系”；等等。③省略主语。记录中发现某一主语多次出现，可只记一个，下面相同主语即可省略，在省略处画“～～～～”号，会后及时补上。整体记录中，如一时记不下来，可在遗漏处留出空隙或做上记号，等到会后再请教一下讲话当事人，或对照别人的记录补记上。

(二)摘要记录。是拣选讲话者讲话的要点记录。讲话者往往先说明他所讲的内容分成几部分,每部分要讲什么。做记录最好先记下这个提纲。根据提纲,按次序安排讲话内容。做记录时,对讲话者所讲的每一部分,用序号隔开,并抓住讲话要点,在每部分开头用一两句话概括出该部分讲话的大意。记录时,要仔细听讲,抓住要点,及时记下。有时,讲话者在较短时间谈了很多重要内容,一时又难以全部记下来,可以采用先听后概括的方法,对重要内容作简要而概括的记录。这样,不致使重要内容的精要之处漏掉。

(三)重点记录。会议记录也需要重点记录。这种方法是对讲话者所谈的重要事情、重要问题尽可能记录翔实。讲话者对各部分的主要观点展开谈,需要使用一些材料来充实。这些材料,有的较一般;有的较为突出,具有典型性。对于典型的材料,做记录时要准确把握,对事情的来龙去脉、前因后果等,一定要记全记细。

听讲记录稿

标题　写在首行正中,应写明"××××课的听讲记录"字样。

记录项目　标题之下,提行空两格,分行并列写上"讲题""主讲人"、"时间"、"地点"等项目,每个项目后加冒号。"讲题"后写明本课的讲题名称。"主讲人"后写明主讲人姓名(有必要时也要写上主讲人职称等)。"时间"后写明"×年×月×日×时"。"地点"后写明授课地点。如果不是讲课式而是正常授课,听讲记录也可以叫听课笔记,不必每次听课都使用这种格式,可在本课程专用笔记本扉页将以上几项写全。例如:

本学期科目:市场营销学

主讲教师:副教授×××

授课时间:×学期周三、周五下午1:30—3:10

授课地点:×学院××教学楼301合班教室

听讲记录稿的写法要依据授课人的讲授方式、板书特点来决定。一般是按照讲课人设计的教案来记。需要采取的方法是:一是要准确记下讲课人阐明的教学目的和要求。二是要针对讲课人强调的重点、难点来做记录;面面俱到,会影响复习效果。三是详细记录讲课人解决重点、难点的过程,其中有疑问处,在笔记上做上记号,以便课下请教老师。四是重点记下讲课人使用的教法,甚至使用的教具。五是记清课后小结中的结论和课后作业。

例文《播种前要进行种子处理》的听讲记录很有特点,层次清楚,语言明了,文字简练,记录的格式也正确。有了这个听讲记录,对课后复习会大有益处。

六、写作注意事项

（一）写记录稿的两个阶段。以上两种类型的记录稿都有原始记录和整理成为记录稿两个阶段。整理过程中，要悉心审核层次段落、字句标点，一经发现记录原句中确有语法、修辞等毛病，要立即给予改正，但不要更改原记录的层次（除非违反逻辑顺序），也不要把自己的意思加进去，以免改动别人的原话的意思。

（二）记要点。记要点是用简明的文字记最主要的内容，字数虽少，但内容要记完整。

（三）避免遗漏和错误。会议记录稿，凡有关政策法规和具体任务的，要逐字逐句地记，不能有遗漏或错误。遇到数目字尽量先记下来，以后再进行核实。有关指示、部署之类重要的话，应随手画上标记，以便查找方便。

讲话稿

一、什么是讲话稿

讲话稿是人们在不同场合发言、做报告时所依据的文字稿本。把自己要说的话加以整理，形成系统，有条有理，就需要使用讲话稿。要想让讲话更精彩，必须把讲话稿写好，这是讲好话的基础。

二、种类

工作报告　机关团体的主要负责人就某项工作的开展进行系统的阐述，并对今后的任务进行部署。工作报告可在事先集体研究，然后起草。

领导讲话　在会议过程中发表指示性意见，或传达、解释上级的方针政策，阐明一件工作的重要性及其意义等。

总结发言　总结单位的工作或总结自己在一个时期的情况、表现，对过去所做的事情进行评析，以利改进。

还有回答记者或其他人的提问，或在某种场合即席发言等。

三、作用

宣传教育，统一思想　把方针政策、好的思想作风宣传出去，使广大群众明确任务，受到鼓舞，有利于推动工作，促进事业的发展。

沟通思想，提高认识　“话不说不透”。通过讲话、发言，沟通你我，使原来的误会化解掉，从而在新的基础上团结一致，去共同完成某项工作任务。

传递信息，增广见闻　一定场合下的发言、讲话，例如同事、朋友之间传递最新见闻、自身经历等，通过交流信息，扩大见闻，这些社会知识与书本知识的融合，有利于思想成熟、学习进步。

训练说话，促进写作　说和写本来是密切相关的，讲话能力的不断增强，会促进写作能力的提高。锻炼口才，锤炼语言，训练对事物叙述的条理性、具体性、生动性，阐述问题的逻辑性，都会对写作有帮助。

四、例文阅读

即席发言

对打孩子的看法

父母最忌讳的是必须一定要让孩子成材。凭什么你不成材孩子就得成材呢？（掌声）我认为最重要的，是要让孩子成人，成为一个心理上健康，感情上非常正常的人。一个非常善良的孩子，人就是第一位的。现在打孩子的父母很多就是希望孩子将来能出人头地，而你并没有做到出人头地。还有一个，每一个人为什么一定要出人头地？我不能当音乐家，但是我可以当一个很好的会欣赏音乐的人；他不能成为作家，但是他能够成为一个鉴别好小说和坏小说的人，他就是一个了不起的人，他的父母就有很大的功劳了。现在很多打孩子的人是“恨铁不成钢”，因为他自己没达到，就把所有的希望都强加在孩子身上，这对孩子是非常不公正的；因为你的智商不高。有了孩子以后，你必须学一点儿童心理学，回想一下小时候你父母打你的体会，你就会明白很多的道理。（掌声）

（摘自华龄出版社《实话实说》　宋丹丹《不打不成材》节选）

学术讲座

品三国　说周瑜

周瑜的仗打得确实漂亮。赤壁之战之中，他是孙刘联军的前线总指挥。苏东坡的《赤壁怀古》说：“遥想公瑾当年，小乔初嫁了，雄姿英发，羽扇纶巾，谈笑间樯橹灰飞烟灭。”羽扇，就是羽毛做的扇子。纶巾，就是青丝做的头巾。羽扇纶巾是当时儒雅的象征。身为将帅而羽扇纶巾，那就是儒将风采了。于是我们就不难想象出当时的场景：曹操的军队列阵于长江，战舰相连，军旗猎猎，江东之人，魂飞魄散，胆战心惊。然而周瑜却安之若素，从容不迫。他戴纶巾，摇羽扇，运筹帷幄，指挥若定，终于能克敌制胜，以少胜多。这真是何等的惊心动魄！这个时候的周瑜，真可谓少年英雄，意气风发，光彩照人！

（节选自上海文艺出版社易中天《品三国》文字略有删节）

会议发言

200×年教师节发言

各位领导、各位同事：

大家好！

今天是新中国的第二十个教师节，祝全院全体教职工节日愉快！同时，衷心感谢领导带领我们，建设学院，一年一个样，三年大变样！

教师节年年过，但感觉一年比一年好，院校更美了，人气更旺了，喜庆的事更多了：读研、考博的年轻教师更多了，搞科研、重学术的风气更浓了。北京农职院正在以前所未有的步伐跨越式前进，领导、教师、学生三位一体，全力打造我们的职业教育"金牌"。

此时此刻，教师节带来的欢乐充溢心头，同时，肩上的压力也油然增加。百年大计，教育为本；教育之树，教师为根。教师不仅是知识的传授者，也是德育的引导者，学生思想的启迪者，是他们感情、意志、信念的塑造者。优秀的教师才能造就优秀的学生。要真正做到为人师表，不是一句空话，需要我们一生不断学习、提高，更新理念，与时俱进。

目前，用人单位越来越重视人才的实用性，更加重视劳动力成本核算，由此为技能型人才提供了广阔的就业机会。产业的发展为职业教育的发展奠定了基础，提供了机遇，有人预言，未来的15年将是职业教育发展的黄金时期，职业教育的辉煌明天正朝我们走来。

因此，我们面临着的是：机遇与挑战并存，荣誉与压力同在。作为职业院校的一名教师，不仅要有足够的知识、良好的品德、熟练的技术，还必须求真务实、勇于创新、认真学习和研究职业教育的规律和特点，加快建设现代职业教育新体系。

教师节的感言就是这些，努力吧，未来靠大家同心同德去共同开创，好日子等着我们！

谢谢！

五、格式与写法

讲话或发言的稿件一般分为标题、开头、正文、结尾四个部分。

标题　有两种方法。一种是由讲话者自己拟定，要揭示讲话的主旨，概括讲话的内容，或言明讲话的范围。另一种是讲话者讲完之后，标题由报杂志编辑人员拟定，一般冠以“××同志在××会议上的讲话”字样。

开头　针对不同的听众，讲话稿和发言稿开头选用不同的方式。可以开门见山，直奔主题；可以概括要讲的重要内容，使听众有个整体的印象；可以先说明讲话、发言的目的等。总之，应当简明扼要，要言不烦。

正文　是讲话、发言的主体，又是中心内容的展开，要紧紧围绕正文部分所揭示的主旨，深入细致地进行阐述、分析和评价，可以使用并列式，把内容平列分成几个部分讲述。可以使用进层式，越讲越深入，最后触及主旨。可以使用总分式，先总后分，或先分后总等。总之，讲话、发言不论使用那种方式，都要论证严密，论述清楚，论点鲜明，说明详尽，叙述有条有理，明白畅达。

结尾　概括全文，强调讲话、发言的中心，或提出希望和要求等。

六、写讲话稿和讲话的注意事项

无论是写稿还是讲话，都要做到以下各点：

(一)打好腹稿，成竹在胸。练习讲话、发言，开始可以打草稿，然后练习拟提纲，成熟阶段应该学会打腹稿。这三个阶段要循序渐进，不能操之过急，要逐步达到目标。过了读稿背稿这一关，才能通过打腹稿来构思内容，组织语言，口述的真正能力才算培养出来了。

(二)明确中心，快速构思选材。练习即兴讲话时，要求迅速构思，迅速选材。首先要确立中心，决定用什么材料，说明什么观点。明确中心之后，从熟悉的事例中选材，可以来得快，用得准，列举的事情亲切，有说服力。心中材料多，能左右逢源，临场就能增强自信，克服慌张情绪。

(三)详略得体，精要充实。在写讲话稿或讲话、发言时，要把握住内容的详略，以表达材料的中心为准。该详时，尽可以捕捉材料的细节之处；该略时，三言两语就可带过。精要是指把最有价值的信息传达出来，材料中的精华部分讲述充分。充分则要求言之有物，不写不说空话大话。

(四)设计开头结尾，统筹全局。讲话、发言的开头也叫开场白，要力求吸引听众。可以首先提出问题，然后顺着问题讲下去；可以先说几句与主旨相关的笑话，引起听众的兴趣，再进入正题；可以引用名言警语作开头，起到提纲挈领的作用；可以开门见山，直接进入正题。结尾，可以解惑答疑，对开头提出的问题给以圆满解答；可以充实思想内涵，以加深听众的印象；可以讲得含蓄深刻，给人留有思考的余地；可以是总结性的结尾，对中心思想有所强调；还可以把疑问留给听众，以期引起人们的深思。开头和结尾的方法多种多样，要根据所选的材料和内容来决定，并且写和说都要这样做。

（五）用语优雅，礼貌谦诚。训练口才，就包括了对语言美的培养。写稿、说话都要文雅真诚，不恶语伤人，不说脏话粗话。使用礼貌用语。即使批评不同意见，也要和颜悦色，说话委婉，以理服人。申述自己的观点，不应自以为是，应该谦虚诚恳。开头可以说一声"大家好！"，结尾别忘道一声"谢谢！"礼貌用语体现自身的语言修养。

（六）发音准确，音量适中。稿子写得好不一定就讲得好。讲话、发言都要求普通话的基本发音。声音还要清晰准确，不能含糊不清。音量太大，会使听众感觉不适，音量过小，听起来费力，也会使听众不满意。音量适中，才能用声和谐自如，音量留有或强或弱的余地，听起来悦耳柔和，给人以美的享受。

文体学练

一、判别下面的情况属于何种记录。

1. 李原同学今天下午听了张教授一次哲学理论的讲座所写的记录属于________记录。

2. ××宣传部记者徐燕访问了取得院长奖学金的赵兰同学，主要采访的是她勤奋学习的事迹，所写的记录属于________记录。

3. 外籍华人教师在课堂上谈对中国大学生的感受时，刘易功同学把这些话记在本子上，属于______记录。

4. ××建工集团老总召开各部门经理会议，会上作了记录，属于________记录。

二、你能根据示例，把下面一段话的画线的词句简写吗？如果能写，再把整段话缩写一次，看看减掉多少字。

要求：对全称的语句，按照语言习惯简化。如"社会科学"，简化为"社科"等。

<u>政治经济学</u>是<u>高等院校</u>学生学习的一门课程。这门学科，以<u>马克思列宁主义、毛泽东思想、邓小平理论</u>为指导，研究政治与经济，政治与社会发展的关系。这是研究<u>社会科学</u>的人必读的教材。学习<u>政治经济学</u>，建议你到<u>北京大学图书馆</u>查阅资料，还可以从<u>中央电视台</u>有关节目中获得信息。有的电视频道专门转播<u>中央人民广播电视大学</u>的这门课程，可以作为参考。

三、按照要求完成活动

分组召开一次会议，拟出会议议题，确定主持人、记录员，会议结束时，完成一个会议纪要。要求格式规范，内容切合学习生活实际，主题突出，条理清楚，有一定的容量。

四、下面的讲话稿画横线的地方修辞或语法有毛病，请加以改正。

①孔子向道德高尚的人，总是怀有尊敬的态度，他提出了②一个响亮的口号，就是“见贤思齐”。要使自己成为人民信得过的好干部，必须向品德高尚的人学习，要时刻向英雄看齐。我们党内有过许许多多这样的优秀人物，雷锋、孔繁森、任长霞……③他们的崇高精神和优秀品质，是我们学习的好榜样，我们“思齐”，就要向他们看齐，④增强我们的思想水平，成为实践“三个代表”、促进和谐的模范。

第八节 演讲稿 解说词

学习提示点击：

◎ 写好演讲稿，要熟悉和掌握演讲稿的写作要求；做好演讲，要切实按照演讲技巧学练。

◎ 学习解说词要针对该部分的写作注意事项仔细研究，把握其特点。

演讲稿

一、什么是演讲稿

演讲稿与演讲密切相关。演讲是借助有声语言和态势语言等手段，面对广大听众发表见解主张，抒发思想感情，感染听众的带有艺术性的一种口语表达形式。演讲也称为演说。演讲稿是发表演讲前准备的文稿。口语表达在现实生活中至为重要。一个有修养、素质高的人，口语表达能力不可或缺。招工招聘、竞争上岗、求职竞选、就职演说，或是在生活中与人交际等，处处离不开口头表达。因此，写好演讲稿，会演讲，以便交流思想，阐述见解，表达感情，是每一个人的必修课。

二、种类

演讲充分利用事先准备好的演讲稿来进行演讲。一般应机关团体的预约，或受命发表政策性、法令性的演说，或在高级别的会议上的致辞等，因此，必须事先准备好演讲稿。比如新当选总统的就职演说，某位领导人接受电台的邀请进行的广播演说，等等。有稿演讲一般有以下种类：

读稿　这种演讲，要求对所演讲的内容阐发严谨，内容具有政策性、法令法规性，演讲者不仅仅代表个人，还代表某一届政府、某一个政党和集团的利益。为慎重起见，为表述得庄重、严密，这种演讲则必须照稿宣读。例如《中国共产党第八次全国代表大会开幕词》，是毛泽东同志在八大上的著名讲话，就属于这种演讲形式。

脱稿　这种演讲是在写好演讲稿之后，对稿件进行深入研究，对稿件内容进行充分准备，然后不带稿件，登台演讲。这类演讲形式通常在演讲会、演讲比赛中使用。其特点是准备充分，内容完整，演讲者能对稿文的字、词、句、段深刻体验，仔细琢磨，反复试讲，也能在试讲中调整语调、选好姿势和表情。目前电视中播出及各大院校活动中进行的演讲比赛就属于脱稿演讲的形式。

"打腹稿"的即兴演讲　不使用书面提纲，只是通过"打腹稿"方法就登台演讲。这种演讲的特点是即兴式的，按照自己的思路把演讲内容向前推进。即兴演讲不拘泥于文稿的固定布局、层段、遣词用语等限制，可以更自由地表述临时产生的想法，更灵活地选用眼前刚发生的例证，更充分地表露感情，更大限度缩短与听众的心理距离，容易做到演讲者与听众的情感沟通。这种演讲因是随想随说，如果不是功底深厚的演讲者，一般演讲人思维的逻辑性和文辞的选择都受到限制，因而一定程度上会影响演讲的质量。

三、特点

追求理念　演讲或写演讲稿都力求挖掘事物的内涵，给听众以启迪和教育。求真、求善、求美是追求的目标。无论演讲或写作，都要揭示什么是真、善、美，什么是假、恶、丑。对真、善、美给以颂扬，对假、恶、丑给以批判，从而激励人、鼓舞人，催发人们的斗志，达到人们对真理认同的目的。

塑造自我　演讲人或演讲稿作者不论选用何种题目，基于哪类材料，都必须把"我"摆进去，即便谈的是他人他事，也同样渗透自己的情感，表达自己的见解。没有"我"在其中的演讲或演讲稿，大多都缺乏激情。因此，演讲或演讲稿都偏重展示自我，有很强烈的主观色彩。一次演讲或一篇演讲稿往往能表现出写作者或演讲人的个性特点，形成人格魅力。这种魅力往往表现在演讲人观点的正确，信念的坚定，品格的高尚，才华的超群等诸方面。

注重表达 演讲与演讲稿都要在语言表达方法上下工夫。首先要语句通畅，清楚明白；不管采用叙述、阐述、议论、评判等方式，都要切合内容，自然得体，没有矫揉造作之感。其次，要选准句式、句法；是采用松散的句式，还是采用严整的句式；是巧妙地引用诗词警语，还是应机插入幽默故事、精短寓言；是铺陈排比，造成宏大的气势，还是语言平易、朴实无华。所有这些，在演讲或写演讲稿之前，都要仔细推敲，认真取舍，以取得最佳效果。

以情感人 作演讲或拟写演讲稿，目的是给人听，让人看，起到感染人，鼓舞人，统一思想，统一步调的作用。这样，就要求作演讲或写演讲稿时，要讲实话，讲真话，表达心声，吐露真情；只有这样，才能沟通读者和听众的感情，引起共鸣。

四、例文阅读

人格是最高的学位

白岩松

很多年前，有一位学大提琴的年轻人去向20世纪最伟大的大提琴家卡萨尔斯讨教：我怎样才能成为一名优秀的大提琴家？卡萨尔斯面对雄心勃勃的年轻人，意味深长地回答：先成为优秀而大写的人，然后成为一名优秀而大写的音乐人，再然后就会成为一名优秀的大提琴家。

听到这个故事的时候，我还年少，对老人回答中所透露出的含义理解不多。然而，在以后的工作生涯中，随着采访接触的人越来越多，这个回答在我脑海中便越印越深。

在采访北大教授季羡林的时候，我听到一个关于他的真实故事，有一年秋天，北大新学期开学，一个外地来的学子背着大包小包走进了校园，实在太累了，就把包放在路边。这时正好一位老人走来，年轻学子就拜托老人替自己看一下包，自己则轻装便服去办理手续，老人爽快地答应了，近一个小时过去，学子归来，老人还在尽职尽责地看守着，学子谢过老人，两人分别，几日后北大举行开学典礼，这位年轻的学子惊讶地发现，主席台上就座的北大副校长季羡林，正是那一天替自己看行李的老人。

我不知道这位学子当时是一种怎样的心情，但我听过这个故事之后却强烈地感觉到：人格才是最高的学位。后来，我又在医院采访了世纪老人冰心。我问她：您现在最关心的是什么？老人的回答简单而感人：是老年病人的状况。

当时的冰心已接近自己人生的终点，而这位在“五四”运动中走上文学之路的老人，对芸芸众生的关爱之情历经80年的岁月而仍然未老。这又该是怎样的一种传统！

冰心的身躯并不强壮，然而她一生却用自己当笔，拿岁月当稿纸，写下了一篇关于爱是一种力量的文章，在离去之后给我们留下了一个伟大的背影。

当你有机会和经过“五四”或受过“五四”影响的老人接触，你就知道，历史和传统其实一直离我们很近，这些世纪老人身上所独具的人格魅力是不是也该作为一种传统被我们延续下去呢？

不久前，我在北大又听到一个有关季先生的清新而感人的新故事，一批刚刚走进校园的年轻人，相约去看季羡林先生，走到门口，却开始犹豫，他们怕冒失地打扰了先生，最后决定每人用竹子在季老家门口的地方留下问候的话语，然后才满意地离去。

这该是怎样美丽的一幅画面！在季老家不远，是北大的伯雅塔在未名湖中留下的投影，而在季老家门口的问候语中，是不是也有先生的人格魅力在学子心中留下投影呢？

听多了这样的故事，便常常觉得自己像只气球，仿佛飞得很高，仔细一看却是被浮动的气流托着；外表看上去也还饱满，但肚子里却是空空，这样想着就不免有些担心：这样怎么能走更长的路呢？于是“渴望老年”四个字，对于我就不再是幻想中的白发苍苍或身份证上改成60岁，而是如何在自己还年轻的时候，能吸取优秀老人身上所具有的种种优秀品质。于是，我也更加知道了卡萨尔斯回答中所具有的深义，怎样才能成为一个优秀的主持人呢？心中有个声音在回答：先成为一个优秀的人，然后成为一个优秀的新闻人，再然后就会成为一名优秀的节目主持人。

（本文荣获“演讲与口才杯全国新闻界做人与作文演讲比赛”特等奖）

五、格式与写法

演讲稿的格式不是十分固定的，一般分为标题、署名和日期、正文、结尾四部分。

标题　拟写标题应注意以下三个特点。一要点明中心。如演讲稿是写有关精神文明建设的内容，就可将标题定为《争做建设精神文明的急先锋》；读者一看便知要讲的主旨。二要有形象性。同样写上面的内容，也可以把标题写成《筑起一座社会主义精神文明的长城》，让读者去思考题目所蕴含的理念。三要富有感情色彩。如要讲生命的意义、价值，可以用《把生命掌握在自己手中》来作为题目，既富有激情，又表现出一个强者的气质。

署名与日期 作者署名，同一般文章作者署名一样，写在标题之下。演讲稿日期写在演讲稿结尾的右下方。

正文 拟写正文要做到以下三点。一是开头要破题，要点明演讲的主要内容，竭力把演讲的内容与题目相联系，这就是入题，都为阐述主旨做好铺垫。二是正文的部分要突出中心，使用典型材料，运用多种表达方式，确立鲜明的观点。同时，还要注意层次的安排，使演讲内容具有逻辑力量。三是正文可以使用叙述为主体的讲故事方法，也可以使用议论为主体的阐述道理方法。

结尾 演讲稿的结尾可以表达激情，富有感召力；可以含蓄深刻，富有启发性；可以评论阐发，富有哲理性。总之，结尾不论采用何种方法，都要叫人兴奋，使人沉思，催人奋进。感情强烈、充满热情和理想的句子，给演讲稿增色，具有极强的鼓舞性和感召力。

演讲稿的语言，要生动、活泼，表现演讲者的个性，使用人民群众中经常使用的精彩语言或名言警语。

演讲稿与讲话稿比较，更具语言技巧，情感因素；学会拟写演讲稿并学习演讲，可以在更广大的范围，采用更多样的形式与群众交流思想，阐述见解，表达感情。因此，演讲稿是在集会、会议或特定场合发表演说的文稿。演讲则是在演讲稿的基础上，或只经过临时构思而进行的演讲技巧的实际表演。

六、写作要求

（一）根据演讲的对象选题造语。要写好一篇演讲稿，首先要考虑演讲的对象。演讲稿要因人而写，因事而写。做到这一点，在选题造语时就要知晓听众的渴求，探寻到听众的所思所感。其次，对不同层次的人，需要使用不同的演讲方式，讲求表达技巧；演讲稿或华美、或质朴、或幽默、或激昂，须根据听众的需要来确定。最后，拟写演讲稿还要考虑听众的兴趣，假如所讲内容与听众关系不大，他们体会不深刻，也就不会赏识其中的内容；如果关系密切，必然会引起听众的兴趣，获得较好的效果。鲁迅的《娜拉走后怎样》是1923年12月26日在女子高等师范学校文艺会上做的演讲。这篇演讲稿抓住女子在社会上的经济地位问题阐述道理，回答了当时女大学生所关心的问题，选题确切，造语幽默风趣，深受听众欢迎。

（二）开门见山，阐发见解。演讲稿最忌开篇意思含混，听众难以摸到头绪。好的演讲稿，应该开门见山，阐明主旨，主张什么，反对什么都明确提出来，立场明确，观点鲜明，毫不含糊，毫不吞吞吐吐，这是演讲稿能够征服听众的重要因素。邓小平同志《我们对香港问题的基本立场》，一开头就斩钉截铁，明确宣称："关于主权问题，中国在这个问题上没有回旋余地。应该明确肯定：1997 年中国将收回香港。"字字千钧，坚定不移，一开篇就确定了基调，是这篇演讲辞获得成功的关键。

（三）扣紧中心，不离主旨。演讲稿也和写其他叙议文章一样，中心要突出。中心是对一篇演讲稿整体内容的高度概括，又从文稿的各个部分分别体现出来，表现作者对生活的认识和评判。如果使用以议为主的方式，应在立论之后，从多方位、多角度展开论述，四面八方入笔，中心一点开花。

（四）"选材要严，开掘要深"。材料选得有深度，才能保证演讲稿质量高，演讲效果好。选好材料的方法，是对尽可能搜集到的材料深入开掘，发现哪些材料最能够说明中心观点，且又具有普遍性，能引起众多人的共识甚至共鸣；就可将这些材料列为重点，精雕细琢又不失其真实性；适度集中地反映演讲者的观点、主张、抱负、理想。这样的材料就是典型材料。拟写中，还要注意"红花与绿叶"的关系，把典型材料与一般材料结合起来，有详有略，有张有弛，有强调有铺垫，体现出整篇演讲稿内容充实、丰富、深刻、生动。

（五）富有激情，富有哲理。演讲稿要吸引人、感染人、教育人，必须蕴含着深厚的感情，并将这感情溶入道理，溶入要讲的事例，要善于用自己的热情之火激励听众。演讲稿还应表现作者对自己、对他人经验、教训、启迪所提炼的感想，具有哲理性。这即是演讲者对生活所做的艺术概括，体现出真知灼见，闪耀出智慧的火花。例如一个卫生系统的大学生在演讲稿中叙说自己选择医护人员这个职业，并确信能做出成绩时，深情地说："我确信，是金子，在哪儿都会闪光"。这句话富有激情，富有哲理，给人以深思和启迪。

（六）结尾着力，响鼓重锤。演讲稿的结尾必须给人激励、鼓舞。结尾也是把演讲推向高潮的关键之笔，就该重锤定音，以演讲者富有个性的语言，奔腾如洪的气势，鲜明深刻的理念，道出催人向前的最强音。

七、演讲技巧

克服怯场心理

怯场是指演讲者临场因紧张害怕而神态举动不自然，不能正常发挥演讲水平的心理状态。要克服怯场需要做到以下几点：

（一）要明确演讲的目的。演讲是为了发表自己的意思、抒发自己的感情，而绝不是为了炫耀自己，出人头地。方向明确了，目的端正了，就必然会带着健康的成功欲望去发表演讲，表现出良好的精神状态。

（二）要增强自信心。演讲者应该尊重自己，应当看到自己的短处，但也有长处，“天生我才必有用”。自以为什么都不如人，这种自暴自弃的心理是有害的。当自卑感和胆怯心理向自己袭来时，应当自我激励，充满自信，认为是对的，应该勇敢地登上讲坛呼吁、呐喊，而不能顾虑重重，前怕狼后怕虎。

（三）要做好演讲前的各种准备。不少人怯场是由于缺乏准备而造成的，因此，要想克服怯场情绪，就必须做好演讲前的各种准备工作。如果演讲前马马虎虎，既不熟悉要讲的内容，也不考虑如何使用态势语，已经走上讲台，心中还没谱，那么，势必陷入手足无措的忙乱之中。

（四）要学会刻意模仿，并要争取更多锻炼的机会。对那些在演讲场合能做到泰然自若、受到欢迎的演讲者的举止和风度，要仔细地加以观察和分析，并刻意地进行模仿。应该运用视觉和听觉手段进行模仿。比如电视新闻节目中各国领导人的报告或谈话，就经常为我们提供模仿的范例。不少电影中也经常出现激动人心的演讲场面，可以有选择地模仿。这种模仿要结合自己的具体情况力求做到融会贯通，扬长避短，还要争取多锻炼的机会。

会场就座与接受介绍

一般来说，这段时间又可分为走进会场、就座、接受主持人的介绍等几个阶段。

走进会场 演讲者在大会主持人的陪同下进入会场后，是演讲者的第一次亮相，演讲者要做到态度谦和，落落大方，要始终带着诚挚的微笑，这样，就会给听众留下和蔼可亲的印象。在走向主席台时，演讲者应该用眼睛的余光扫视听众，不要和个别听众进行目光交流，要步履稳健地径直朝前走，直到走近安排的座位为止。

就座 陪同人员和演讲者走到座位前，演讲者自己不要立刻坐下，而应以尊敬、诚恳的态度，主动地请陪同者先坐，而主持人出于礼貌请演讲者先坐。这时演讲者稍事相让，即可落座。要注意不要玩弄自己的手指、衣角或饰物、手机等，因为这样做给人一种缺乏自我控制的印象。

接受主持人介绍 当大会主持人介绍演讲者时，在听众的掌声中，演讲者应起立，用鼓掌或点头致意的方式，向主持人表示感谢，面向听众鼓掌或点头，从面部、眼神中由衷地表现出感谢之意。

出场亮相要领

向主持人点头致谢之后，演讲者应稳健地走到讲台前，从面部表情和步履姿态之中体现出庄重大方、从容自信、精神饱满、亲切自然、坚定热情。迈步时，脚尖向正前方，脚跟先着地，脚掌紧随落地，两脚接近在同一条直线上。

形象要大方自然。心态平静，表情亲切。演讲者登台之后，首先应郑重、恭敬、诚恳地向听众行个礼，然后要暂停几秒钟，目光环视全场，用微笑的神情面对听众，表示对在场的每个人都关注到。平静一下自己的心情，然后再开始演讲。

八、写作注意事项

（一）“言必己出”好。写好演讲稿，语言就是漂亮的外衣，但这衣装必须合演讲者的体，不是随意找上一件就能得体。要从现实生活中去提炼语言，要根据自己的个性和语言习惯去熔炼语言，要下苦功夫、下笨功夫去开掘语言，这样锲而不舍地追求，才能打动听众。

（二）有真情，才能写好演讲稿。写演讲稿要充满感情。即对事理切身的感受，是思想中最真挚的东西。能把这种真实的情怀奉献给听众，听众才会被感染，被激励，被鼓舞。一个优秀的演说家，在表达一种思想或主张，或者在讲述某些人或事，在宣讲一种道理的时候，总是力求把感情融入演讲的内容当中，以求得听众的赞赏、同情和共鸣。

（三）写文稿要为做演讲服务。有人写演讲稿，习惯采用写文章的老规矩，写出的词句必须规范，语法必须严谨。使用长句不用短句，使用文绉绉的词句不用习惯说话的语言。这样，演讲稿同一般文章没有区别。写演讲稿要从说话的角度来起笔，怎么说就怎么写，写出心里的话。

（四）写演讲稿要注意选用平常生活中的细节。平常要认真搜求表面上看似平凡的事。也许小小细节中包含着有价值的东西，如一个人的思想，一件事的收获，一次活动的意义等。一滴水能够折射七彩阳光，只要认真观察，深入思考，小细节能够反映大问题。

解说词

一、什么是解说词

解说词是对事物、物品、作品和人物进行介绍、说明的一种应用文体。如旅游景观、文物说明、产品展销、书画展览等，都离不开解说词的写作。近年由于各地开发旅游景点，举办商品展览会、举办汽车销售会展，需要进行解说，培训、招聘讲解员的情况多起来，解说词的写作也显得重要了。

二、特点

（一）配合实物讲解。根据实物、实景来介绍事物的成因、历史沿革、性质特点、影响作用等，使观众能够获得有关知识，对观赏的事物体验深刻。

（二）解说词根据事物、景物的实际来说明，要编排好顺序，区分主次，有层次，有条理，环环相扣。内容可划分若干节或若干段，在书面形式上表现出来。

（三）解说词通过讲解员传达讲解、描述，使文字的东西得以完美表现。而其他文字的体裁，如日常文书、事务文书中的许多文体，只能借助眼睛看，而不能像解说词那样收到声情并茂的效果。

三、作用

（一）解说词是针对性的介绍，能使不懂有关事物的人明了情况，熟悉特点，认识其性能。参观者可以从新事物的介绍中懂得科学道理，还可以从文物、名胜等介绍中获得历史知识，文化内涵。

（二）解说词起到广泛传播、深入宣传的效果。通过解说员的讲解，能够将需要宣传的内容传播出去，扩大影响，增加一个地区、一个景点或某种事物、物品的知名度，对发展经济有很大的帮助。

（三）解说词是通过素质较高的解说人员完成的，解说员的生动形象的解说，音调语气的合理运用，能够使文字变成有声语言。因此，也会进一步促使写解说词的作者把文字写得生动活泼，吸引观众。

四、例文阅读

北京农业职业学院解说词

四月的和风，引领客人们走进北京农业职业学院。道路两旁，春色宜人，随着扑面而来的绿色，我们已经看到：雄伟的主楼拔地而起、凌空高耸。左边的人工湖波光粼粼，喷泉喷涌出巨大的水柱，垂柳婀娜多姿，躬身欢迎每一位客人，拱形石桥、不远的高楼、湖旁的花草都倒映在水面，像在明镜上镶嵌了一幅优美的水墨画。远处的假山上，流泉叮咚，瀑布喧哗，在静谧中唱响欢歌。右边的运动场展现了现代化的设施，那绿色的橡胶场地上两支足球队正激烈角逐，一争高低。蓝色的天空、草绿色的场地、紫红色的跑道、高大的观礼台与锻炼着的年轻人，勾勒出体育天地的又一道风景。

还是来介绍一下北京农业职业学院的规划和今后的发展方向吧。学院占地总面积××公顷，拥有固定资产×××亿元，设有园艺、畜牧兽医、经济管理、财会金融、社区管理、农业工程、信息管理和基础部八大系部和北苑、清河两个分院。200×年暑假之后，学院将形成27个高职专业、2个成人高职专业、2个5年制高职专业和26个普通中专专业的局面。

成都武侯祠中的一副对联

诸葛亮生前封为“武乡侯”，死后谥号“忠武侯”，成都的武侯祠，是纪念他的祠堂最大、也最有名的一个。其中有一副对联，塑造了诸葛亮的光辉形象。

因为诸葛亮一生勤于政事，鞠躬尽瘁，死而后已。唐代伟大诗人杜甫写诗赞美：如“三顾频繁天下计，两朝开济老臣心。”再如“三分割据纡筹策，万古云霄一羽毛。”等。

武侯祠中间的这一副对联，就是从杜甫的诗句中摘录出来的。

上联：诸葛大名垂宇宙

下联：宗臣遗貌肃清高

意思是说，诸葛亮的大名可以和宇宙共存，人们瞻仰他的遗容会肃然起敬。横批：伯仲伊吕。伯仲，古语指兄弟的次序，长为伯，次为仲。伊吕是上古的两位贤相，一个是商汤时期的伊尹，一个是西周开国大臣姜子牙(吕尚)。他们两位是古代最杰出的政治家和军事家。而杜甫认为，诸葛亮的才能，如果和伊尹与吕尚相比，也是伯仲之间，相差无几。

五、格式与写法

解说词可以分为标题、正文两部分。

标题　解说词的解说对象是什么，标题就怎样写。如第二篇例文介绍的是武侯祠的一副对联，标题写作“成都武侯祠中的一副对联”即可。

正文　正文根据事物或景物的特点灵活安排。如第一篇例文，介绍北京农业职业学院，先介绍外观，再介绍占地面积，然后介绍学院的专业和学生情况，很有层次。又如第二篇例文对武侯祠一副对联的介绍，把介绍对联作为重点，其他是为介绍对联作的铺垫。还有的正文是一个层次一个层次地介绍，把每个层次划分为独立的段落，在文面表述时，每隔一行就是一个层次，十分分明。

解说员介绍说明完毕，还可以说一句：“这是××为您解说的。谢谢！”等。

六、写作注意事项

(一)解说词要客观准确的说明事物或景物。既然是对照实物来介绍，就要将需要介绍的数字、图形准确写出，不容马虎。每句话、每个词都要一丝不苟，反复推敲，以合乎实际。写完还要认真核对，没有错误，才能定稿。

（二）写解说词要客观反映事物，说明景点等，需要反复阅读有关资料，使内容烂熟于心，然后动笔。不能一知半解就挥笔写来，结果造成错误。

（三）写解说词，特别是实物的解说词，要求对实物仔细观察，认真研究。准确把握事物内在的联系，恰当说明每一种情况，甚至连事物的每一个细节都不要放过，写出来才能针对性强。

（四）解说词虽然也属于应用文体，却可以使用生动形象的文字说明，以达到突出某种事物的效果。因此，要辞彩丰富，该描写详细的地方不能简略，使说明的对象逼真动人。

文体学练

一、根据下面所给材料进行演讲开头的设计。

写演讲稿，开头很重要。下面设计出五种演讲开头的模式，然后，划分成 5 人一个小组，小组中的每个同学分别选择一个演讲稿开头的模式，写成 30 字以上的开头，并依次读出来，大家评定写作的质量。

1. 开门见山，直入主题，或根据自己演讲的内容向听众提出一个问题，问题要写得有趣味，有意义，与演讲主题密切联系。

2. 根据演讲内容，选出三五段名人名言或佳句格言警语，选其中一两句用在开头，要和演讲主旨相衔接。

3. 写一个小笑话，然后把话题同演讲内容拉近。

4. 介绍一种新鲜的知识，使在座的同学对此很有兴趣，然后将话题切入演讲的正题。

5. 给自己“将一军”，即写出自己某一方面的缺点和不足，从而导入演讲的话题。这种缺点或不足要与演讲的内容有必然联系。

二、阅读训练。

写演讲稿是在写自己的心里话，要使用朴实真挚的语言。下面这段话是评论团支部活动中的一些问题，写演讲稿的人大胆、直率，言辞尖锐又不失友好的感情。读后作出分析，并以此为例，写一篇说真话，动真情的演讲稿，不少于 300 字。

> 还记得，11 月 23 日团支部举行了小型体育比赛，很多同学积极给支部出主意，想办法，主动帮助搬运器械，维护秩序。比赛开始后，当我们看到那激烈、角逐的场面，曾由衷地高兴。可谁能想到，比赛后，有的同学竟因为自己的名次不佳，奖品不多而大发牢骚，竟把奖给的手绢撕掉了。至今，那撕裂手绢的清脆之声，还回想在我的耳畔，这也同时撕裂了我们的心啊！

三、根据下面提出的要求进行活动。

即兴演讲是容易抒发内心感情的演讲形式；自选题目又能使自己的情感得到充分的表露。请自选题目，进行一次即兴演讲。

要求：1.每人演讲时间2～3分钟。

2.讲前3分钟构思，列提纲、训练表情动作。

3.演讲时，做到完全脱稿。

四、把下面的解说词调整为正确顺序。

1.他就是中国历史学之父司马迁。

2.仿佛在注视着今人如何把中华民族的历史续写下去。

3.他身着红袍，神情潇洒，二目炯炯有神，似乎在审视着这个世界。

4.在巍巍梁山山脚下，在滔滔的黄河岸边，在高山与蓝天相会之处，在绿树与白云携手的地方，耸立着一座古祠。

五、写作训练。

你的家乡有名胜古迹或历史遗迹吗？有新建的建筑吗？请你进行访察，并写出200字的一则解说词。要求语言简洁，说明清楚，介绍得有层次、有顺序。

附　演讲评分标准

<table>
<tr><td>评分办法</td><td>1.采用10分制评分，下面评分细则中的1、2、3项采取扣分方式记分
2.评委人数取奇数，如确定5或7名等，评分精确到小数点后两位。选手得分如相等，要进行复赛，采取即兴演讲2分钟方式评出高下
3.每个选手演讲后经评委打分，汇总到登记处，分别去掉一个最高分和一个最低分，取平均值
4.评分细则中第4项时间分由登记处记时并按要求评定，评委不必操作
5.当场公布每位选手最后得分</td></tr>
<tr><td rowspan="4">评分细则</td><td>1.内容分　5分
要求主题突出，内容充实丰富，联系自身实际，有感染力，切忌空洞</td></tr>
<tr><td>2.技巧分　3分
要求语言流畅，感情真挚，音调和谐，声情并茂，感染听众</td></tr>
<tr><td>3.仪表分　1分
要求仪态大方，衣着得体，表情自然，对观众和评委有礼貌</td></tr>
<tr><td>4.时间分　1分
要求演讲定为×分钟，超过1分钟或少于×分钟均要扣掉1分</td></tr>
<tr><td colspan="2">说明：第4项根据演讲情况确定演讲时间。如演讲要求7分钟，则超过1分钟或少于5分钟要扣掉1分</td></tr>
</table>

第九节　村志　人物传记

学习提示点击：

◎ 按照不同的门类组织材料，是写作村志的基本方法。

◎ 人物传记的写作既要写出人物的事迹，也不能忽略细节的刻画。

村　志

一、什么是村志

记载一个村子的沿革经历，衰落与兴盛的过程，这种应用文体叫村志。村志也叫村史，一般记叙一个村的地理位置、风物环境、田产面积、人口姓氏、杰出人物、宗族繁衍、政治经济的发展状况等。村志也是地方志的一种，历史越久的村子，那里出的人物、事迹也越多，值得作志。

二、特点

（一）取材鲜活、生动，是一个乡村中真实发生过的。更能够体现事件的原型原貌，做到事件的具体性，时间的准确性，人物的实在性。

（二）具有地方特色。一个村子总是被包容在某一个地区之中的，这个地区文化风俗，必然影响这个村落的习俗。因此，村志既是地区特点的具体体现，地区特点又与村落的风俗息息相关，不可分割。

（三）写作方法以记叙为主，适当使用文学手法。村史是客观形成，写作不宜带有浓重的主观色彩。因此使用记叙的方法是写作的基本要求。在叙述过程中，涉及到的人和事又十分生动时，自然要运用一些文学手法，以便读者喜欢阅读，感受深刻。

三、例文阅读

渭阳村志

渭阳村（古时叫围山、围庄、渭庄），位于西天尾镇东北部，离涵江 8 公里，离莆田 10 公里，离西天尾 3 公里。

明嘉靖四十年(1561年)始祖黄宗成公因抗倭来莆定居于围庄,即今渭阳村。

渭阳村一直属莆田县管辖。宋代属武化乡兴教里。元代属万贤里。明、清两代属万贤里山兜。民国时期设保甲制度,渭阳设尾厝、半山、石牌兜三个保,以后合并为一保,称渭阳保。新中国成立后,莆田县废除了保甲制度,建立区乡制度。1951年渭阳属第四区通济乡,1956年属紫霞乡。1957年12月,撤区建乡,实行高级农业生产合作社建制,渭阳村属西天尾乡管辖,称渭阳高级农业生产合作社。1958年10月,又撤乡镇建制,成立人民公社,渭阳村属涵江人民公社管辖。称渭阳生产大队,下设生产队。1961年改属西天尾公社管辖,保持原大队体制不变。1983年11月莆田市成立,建立乡、镇、村制,属莆田县管辖。渭阳村盛产枇杷、龙眼。

在渭阳村的境内北部,有紫霄寺、紫云寺两处。特别是紫霄寺,自然景观独特,山峦起伏险要,海拔600多米。站在山顶,放眼全览莆田至涵江至江口,地形地貌尽收眼底,旅游者赞叹这边风景独好。紫霄寺的周围还有自然形成的石鸡、石狗、石鼓、石船、石狮、石斗、美人石等十几种怪石,故有"紫霄怪石"之称,是莆田二十四景之一。特别引人注目的是山涧间的"红虾"和"无尾螺"。

渭阳的起源源远流长,是一部人类发展进步的文明史。据"渭阳黄氏族谱"记载;自渭阳黄氏开科至今已400多年,虽经历史变迁,然而黄氏子孙中不乏出类拔萃者。突出的有莆田著名的辛亥革命先驱者黄纪星、黄缃,创办莆田第一所学校"崇实中学堂"的黄绶、黄纪云、黄纪星,革命烈士黄典麟,"五四运动"后,有前厦门大学工学院院长黄苍麟,因公殉职的国际闻名化学专家黄文魁,为国家培养人才做出卓越贡献的前福建省林学院党委书记黄文澄等。 (黄祥生)

司马迁后裔聚集地——徐村

史 鉴

司马迁后裔聚族而居于高门徐村。在当年皇家、官家不准祭祀司马迁的环境中,这里的一山一水、一草一木、一砖一瓦、一风一俗都寄托着对司马迁的万般情思。

村名之巧

徐村的“徐”是“余”加“双人”，暗示：余村二人，指司马迁的两个儿子：长子司马临，次子司马观。晋朝末年，刘宋杀司马氏，他们的后代逃回徐村。长门在马字旁加两点改姓冯，二门在司字旁加一竖改姓同。又因“徐”“续”同音，说明徐村为“高门之续”。巧取村名，意为司马家族后续有人。

坡名之谜

徐村村西有条山坡，原先叫“野牛坡”。据说曾有野牛伤人，被镇守黄河的梅将军除掉。徐村人改名叫了“老牛坡”。他们说，祖先司马迁遭了不白之冤，是应了古语：“老牛力尽刀头死，自古忠臣无下场”。“老牛”“野牛”仅一字之差，却表达了司马后裔为祖先鸣不平的悲愤之情。

木雕之奇

清明节祭祖，徐村人却堂而皇之地祭法王。但法王泥塑像后，特设置木雕假山一座。假山上有两尊不易发现的木雕小像，一坐一跪，跪者一束长发披肩。分明是父亲司马谈临终嘱咐司马迁著史的情景。徐村人明祭法王，暗祭祖先，木雕发挥了奇特作用。

匾额之义

徐村有“暗八景”，其中“远水蛟龙”一景，是利用“远”“冤”同音，表示鸣冤。远水入水口的匾额是“浩荡难名”。含义双重：下暴雨时，洪水确实浩荡，不下雨则干涸，难于取名。暗指司马迁的著史事业在皇权时代却难以得到好名声。封建皇权扼杀人才，正义难以伸张。表达徐村人痛恨封建专制，时时不忘为司马迁平反昭雪的愤懑之情。

风俗之异

“跑戏台”是徐村的特有风俗。每到清明节，村民在村北的法王庙开台唱社戏。正唱之中，演员和村民突然携带服装道具，跑到村里的救郎庙继续演出。人们称之为“跑戏台”。这一风俗来源很古。原来当年司马迁遭汉武帝陷害后，族人们每年清明节便在村后唱戏，名为谢法王，实则纪念司马迁。直到武帝死后若干年，司马迁的外孙杨恽奏请宣帝批准，将《史记》公之于世。杨恽与母亲带领钦差大臣返回故乡报喜。恰逢清明前一天夜里，法王庙社戏唱得正红火。忽然有人前来报告，一队官兵朝徐村奔来。大家一听，以为是走漏了风声，官府派兵前来镇压，于是，演员和村民立即带着服装道具，跑回村里的救郎庙继续演唱，以遮掩官府耳目。等到杨恽等人连夜进村将实情报告乡亲，大家方知是一场虚惊。于是，这个特别的风俗就延续下来，历久不衰，年年唱戏，年年跑台。

建筑之情

徐村人还把缅怀太史公之情寄托于各式各样的建筑之中。汉太史遗祠前的照墙形状像个笔架，象征司马迁史笔如椽。其笔架也像山一样高高耸立，永留人间。村子中间有个涝池，形象像个砚台，称"史公墨池"，象征史公虽没，而文房四宝仍在，勉励后代继承史公遗风，努力学习，为弘扬祖国传统文化而勇攀高峰。村里的戏台盖得四四方方，像个大印，称为"太史玉玺"，教育后代不忘祖先功业，要像司马迁一样刚直不阿，坚持真理。

徐村人不愧为太史公后裔，他们用自己的智慧书写太史公灿烂的村史。

（选自韩城文史资料《汉太史司马祠》中的一篇。选用时题目有改动，内容有删节。）

四、格式与写法

村志由标题、正文组成。

标题　写出"××村志"即可，如例文《渭阳村志》。

正文　可以划分为多个门类，按照不同的门类组织材料，分别写作。可以划分为如下门类：一是村落沿革。主要写村子是怎样形成的，以后又是怎样发展的，中间有什么大的变化。如例文《渭阳村志》"明嘉靖四十年（1561 年）始祖黄宗成公，因抗倭来莆定居于围庄，即今渭阳村"，所写的就是这个村形成的时期及原因。背景材料也可以写在其中。二是地理风物。写村落所处的大的地理环境，是山区还是平原等，如果有河流、山川、景观等，都要写在这个门类中。三是风俗人情。写出这个村落的风俗习惯，歌舞娱乐等，但必须联系这个地区来写，不仅可以表现出地区的一般性，还要表现出这个村子的特殊性。如第二篇例文就是一个典型的例子。

四是经济物产。村中的物产有哪些,物产的数量、质量如何,对这个地区的经济有何影响和推动作用。五是杰出人物。要求从古到今,尽可能将村中的名人贤者、英雄模范写出来,给他们立传。对人物,要历史地看,做到"不虚美,不隐恶",通过他们的事迹,给予公允的评价。六是人口概况。将一个村落人口变化发展的情况,通过数字较为准确地写出。七是文化教育。一个村子,自古以来,有没有突出的文化人,解放以来,有多少不同学历的毕业生,文化教育的状况如何等。

以上将正文中划分出七个门类,如果一个村子有其他特色,如名胜古迹等,还可以灵活来确立门类。例文《渭阳村志》虽然没有划分门类,但内容包括了"村落沿革","地理风物","杰出人物"等几个方面。这则村志如果扩大内容,就可以把门类划分出来写作了。

村志的格式和写法是灵活的,还可以有其他的写法。如第二篇例文围绕司马迁后人纪念先祖来安排结构,把徐村的特点体现得鲜明独特。总之,要在写作中纲目清楚,类别明显,叙述详细,有亮点特色。

五、写作注意事项

(一)掌握大量资料。一个村子的发展变化需要上了年纪的人回忆,这是材料的一个方面。另外,要尽可能详细地掌握现有的文字材料。因此,写作者要不怕吃苦,调查走访,咨询座谈,亲自掌握第一手资料,深入挖掘史实、例证、典型事迹,对取得的资料核实审定,然后动笔写作。

(二)要在写作格式上整体保持一致,正确科学地区分不同的类别,将同类材料合并为一个门类。还要注意不要重复,写作不要拉杂,内容完整鲜明,叙述有章有法。

(三)对村志中的人物或发生过的重大事件的评价要持慎重态度,要公平公正。时代的变化,使得人们的观念也会发生变化,当时的评价是否恰当,还要联系今天给与科学的论断。写出后可以让有关人士把关审定。

(四)写出合乎时代要求的新村志。时代的发展,科学的进步,会让一个古老的村落焕发青春。要努力表现今天新农村的新风貌,新变化,把社会主义时期一个乡村的亮点、特色写充分。

人物传记

一、什么是人物传记

记载人物生平事迹包括传主的主要经历、重大人生事件等的应用文体叫传记。一般传记的文字数量大，结构复杂，而小传的文字数量少，结构简单，把人物的生平事迹简略了。

二、种类

人物传记　是由别人来写传主，也许传主是古人，也许是正生活在世上的现代人。这种传记长于记叙，写出一个人物的一生经历，并刻画人物性格，树立人物形象。但必须依据传主真实的资料，不能虚构。传记也做出必要的评议，写作方法可以具有文学色调。其中的小传也与传记类似，但写作规模小，文字有限。

自传　传主就是作者本人，自己为自己写传记。好处是资料全面而丰富，何时何地的思想状态如何，行为主张怎样，都会把握得准确，有自己对人生的深切体验。不足是对自己的评议应当慎重，不要过于主观武断。

评传　把今人或古人有贡献的人物作为传主，如政治家、军事家、文学家、科学家等。评传不仅叙述传主的事迹，而且对传主的思想、语言、行为进行认真的分析研究，做出恰如其分的评价，并刻画传主的思想性格和形象，作品具有较高的思想价值和学术价值。

三、作用

具有史料价值　一个人生活在社会上，一定打下了这个时代的烙印。而传记必然会把时代的特点勾勒出来，传记中使用的资料也就反映出彼时彼地的历史，既作为传主本身的历史，又是传主所生活的时代的记录。

具有文学价值　传记不是文学作品，传记必须是真实的材料，不能虚构。但是，在把握这些材料进行写作时，可以在结构安排，语言运用等方面借鉴文学的写作特点，其中传主性格和形象的确立也可借助文学写法，因此，传记也同时具有文学价值。

对读者具有借鉴作用　传主的经历，成功之处可以作为读者的人生经验，失败之处可以作为读者的教训。相对小说等文学作品而言，人们更喜爱传记，它具有真实性和现实性，对于人们的工作、生活、学习各个方面，都会提供可资借鉴的宝贵的精神财富。

四、例文阅读

荣叔小传

荣叔，出生时间：1920 年。出身：赤贫。履历：解放前扛长工。文化程度：不识字。相貌：少白头（常剃光头），有些驼背。

他算是苦大仇深的。解放后翻身做主，娶了妻，生了子。从此，他开始释放出心中的一团火，一门的心思、浑身的劲头，凝成两个字——劳动。互助组、初级社、高级社、人民公社——他把全部身心献给了集体。他很早担任生产队长，农业学大寨他有份，政治运动不沾边，土改那年让他入党，却有人说他觉悟低，就没加入。反右、四清，一直到了文化大革命，多大的声势！多长的时间！不少干部下台、上台、检讨、挨整、被“结合”、又“靠边站”……折腾得死来活去，筋疲力尽，他却安然无恙。不是造反派心疼他，是他不争气，偏偏不知道谁是“王、关、戚”，哪个叫“杨、余、傅”[①]。于是，人们知道他没有政治头脑，专门会干活，谁夺吃苦受累的权呢？他不止一次揶揄造反派：“你们抓革命，我们促生产”。这样，文革之火与他心中这团火对接不上。他就照样给人派活，照样领人干活。那年月，雷打不动的政治学习，念“两报一刊”社论，他瞅准机会，向“场头”王福友一招手，两个老伙计溜了出来，到场院翻豆子，灌粮包，做粮囤。造反派们不责怪，都认为老荣头——一个没有政治头脑的人。可他中用，他不干，革命者吃什么？于是他有自由，敢甩开膀子大干。四十八九岁的人，在场上打麦、扬场、脱粒、装包，样样在行。放下扫帚，就是簸箕，脸上淌着汗，嘴里喘着气，眼睛却盯着我们几个年轻人，大呼小叫，催着赶着抓紧做。秋冬水稻脱粒时，年轻的姑娘媳妇，有本事的还上脱粒机呢！站在机上，裹严围巾，戴紧口罩，将带有稻粒的稻草往机口里填。机器吼着，轮子转着，暴土扬尘满天飞，不下十分钟就再换人——时间长是坚持不住的。下来的人赶忙摘围巾、解口罩，全身汗水湿透，真成了个“土人”。那年头，劳动没“软货”，荣叔还是看不上，就像对机上的人有深仇大恨一样，举起木叉，疯了一样往上挑稻草，恨不得埋上这个上机的人。机上的人就拼命往机口填，应接不暇。看不顺眼的，他就大喊：“下来！”于是，他一不围围巾，二不戴口罩，跳上机身，叱咤风云，刹那间，稻草被填干净。下边的妇女们开始“报仇”了，大家拼命挑草，想埋上他，可是，转瞬之间，机上小山似的稻草，被他挥舞铁臂，连续席卷送入机口，一干就是个把钟头。下了机，已是头上一层土，鼻、脸、胡须涂满黑灰，大家都笑，他也笑，只见牙齿是白的，可他视为平常。他使人最狠，妇女们背后叫骂："老荣头，比当年地主狠三分！"他突然出现在大家面前了，个个"卡壳"了，互相使眼色，做鬼脸，偷偷笑。他也眯着眼笑，透出一种慈爱之心，算是对众人的回答吧。于是没白骂，他让人烧了一桶开水，算是犒劳。要是夏天，他准会让人从河西菜园摘一筐嫩嫩的黄瓜，让大家吃个够。他的这团火，有时烧得别人受不了：看不上年轻人翻场，他夺过木叉就翻，看不上哪个灌粮包，夺过木锨咣咣就装，也不管对方苦笑、无奈，还是撅嘴，干完之后还说："看到了吗，就得这么招活！"话语间，训斥少，关爱多。

除了管场院与大车组，他还管园田。那年月搞均分，茄子紫了分茄子，西红柿红了分西红柿，每户按人称斤两。他把着大秤，无论那一家，无论大人去还是孩子来，他的秤砣总是高高扬起，有时还饶一两个。村民有了，余留的往外卖，他跟大车，带个收钱的。半天一车菜，轻松卖完，回来时高兴了，他哼哼着不成调门的曲子，卖多少钱，让挎书包的女人算好交会计。每年不知要卖多少次，也不知卖了多少年，从他手里称过的蔬菜有千斤万斤，他却从没往自己兜里装过一分硬币，也没给自己儿女们拿回过一根黄瓜、一捧豆角。

他不识字，没见过他书写过自己的名字，可全族人谁有个婚丧嫁娶，都要请他陪客人。谁家婆婆跟媳妇不和，他管；那家闹分家，他管。有时大声地训斥晚辈，过后还是笑眯眯的，透出一种慈爱。村里年轻人叫他老叔，辈分小的叫他老大爷，姑娘媳妇们见了他，也不是在干活时那样威严，甚至还敢和他逗两句嘴，把劳动时他的不好忘记了。

上个世纪 80 年代末，集体经济变承包，队里仅留下一块园田，王书记不放心别人，还让荣叔管。就因为有个老伙计不讲理，闯进菜地强摘了几条嫩黄瓜，他就与老伙计翻了脸，也因此大病一场。1990 年，他因劳成疾，住进医院，医生确诊为癌症，他在病床上忍着剧痛，经受折磨，却还惦记着那几亩菜地，但，却永远地回不来了！出殡那天，没有谁招呼，全村的男女老少，都从家门走出给他送别。有人抹着泪水，有人连连叹息，有人回忆起跟他一起劳动的日子……。当时我工作在外，没有来得及给他送葬，甚至没能到医院去看他最后一眼，得到噩耗后，一连悲伤了很久，每当夜深人静想到他，泪水就禁不住往外流，数次都洇湿了被褥。

他二子，五女，现在都各操生计，生活很好。他要是活着，该看到重孙女背着书包上学了。

但是，他这团火是熄灭了，永远地熄灭了！唯有生生不息的充溢在村民心中的良知——永远地记住他！

（农民 满清撰文）

① 杨、余、傅，指杨成武、余立金、傅成碧，三人都是人民解放军高级将领，在"文革"中曾受到过错误处理。王、关、戚，指王力、关锋、戚本禹，"文革"中曾是中央文革成员，追随江青一伙干坏事，不久被揭露打倒。

五、格式与写法

传记包括标题、正文两部分。

标题　一般要写上传主的名字，然后写"传记"或"小传"二字。如例文《荣叔小传》。又如，鲁迅先生曾给左翼作家柔石作传，题目是"柔石小传"。

正文　分为开头、主体、结尾三部分。

开头：要从传主的最初生活历程写起，介绍传主的出身、年龄、社会与家庭背景。如《荣叔小传》写"荣叔，出生时间：1920 年。出身：赤贫。履历：解放前扛长工。文化程度：不识字。相貌：少白头（常剃光头），有些驼背。"这是作者为了重点写传主解放后的经历、事迹，所以，简略写他解放前的生平。

主体：抓住主要事迹来开笔。生活中事物千头万绪，事情很多，应该写传主最闪光之点。如荣叔的献身集体几十年的劳动，就是应该大书一笔的。因此，劳动的事迹是主体的重点。同时也不要忽略细节。如"放下扫帚，就是簸箕，脸上淌着汗，嘴里喘着气，眼睛却盯着我们几个年轻人，大呼小叫，催着赶着抓紧做。"例文中这样的细节很多，不是削弱了传记，而是增强了其真实性，对写出人物形象十分有利。但要强调一点，即细节必须真实，不能虚构。如果写古人的传记，细节是根据传主的性格，加之作者合理的想象完成的，必须合乎人物的身份。主体的事例要反映传主的某种品德，揭示传记的中心。

结尾：有的传记写完主体就算结尾了。有的传记有一些精要的评议，以点明中心。《荣叔小传》的结尾"但是，他这团火是熄灭了，永远地熄灭了！唯有生生不息的充溢在村民心中的良知——永远地记住他！"就属于后者。

以上是就一般格式而言，如果写的是长篇传记，结构应该更复杂，体式更宏大，语言更丰富，事例更典型，更具有时代特征。因此，传记的写法不是一成不变的，而是形式多样，方法多样的。

六、写作注意事项

(一)要把握传记的结构。长篇传记,需要复杂的结构,短篇传记,采用单纯的结构。不要生硬照搬,要根据所写传记的实际字数合理安排结构。把握住了结构,就是设定了框架,写作就有路数了。

(二)材料的筛选。要区分材料的性质,对确有把握的材料不能放过,对有疑虑的材料要认真甄别核实。写作中,要从材料本身挖掘传主最本质的品质,不要就事论事,浮于表面。抓住材料特点,能点铁成金;抓不住材料特点,典型材料也会流于一般。

(三)把握传主的精神品质。传主是一个传记的主人公,作者必须深入研究人物的思想,从现有材料中寻找传主的人生轨迹,对其中的事迹多问几个为什么,从而探寻到人物的思想情感,体会到人物的精神境界。这样,写出的传记才有深度,有思想。

(四)借助文学的表现手法。传记中,要使用生动、确切、简洁的语言,而文学作品的语言就可资学习。传记还要充实必要的细节,这也需要使用文学的写法。还有不少方面,文学写法适用于传记。但需要注意的是,不符合传记写作特点的文学手法应当坚决摒弃,合乎的应当拿来。总之,在材料真实,事件准确的基础上适当借鉴文学写作手法是完全必要的。

文体学练

一、根据下面各题的说法判别正误,对的画"√",错的画"×"。

1. 村志其实就是我们常说的村史。( )

2. 写人物传记可以采用文学中小说创作的虚构方法。( )

3. 人物传记是对逝世的人一生事迹的忠实记录。( )

4. 写村志中的村风村习,要以考察这个地区的风俗习惯为根据。( )

5. 人物传记既然是记写一个人的大事,就不必注意人物的细节。( )

6. 人物传记中所说的传主,其实就是指作者本人。( )

二、选择合适的词语,填写在空白的横线上。

1. 由于报纸________(揭露和指责 揭露和抨击)反动政府,第二年春被封闭。

2. 在这部著作中,他______(描写了 阐述了)经济理论的主要______(基石 基础)——剩余价值理论。

3. 我很______(可怜 同情)那些被打的人,在我心里开始种下了对旧社会______(愤怒不平 不共戴天)的种子。

4. 暴动的事实为我亲见，在我______（年幼 童稚）的心灵中激起了______（共鸣 火花）。

5. 我也不愿意在过那______（依附别人 寄人篱下）的生活，坚决要求离开外祖父的住所。

6. 满清王朝官府中腐败黑暗的情况，引起我极端的______（鄙视 厌恶）。

三、把下面的句子整理成一段人物传记（可以打乱次序，梳理顺畅）。

1. 在这两年中我开始研究社会主义理论，并注意当时俄国革命的情形，同时广泛地阅读法国的文学作品，特别喜欢卢梭和雨果的著作。

2. 我 1919 年 10 月到马赛，同年底到巴黎，一直到 1921 年 10 月回国。

3. 1919 年，“五四”运动爆发。这运动强调思想解放和文化革新，使我在思想上起着大的变化，同时我的家因为田租的纠纷，和地主打了几年官司，花了许多钱，这时候已经临到了破产的地位。

4. 家庭已不能负担我求学的费用，我只得离开家庭而独立生活。恰在这时，我在留法勤工俭学预备学校经过考试取得了官费生的资格，得到四川省政府补助的一笔旅费，赴法国一面做工，一面求学。

5. 我在巴黎的一个工厂中做了 8 个月的工。

（以上引自陈毅《给罗生特同志的信》）

四、修改下面画横线的语句，做到完整通顺。

他门门功课达到优等，而且初步掌握书法的①技巧和知识，在校内外多次获奖。在社会活动中，他②结交认识了几位良师益友，③人们对他的成长，起到帮助和促进作用。④是我永远值得怀念的。

第五单元　日常应用文体

在日常工作、学习、生活中，日常文体的种类很多，使用的情况也不同，有的是单位使用，如启事、通知等，有的是个人使用，如条据、日记、周记、对联等。本单元介绍的日常文体目前已经被人们普遍应用于各个领域。学习这些文体，要求做到记清格式，熟悉写法，在实际生活工作中正确运用。

第一节　条　据

学习提示点击：

◎ 各种说明性条据落款中时间的写法。

◎ 说明性条据托事条使用致敬语的特点。

◎ 凭证性条据的写作注意事项部分是学习的要点。

说明性条据

一、什么是说明性条据

一方向另一方提出要求、交代事情或个人向单位请假时所写的简单书信，叫做说明性条据。说明性条据与凭证性条据用处不同，格式和写法区别较大。

二、种类

根据说明性条据的使用情况，可以分为留言条、托事条两种。留言条、托事条一般在私人交往中使用。这两种条据均不能用于机关团体之间的事物性联系。

三、作用

留言条和托事条都是因为对方不在场，又无法联系，将需交代的或对方须知的事情用文字表述清楚，以便办理。

四、例文阅读

留言条

徐北平同志：

请您到会议接待中心办理完手续后，到楼下的饭厅吃晚饭，农业局的同志在那里等您。

乔志东

8 月 15 日晚 7 点

托事条

徐秘书：

你好！这次出差，请你为我买开往上海的第××次特快列车硬卧车票 1 张，下铺为好。没有下铺，可买中铺的。如明天的票买不到，可买后天的。车票钱我已同财务处打招呼，去支取即可。谢谢！

（回来后，如我不在办公室，可打我手机：136××××××××）

李明　托付

2008 年 7 月 3 日

五、格式与写法

留言条

日常交往时，由于各种原因未见到对方，将要交代的事情写成简短书信留给对方；或因事外出，将交代的事写成便条，放在醒目之处，以便来找的人了解情况。这两种说明情况的简单书信，都叫留言条。

根据例文阅读明确格式和写法。

标题　写在第一行正中，写明“留言条”三字，字体要端正醒目。有的留言条标题可省略。

称谓　称谓另起一行顶格写，后加冒号。如果留言对象是泛指，称谓可以省略。

正文　写于下一行空两格，要写明留言的原因，写清楚交代的事情等。

落款 写在正文右下方，写明写条人的姓名，下起一行写日期。留言条使用的时间较短，一般不写年，而写月、日及具体的钟点。例如“8月15日晚7点”。

托事条

因有些事情需要托付对方办理而写成的便条叫托事条。与留言条相比，托事条主要写托付的事情，前后考虑得周到，写得也较为具体。

根据例文阅读明确格式和写法。

标题 写“托事条”三字，也可省略标题。

称谓 要顶格写出对方的称呼，后加冒号。

正文 明确写出托办的事项和要求，必要时留下联络方式。例如“回来后，如我不在办公室，可打我手机：136××××××××”。

落款 写在正文右下方，写明托事者的姓名，下一行写日期。

六、写作注意事项

（一）留言条不使用致敬语，托事条虽然没有使用致敬语，但在正文中使用“您好”、“谢谢”之类的表敬语言。落款处，留言条不写年份，请假条、托事条都写年份。

（二）写作这两种条据，都应该字迹工整，语言简明确切，以免由于书写潦草、表述不清或指代不明引起对方误解，延误事情。

凭证性条据

一、什么是凭证性条据

借钱还物、收受物品时，用书面文字写出依据，表示借、欠、还、领等既成事实，就有了条据。这种财物往来的凭证，叫做凭证性条据。

二、种类

根据凭证性条据使用的不同，分为借条、收条、欠条、领条、发票等。

三、作用

凭证性条据用于日常生活的方方面面，对钱款或物品的借、收、欠、领起到依凭作用。私人之间可以使用，单位内部或单位之间也可以使用。

四、例文阅读

借条

今　借　到

乡政府财务科人民币贰万柒仟元整，半年之内如数还清。

此据

借款人　李大年（盖章）

2008年3月15日

收条

今　收　到

健美体育用品商业中心送到篮球拾个，乒乓球捌盒（每盒伍个），经查质量合格。

此据

经手人　刘树（盖章）

2008年2月2日

代收条

代　收　到

王南为长冈乡小学建校捐赠款项贰万捌仟陆佰元整。三日后转交长冈乡小学校方。

此据

代收人长冈乡乡长　许志（盖章）

2007年5月25日

欠条

暂　欠

镇政府财务室人民币肆千元整，三月内还清。

此据

赵民（盖章）

2008年3月6日

领条

今 领 到

后勤处发的办公桌叁张，暖壶壹拾贰只。

此据

保卫处经手人　李敏(盖章)

2008年6月16日

发票

售 给

××学院第一食堂白菜叁佰捌拾仟克，每仟克售价肆角，共计人民币壹佰伍拾贰元整。

××蔬菜公司(盖章)

2008年10月16日

五、格式与写法

借条

向公家或个人借钱借物，写给对方条据作为依凭叫做借条。借条由被借人保留，钱物归还后，方可废毁。

根据例文阅读明确格式和写法。借条由标题、正文、落款三部分组成。

标题　写于第一行中间，写“今借到”或“借条”字样，字体要端正、醒目。

正文　写明被借一方的单位或个人姓名，所借钱或物的金额或数量及归还时限。预借公家的钱物，应写明用途。正文之下空两格写“此据”二字。

落款　写于正文右下方，先写借款或借物人的姓名，必要时加盖个人印章；下一行写明年、月、日。

收条

收到对方钱物后，写给对方作为依凭的字据叫收条或收据。二联单或三联单是单位使用的正式收据，第一联为存根，开收据一方保存；第二联或第三联交付还款或还物人，作为钱或物已归还的凭据，也便于报销。收据必须加盖公章。

根据例文阅读明确格式和写法。收条由标题、正文、落款三部分组成。

标题　写于第一行中间写“今收到”或“收条”字样，字体要端正醒目。

正文　写明送来钱或物者的个人姓名或单位名称；并写出钱物的金额或数量。如果是对方归还的钱或物，就不必写收条，只需把对方原来写的借条归还对方或当场销毁，以示钱物还清。如果是代收条，可由代收人接收对方的钱物后，代替当事人写一个收条，正文写明代收情况，交与当事人的时限等。“此据”的写法与借条格式相同。

落款　写于正文右下方，先写接收款物人的姓名，必要时加盖个人印章；下一行写明年、月、日。

欠条

将已借公家或私人的钱物，已归还一部分，还有一部分未能归还；对拖欠部分，立下条据作为依凭叫做欠条。

根据例文阅读明确格式和写法。欠条由标题，正文、落款三部分组成。

标题　写于第一行中间，写“暂欠”字样，字体要端正醒目。

正文　写被拖欠一方的个人姓名或单位名称，写出钱物的金额或数量及归还期限。“此据”写法与以上条据相同。

落款　与借条的写法基本相同。

领条

个人向单位领取钱物，或单位内的下级机关向上级机关领取钱物，须给负责发放的人留下条据，叫做领条。

根据例文阅读明确格式和写法。领条由标题、正文、落款三部分组成。

标题　第一行中间写“今领到”或“领到”字样，要端庄醒目。

正文　写清被领单位名称，钱款金额，物品数量；必要时写清所领钱物的原因。代领钱物的人，要在“领到”前加“代”字。如果负责发放者备有打印好的领单，领取人只需按格式填写、签名，不必写领条。

落款　可写明领钱物者的单位、经手人姓名，下一行写明年、月、日。

发票

出售物品时写给对方的单据叫发票。发票由国家税务部门统一印制。发票的种类较多，印制格式见例文阅读。

六、写作注意事项

（一）凭证性条据的数目要用大写汉字，即零、壹、贰、叁、肆、伍、陆、柒、捌、玖、拾、佰、仟、万、亿。“元”、“角”等字后面加“整”字。

（二）条据有的保留时间较长，要用钢笔或毛笔写，不要使用铅笔、圆珠笔，以防时间久了模糊，也防止涂改。

（三）写条据时如不小心把数目写错，改正后必须加盖印章，证明曾经改过。

文体学练

一、留言条、托事条学练

1. 下午 3:20，周涛回到村委会找于海开会，开会时间是下午 4:30，周涛怎样给于海写留言条？

2. 王志和要去北京买团支部活动用品，如果你托他买一个随身听，这个托事条怎样写？请你写一写。

二、借条、收条、欠条学练

1. 石雨老师将赴上海学习，须向学院财务处借款 2 600 元，返校归还。请代他写一张借条。

2. 李伟民是刚分配到乡政府的大学生，他正外出进行业务培训，其父从家乡赶来，为他送来 300 元生活费和床上用品。刘印田科长接待了李父，代收了钱物，等培训结束再交给李伟民。刘科长该写什么字据？你能代他写一份吗？

3. 郑光明借孙军 500 元，已经还了 350 元，其余部分答应下周还清，还要写一个欠条。请代郑光明写一则欠条。

第二节　启事　声明

学习提示点击：

◎ 启事种类多样，在写法上也有不同的格式和方法。

◎ 学习中区分“启事”与“启示”词义的不同。

◎ 招领启事正文不要确切表示钱的数目或物的形状。

◎ 声明的用语要做到简明、准确、确切。

启　事

一、什么是启事

机关团体或个人，有事向公众公开说明，希望大家协助办理，这种求得公众给予帮助、合作的应用文体叫启事。

二、种类

启事可以划分为两大类：一种是私人应用类启事，包括寻物启事、招领启事、家教启事、租赁启事、寻人启事、征婚启事、求职启事等；一种是公务应用类启事，包括招聘启事、招生启事、征文启事、开业启事、迁址启事、招商启事、企业更名启事、征订启事等。随着社会的发展，启事的种类和用法更加多样化。

三、特点

（一）启事不具有法令性、政策性，没有强制性和约束力，公众可以根据启事的要求，自愿参与，也可以不予理会。

（二）启事具有公开性、知照性，通过电视、报刊、网络、电台、信函等广泛传播。

四、例文阅读

寻物启事

寻 物 启 事

本人昨天上午在图书阅览室阅读，不慎将一串带有黄色老鼠饰物的钥匙丢在桌子上，有拾到者请与本人联系，深表谢意！地址：3号楼218房间，电话：×××××××××。

××科室职工　沈燕

2008年5月15日

招领启事

招领启事

本店服务员昨天中午打扫房间时，拾到一个皮夹，内有人民币数百元和一张银行信用卡。望失主速与我店联系。电话：89008816

新风旅社　联系人　张先生

2008年6月10日

征文启事

××厂宣传部"迎奥运、树新风"征文启事

北京2008年奥运会是举世瞩目的盛会，现在已经进入倒计时阶段。作为我厂的一名职工，应该身体力行，为"北京奥运"做出贡献。目前，"迎奥运、树新风"的活动已在我厂展开。用笔展现活动中的动人事迹和精神风貌，将会感染更多职工参与其中。因此我厂宣传部特举办此次征文活动，要求如下：

一、思想内容：在"迎奥运、树新风"活动中的好人好事，或者自己的收获与感受。

二、文章体裁：诗歌、散文、特写、报道等形式不限。

三、纸型字号：来稿一律采用A4纸，4号宋体，打印成电子版，也可以交送软盘。谢绝交送手写体。

四、征文时间：5月9日至5月20日；来稿送交地点：综合楼二层208室；联系人：姚民。

五、此次征文设一等奖2名，二等奖5名，三等奖10名。

六、来稿恕不退还，请自留底稿。

2008年元月16日

招聘启事

招聘律师启事

海淀区中关村作为电子科技园区，近年来经济发展迅猛，由此也带来一些经济纠纷。为了适应该地区经济发展的需要，壮大律师服务队伍，现

公开向社会招聘专职律师。

应聘条件：

一、具有高级、中级律师职称，或者具有律师资格，法律本科以上学历，法学博士生、硕士生优先考虑。

二、从事专职律师工作3年以上，有较丰富的工作经验，能独立完成案件的调查和法庭答辩等。

三、要求身体健康，五官端正；年龄在45岁以下，资深律师年龄可放宽至48岁。

应聘者请将个人简历、资格证书、职称证书、律师执照、毕业证书等影印件及免冠照片一张寄至海淀区司法局人秘科。审查合格者将书面通知面试，受聘待遇面议，材料恕不退还。

地址：北京市海淀区××路××号

邮编：100036

联系人：× ×

联系电话：010-6818××××

北京市 海淀区司法局

2002年×月×日

五、格式与写法

招领启事与寻物启事

根据例文阅读明确格式和写法。这两种启事由标题、正文、联系方式、住址和落款组成。

标题　一般由写作事由十文种组成。“启事”二字，写于首行正中，字体醒目。

正文　格式开头都要空两格。内容因两种启事使用的差异有所不同。

寻物启事的正文：失物人何时、何地丢失何物；丢失钱款可写约数，如“人民币2万余元”、“近千元”等，物品要写明特征，如“一串带有黄色老鼠饰物的钥匙”等；正文中注意使用习惯用语如“不慎”等词，表敬用语如“深表谢意”等，如果丢失的钱款数额巨大或物品极为昂贵，失主对拾到者须用“重礼相谢”等语句来表示感激。

在正文之后写清住址和联系方式。

招领启事的正文：在何时、何地拾到何物；拾到的钱物，不要写确数，如示例中的钱包不写质地与颜色，钱款只写数百元，用语需含混。

落款　招领启事写明失物人姓名和日期；寻物启事写清住址、联系方式、联系人和日期。

征文启事与招聘启事

根据例文阅读明确格式和写法。两种启事由标题、前言、正文、落款组成。

标题　由招聘单位名称＋事由＋文种组成，如例文中“××厂宣传部‘迎奥运、树新风’征文启事”。也有不写招聘单位名称的，如例文中“招聘律师启事”，事由“招聘律师”，文种“启事”。

前言　要写出写启事的原因、目的或意义。如示例中写的征文的意义和招聘律师的原因。

正文　两种启事正文不同。

征文启事的正文：写明征文的主题或思想内容和征文体裁，如示例中正文一、二两点；写明投稿遵循的要求，如示例中正文第三点；写明征文起止日期、投送地点及联系方式、联系人等，如示例中正文第四点；写明设奖等级和名次，如示例中正文第五点。一般这类征文启事还要注意未入选稿件处置办法，以免事后惹起麻烦。

招聘启事正文：写明招聘的要求、条件，一般包括学历、学位、性别、年龄、工作经历及经验、户口所在地、居住地以及招聘的名额等；写明招聘单位需要验看的有关证件，如示例中所写到的各类证书等；写明招聘的时间、地点、联系方式、联系人等。

落款　招聘单位或征文单位名称写在标题中，落款处只写时间即可。如单位名称没有在标题中出现，要在落款中写明。

六、写作注意事项

寻物、招领启事和征文、招聘启事在写作中应注意如下几点：

(一)寻物启事正文写丢失物品特征，为的是明确失物人的身份。招领启事不必写明丢失物品的数量和特征，为的是以防冒领。

(二)任何种类的启事写作都要求词达意显，言尽意尽，简洁明了；还要求一文一事，单纯明确。

(三)不要把“启事”写为“启事”。

(四)不同种类的启事，有不同要求，下面再介绍以下常见启事的写法：

招生启事　前言写明招生目的、专业设置、课程安排、报名条件及期限、截止日期、应带证件等。

家教启事　写明学历、学位、对某科课程掌握的程度、从教经历及成绩等。

征婚启事　写明应征者的姓名、年龄、体貌特征、文化程度、职业职务、经济状况、择偶条件等。要实事求是，不夸大其词。

寻人启事　写明被寻人的姓名、年龄、性别、体貌、衣着特点、有无病症，还要写明走失原因等。注意写明启事者的地址、联系方式等。这类启事要注意使用礼敬用语，以便求得众人的同情和帮助。

租赁启事 写明出租房屋面积、房屋质量、居室陈设、地理位置、交通环境、出租期限等。一般都是价格面议。联系方式也要写明确。

声 明

一、什么是声明

社会团体、企事业单位或者个人，就涉及自身的事项向社会公开表明态度，阐明观点，说明事实而写成的应用文叫声明。声明文体一般较为简短，登载在报刊上往往饰有边框，以引起读者注意。

二、种类

声明分为两类：一种是重要证件、票据遗失，须通过声明的方式发布在报刊、电台或电视上，言明作废，以防他人冒用；一种是当自身权益受到侵害，为保障自身合法权益而发布的。声明的作者可以是企事业单位，也可以是个人。个人声明也有由委托人或律师代为发布的。

三、特点

公开性 公开发表，引起公众关注；公开表明作者的观点、主张，或者澄清事实，解释原因。

严肃性 发布者态度郑重、庄严，中明权益，说明事实真相，语气严肃，必要时援引相关法律作为依据。

四、例文阅读

挂失声明

挂 失 声 明

葛天寿名下持有原利德股份有限公司的股权凭证因遗失，特声明挂失。自声明之日起，对上述股权处理须凭本人或委托人常雨田先生遵照我国政府有关规定办理。声明即日生效。

挂失人 葛天寿

二OO七年八月八日

××有限责任公司声明

××有限责任公司声明

今春以来,个别商家冒用"××有限责任公司"的名义进行欺骗宣传,声称"由××有限责任公司从德国进口的××原材料,经过加工,研制成牌号为'997'的产品"。这些宣传纯属捏造,严重损坏了本公司的声誉。为此特声明如下:

一、本公司并未从德国进口任何××原材料。

二、本公司目前生产的所有种类的产品中,根本没有牌号为"997"的产品。

三、今后凡有冒用本公司名义的商家,不管是单位和个人,一经查实,一律追究法律责任。

望广大客户在购买本公司产品时,须认清"宝塔"牌、"大河"牌商标,切勿受骗上当。

××有限责任公司

2008年2月29日

勘误声明

声　　明

本报7月5日第三版刊登署名何陶《对于失学儿童该怎么办》一文中有:"××省×市儿童失学率为2.3%"一句。这个统计数字有误,经作者同意,更正为"××省×市儿童失学率为1.3%"。特此勘误。

××日报社

2005年10月13日

辞职声明

辞职声明

自2003年以来,受××公司礼遇,被聘为该公司技术顾问,近因视力下降,身体虚弱,无力继续为该公司服务,经公司允许,辞去技术顾问一职。

特此声明

董××

2008 年 3 月 1 日

五、格式与写法

根据例文阅读，明确格式和写法。声明一般由标题、正文和落款三部分组成。

标题　可以直接用“声明”两个字；可以是事由＋文种，如“挂失声明”；可以是单位名称＋文种，如“××有限责任公司声明”；还可以是单位名称＋事由＋文种，如“××公司关于××问题的声明”。

正文　内容较多的声明由引言、主体、结语三部分组成。引言写明发布声明的缘由和依据，如例文《××有限责任公司声明》中正文第一段就是引言。主体可以列出条目，依次写明声明的要点，如例文《××有限责任公司声明》中列出的三点事项。结语一般使用“特此声明”等，也可以象例文《××有限责任公司声明》的结尾，揭露对方，表明立场。简短的声明表明对事态的立场、主张，宣布采取的措施和做法。如例文《挂失声明》。这类声明如果遗失的是支票，还要注明账号和编号等。

落款　落款置于正文右下方。标题中没有出现单位名称，落款处要写明。标题中出现单位名称，落款处可以省略。发布在报刊上的声明可以省略日期，以报刊印发日期为准。

六、写作注意事项

（一）合理合法。声明要有法律依据，当自身权益受到侵害，有法律法规作为支撑，才理直气壮。

（二）事实确凿。声明的事实真实可靠，细节准确无误，这是声明的依据和基础。

（三）简洁明确。声明语言要简明清楚，不含混其词、模棱两可，语气坚定有力，文字避免歧义。

（四）结构谨严。声明涉及问题复杂者，多采用条文式，说理有层次，逻辑性强。较简单的问题宜采用板块式写法。

文体学练

一、根据日常生活进行写作学练。

1. 根据你身边发生的朋友、同事丢失款物和拾到款物的情况，请分别拟写一则寻物启事和招领启事。

2. 日常生活中，常有失物写启事的情况发生，但格式和写法多有失规范。留心这类情况，并将不规范的启事加以评析改正。

二、根据所给材料写作下列文体。

1. 李育童是××镇政府机关宣传干事，按机关工作计划要求，在职工中开展一次书法比赛征稿活动，请代李育童写一则书写征稿启事。写作要求：题目、前言、正文自拟，不少于 250 字。

2. ××乡宣传科要招聘 3 名大学生，一名能摄影，一名能绘画，一名能写稿件，要经过面试，能摄影和绘画的学生还要带相关作品。请根据以上要求，为该乡宣传科写一则招聘启事。写作要求：标题、前言、正文、落款具备，正文采用条目式，以不少于 200 字为宜。

3. 范家书同学升入大三后，面临毕业，事务繁杂，决定辞去××系学生会副主席一职。请代她拟写一则辞职声明。

4. 近日，有的出版单位和个人，对《××》杂志中已经登载的文章整版剽窃，抄袭该刊人员的研究成果。《××》杂志社决定发表一则声明，对这种行为给予警告。

请代《××》杂志社写一则声明。写作要求：标题写成"单位名称＋事由＋文种"的格式；要有引文、正文，正文采用条目式；全文不得少于 250 字。

第三节 通知 海报

学习提示点击：

◎ 通知 正文写作中对被通知人具体时间、具体地点的准确告知。

◎ 海报 正文中用语的明确性和告知性，这一点要与广告有明显区别。

通　知

一、什么是通知

通知是机关团体用来传达事情或者布置工作时所写的一种应用文体。这类通知适用于上级对下级、组织对所属成员，也可用于同级单位之间及面向广大群众。它与公文中的通知有根本的区别，不具有法定效力，也不需要存档备案。

二、种类

有会务性通知和事务性通知两种。会务性通知适用于机关、团体各类会议召开前通知各级领导或下属成员按时来开会；事务性通知适用于传达事情、布置工作等。

三、特点

这类通知一般短小实用，有一定的时间限制，需要及时公布。通知张贴公众场所，字迹一般醒目庄重，告知性的作用明显。

四、例文阅读

会务通知

会议通知

今天下午3点，在校第一会议室召开各科室工作总结汇报会。会议程序安排如下：

一、对本年度我单位工作进行总结。

二、宣读下一年工作计划和工作要点。

三、推选各科室的先进个人和先进科室。

以上事宜，希望各科室负责人做好准备，按时到会。

××服务中心

2007年12月×日

事务性通知

通　知

自4月份至8月份，从××街道至××小学的地段因道路翻修，15路公交车需要饶行。故这段路中间的××站暂停使用，望广大乘客给予谅解。

特此通知

××路公交汽车总公司

2008年3月1日

五、格式与写法

通过例文阅读明确会务性通知和事务性通知的写法，这两类通知的格式基本相同，由标题、称谓、正文、落款四部分组成。

标题　位于首行正中，字体要端正、醒目。可以写“通知”二字，也可以有修饰语，如“会议通知”等。

称谓　通知对象的名称，提行写在标题之下，顶格写，后加冒号。一般情况都不写称谓，通知对象在正文中显示出来。

正文　内容在标题或称谓之下，提行空两格开始写，语言要简洁明确，通知的事项较多时，可以分条分项写出。

落款　发通知的单位写于正文右下方，下一行写明年、月、日。除个别情况，这两类通知一般都不加盖公章。

六、写作注意事项

(一)写会议通知时，正文的内容，如时间、地点、参加人、事由及其他要求，要考虑周全、具体，以免贻误工作。

(二)事务性通知的语言要简练明白，条理清楚，把要交代的事情清楚说明，以便于理解、执行。

海　报

一、什么是海报

海报是单位或团体向大众传布信息，宣传事务，介绍活动内容的一种应用文体。海报经常公布演讲会、学术报告会、团体活动的最新消息，便于群众参与活动，接受教育等。

二、种类

海报的种类很多，从不同业务种类划分，有演艺活动海报、学术活动海报、体育活动海报、展览会海报，等等。从写作内容划分，有以图像、照片为载体的海报，有以文字为载体的海报，等等。

三、作用

海报的作用在于宣传、传播。能够迅速、及时地将某种信息发布给大众，造成宣传的声势。图画、照片的海报通过逼真可感的形象对某事某人进行宣传，具有一般报刊无法达到的效果。

四、例文阅读

报学术报告海

题目：《红楼梦研究》新探

主讲：著名学者××教授

时间：本月 23 日下午 3 点

地点：学院四号楼 301 室

敬请广大红迷朋友届时前来听讲！

体育海报

为纪念三八妇女节，我社区将举办由广大妇女参加的乒乓球比赛，请爱好这项活动的妇女同志踊跃报名参赛（男同志谢绝参加）。组织本赛事的社区区委会承诺，凡参加活动的妇女同志都有奖品一份，对取得名次的同志将另行颁奖。

参赛时间：3 月 8 日上午 8 点至当日下午 5 点

参赛地点：社区礼堂

敬希广大妇女同志踊跃参加！

××社区管理委员会
200×年3月3日

电影海报

明晚7:30在××俱乐部播放法国影片《漫长的婚约》，这是一部在国内还未播放的外国新片。目前门票销售已过半数，希望各位朋友购票从速！

××俱乐部
5月8日

五、写作注意事项

（一）海报的内容要真实可靠，因此，写海报的单位一般是活动的组织者或承办人。

（二）海报的写作语言要热情洋溢，具有鼓动性，写作中要把所宣传内容的最精彩、最吸引人的部分介绍给广大群众。

（三）以文字为载体的广告，最好配有图案，或在文字周围绘有花边，使文字与图画两相映衬，让海报更具有艺术美。

文体学练

一、有这样一则会议通知的标题，请认真分析是否正确，并说出理由，如果不正确，应该怎样改？

标题：××村党支部关于召开全体党员会的通知

二、阅读辨析。

有一则会议通知，内容如下：

开会时间：3月12日下午

会议地点：××学校

会议人员：各位工作人员

请分析这三点内容有无疏漏，并予以改正。

三、写作训练。

1. 徐庄村委会召开村民小组组长会议，请你拟写一则会议通知，开会具体时间、地点、参加人员、会议议题自己拟写，要求格式正确。

2. 四泉乡农民文艺演出队要为村民表演节目，这些节目都是根据乡里的实际情况编演的，有表扬先进的小剧目，有倡导新风气的歌曲，有讽刺因相信封建迷信而上当受骗的小品。请根据这些内容为演出队写一则200字左右的海报。演出地点、时间自拟。

四、请根据本节中海报的例文，分析海报的语言文字都应具备哪些特点。

第四节　日记　周记

学习提示点击：

◎ 写日记要善于选择材料，有侧重点地写，避免写成流水账。

◎ 日记的真实性怎样通过语言准确表达出来？

◎ 周记在选材中如何避免平淡、枯燥乏味？概括性语言在写周记中所起的作用有哪些？

日　记

一、什么是日记

日记是每天完成工作或学习，或者结束了某种活动，将所见、所闻、所思、所感及时记写下来的一种应用文体。日记虽限于私人使用，却可以公开发表，也可以作为隐私的文字存留。

二、种类

按照活动的类别划分，日记可以划分为工作日记、生活日记、学习日记、旅游日记、军训日记，等等；按照写作方式划分，可以划分为观察日记、随笔日记、采访手记，等等。

三、作用

日记可以及时记录此时此地的所思所想，没有掩饰，十分真切，可以作为日后审视自己行为和思想变化的依据，通过每天坚持记写日记可以矫正自己的缺点和不足，对个人修养十分有益。

从事某门科学研究的日记，可以积累丰富的资料，作为日后撰写论文、开发课题的素材。

四、例文阅读

村官日记二则

2007年6月5日上午　晴　有风

今天是我当村官的第一天，村委会刘主任领我参观了村里的蔬菜大棚和村办企业，我增长了不少见识。但是参观蔬菜大棚的时候，有一段全是土路，看到皮鞋沾上厚厚一层土，我心里挺别扭，总想用纸擦亮。和种大棚的大哥走出棚口，我看准一个机会，掏出纸，刚弯下腰，后面就有人捅了我一下，回头一看是刘主任。再看那位大哥，也用诧异的眼光看我。事后刘主任才对我说，不要在农民面前擦皮鞋，那样，他们就不会把你当自己人了。我这才回忆起为什么那位大哥用那样一种眼神看我，现在想起来，还阵阵脸红。

要记住：现在不是在校园里了，自己已经是一个农民了！明天一定脱掉皮鞋，换上布鞋。

2007年6月12日中午　雨

今天上午，我到刘主任家商量搞好街道卫生的事，到了中午，雨越下越大，他索性留我吃饭。这是我最难下咽的一顿饭了！

刘主任的母亲（我叫她老奶奶），今年65岁了，身体很结实。对我非常热情，端上来一盘玉米面饼子，还说事先也不知我在她家吃饭，并不是为我特意准备的。我最不喜欢吃玉米面了，今天没辙，硬着头皮也得啃，还装作爱吃的样子。刘奶奶似乎看出了我的为难，开始给我讲她年轻时吃“低指标、瓜菜代”的日子。当年一个窝窝头救活了一个要饭花子。最后还嘱咐我，现在生活好了，但也不能忘记过去啊！

虽然饭难吃些，却受到了深刻的教育，值！

（作者：村官　徐×）

社区干部日记

2007 年 4 月 15 日　晴间多云

今天，我参加了社区党委组织的社区干部学习会，学习北京市委、市政府《关于大力推进首都学习型城市建设的决定》。

通过学习，使我认识到，大力推进首都学习型城市建设是一项构建全民学习、终身学习的重要举措，是落实“科学发展观”、实现“新北京，新奥运”的战略构想，是建设社会主义新农村，确保首都成为首善之区的有力保证。学习型城市建设的目标和任务是：到 2010 年，全市 30%的街道、乡镇、社区、单位初步建设成学习型组织，北京初步建成学习之都，满足市民多样化的学习需求，全面提高市民素养。

学习之后，我加强了认识，明确了方向，以后会努力引导我所在社区的居民认真学习，并决心身体力行，带动社区其他离退休职工落实这一决定。

2008 年 4 月 4 日　晴　有风

今天是清明节。早在唐代，著名诗人杜牧就写过关于清明的诗，其中有“清明时节雨纷纷”的句子。今年确定清明为法定假期，充分说明党和政府对民俗节日的重视。

上午，我参加了长辛店街道举办的清明文化集市。集市上重现了古老的“戴柳祈福”的民俗，居民们为孩子戴柳，希望孩子健康成长；为老人戴柳，祝福老人们平安、快乐、长寿。

集市上有放风筝的，有踢毽子的，有荡秋千的，在这个春风拂面的传统节日里，人们都兴致十足。一位放风筝的长者向人们介绍，古代清明就有放风筝的传统习俗，当风筝飞远、飞高，就剪断风筝线，据说放飞的风筝能把忧愁带走。

当今的清明文化集市，少了惨淡愁云，多了喜庆祥和。

2008 年 4 月 25 日　晴　有风

今天是社区党员活动日，社区党委副书记要我给党员介绍一下北京奥运圣火外境传递的情况，我欣然应允。

我先介绍了圣火外境传递途经的国家和城市，当地人民和华人华侨热烈欢迎的盛况，这是奥运圣火外景传递的基本场景，但也有不和谐的音符。法国巴黎发生了“藏独”分子企图抢走上海残疾姑娘金晶手中圣火的事件，而金晶奋不顾身，保护火炬，爱国华人又层层保护，歹人未能得逞，巴黎线圣火传递取得了成功。对这件事,法国总统萨科奇致信慰问金晶,对她的表现表示敬重,对歹徒挑起的事端表示谴责。金晶事后说:保护圣火是每一个中国人的神圣职责,我传递的不仅仅是奥运圣火,更是中法两国人民之间的友谊。

传达之后,与会党员对金晶的出色表现十分钦佩,认为她保护火炬的实际行动表达了中国人民的爱国之情。

(作者:长辛店社区干部、退休教师 郑德裕)

五、格式与写法

根据例文阅读明确日记的格式和写法。写日记共分为日期、正文两部分。

日期 写明年、月、日,再写出天气情况。

正文 日记正文不是面面俱到地记流水账,要选择重点来写,要有一个中心内容。如“村官日记”第一则,日记虽然写的是参观,但没有把笔墨落在参观上,没写参观了什么,有什么体会,只轻描淡写地说“我增长了不少见识”,重点放在擦皮鞋而引出教训,侧重于写思想的转变和所受到的教育。

六、写作注意事项

(一)日记的材料必须是自己亲见、亲闻、亲历,必须是真实鲜活的内容。对记写的内容可以采用记叙的方法,并注意写出自己的感受。

(二)日记是写给自己看的,语言一定要淳朴,想怎样写就怎样写,不必搬用辞藻。用自己的语言说自己想说的话,就一定会写得生动活泼,不死板呆滞。

(三)写日记也是对写作能力的锻炼。文字要整齐端正,标点要正确规范,文面要整齐干净。坚持认真写下去,写作能力就会有所提高。

周 记

一、什么是周记

周记是一周之后,拣选一周中有意义的事情记下来,或者通过一周的工作、学习、生活,写出自己在某方面的体会。

二、种类

周记同日记一样，可以按照活动的类别划分，也可以按照不同的写作方式划分。

三、作用

周记是对自己一周工作、学习、生活的记录或思想总结，因此，更具有总结经验、吸取教训的作用，更易于提炼生活实践的有意义之点来写，也更富于表达思想和评述得失。

四、例文阅读

法国朋友学中文的一则周记

2008 年 3 月 7 日　开学第三周

写周记真的好难，好难，好难。首先写中文就是一个难点：幸好我是用电脑写，要不然我一定会一直在翻字典找生字！写这篇周记真是这个星期的一件大事啊！我学到了几个成语，心里很得意，就想写汉语文章。我喜欢听优美的中文歌曲，也爱反复沉思成语深奥的道理，我对中文着了迷。但其实我是"淹"进去了，眼睛看到汉语辞海就发痒，手指被笔画顺序捆在一起，连耳朵嘴巴都被无数同音异义和四声塞满了。中文歌曲我不会唱，听不懂！中国成语我背得来，却好难懂！我的中文水平的确不够：只能说出一些充满了错误的简单句，现在用电脑写还需要法汉和汉法字典！怎么好意思写中文呢？用一种不熟悉的语言就像去看男医生的一位少女一样：开始几次总有一点不好意思，尤其医生是自己的爸爸时就更不好意思，而中文就是我的母语。别笑我脸红！可我还必须坚持，就像左拉说的："目标激励我们前行"。那我的目标是什么呢？其实答案没那么复杂：就是让我的中文进步，直到我能轻易地读四大名著，能用优美的文字陈述自己的想法。

不过我现在的情况是，这篇文章是写给中文老师看的。老师姓高，她看起来也很年轻，我最好不要问她的年龄。她曾经有一次拒绝告诉我她的名字，让我好伤心啊！不过她看起来也很随和，所以我又有了希望，即便说出了又单纯又好笑的想法，也不会让善良的高老师生气！

写了那么多！如果我每天都写得一样多，我的中文一定会一日千里地进步啊！不过今天我的感觉是：不知道自己写了什么，我怀疑我用的词不准确，可能把词的意思理解错了，文章结构可能也不合理，只好让医生来改病句了。毕竟我还是很喜欢中文,还有就是老师很有耐心:药不会太苦,就是不好意思啊!

唉,我不是要写周记的吗?看来我这一次还不算开始。

(教师评语:你的中文并不像你想的那么不好,相反,全篇文章很有"意识流"的感觉!尤其是老师作了记号的那些句子,都是写得很不错的地方。文章结构也比较清晰合理,文字颇有创意。希望你能继续写!)

五、格式与写法

根据例文阅读,明确周记的格式和写法。周记与日记写法相同,分为日期和正文两部分。

日期　写明年、月、日,还要写明第几周,有的周记可以省略日期这一项。

正文　一周的所见、所闻、所感很多,必须精要地选择,写周记的第一步是选好素材。如那位法国朋友写的周记,主要是写学习中文遇到的困难和感受,材料选得恰当。写作中首先把所选的材料记写下来,如果内容复杂,可以分部分来写。如例文的第一部分写学汉语,第二部分写对汉语老师的印象,写得有层次。如果有感受,可以根据事实生发议论,也可以抒发情感。周记的写作方法与日记相似,写起来很灵活,但周记更偏于小结性。

六、写作注意事项

(一)周记的特点是时间隔一周,事情是何时发生的自己必须记清楚,写的时候要准确无误。如果当天有重要事情要写,就不必等到周末,及时记下,以便忘却。

(二)周记还有概括性,不是某一天的记录。如果写的是某一天的情况,也要在文末做一个简略的概括,与本周相关的事情作一些联系。否则,会同日记的写法混淆。

文体学练

一、判别下面的日记或周记分属哪个种类。

1. 小红游了一次潭柘寺,当天写下的见闻属于______日记。

2. 刘洪刚到村镇工作,一个月中写了四篇周记,属于______周记。

3. 赵老师带领学生实习,学习某一门技术,他要求学生每天学习之后写出的日记属于______日记。

4. ×年级三班学生观察某种植物的生长,每天写出的日记属于______日记。

5. 李丹军训中每周周日都要把一周的体验写下来,属于______周记。

二、下面一则日记画横线的词语和句子有些毛病，请加以改正。

2008 年 6 月 10 日 晴

迎接北京奥运，要拿出行动，我通过周日，凑集了其他几名青年，到附近的幼儿园，为孩子们宣传一些奥运知识，通过一些小节目和我们生动有趣地进行。结果，孩子们很高兴，他们在快乐中接受奥运知识，懂得了北京奥运的意义。

晚上我们离开时，孩子们依依不舍，负责组织的阿姨还招呼我们下次再来。

三、根据下面各题的说法判别正误，对的画"√"，错的画"×"。

1. 凡是日记，必须每周周末进行系统周密的总结。（ ）

2. 日记不仅可以采用记叙、议论的方法，也可以采用描写、抒情的方法。（ ）

3. 有人说，王小霞把奶奶的过去的一些经历写进日记，还写了自己的看法，体裁不对了，因为日记只能写自己的见闻感受，别人的事不能写。（ ）

4. 每则周记的数量通常是 500 字左右，写得太多就不属于周记了。（ ）

5. 写日记不仅可以写见闻，还可以抄录一些格言警语。（ ）

四、根据本周你自己的见闻，写一篇周记。

第五节 读书笔记

学习提示点击：

◎ 几种不同读书笔记种类的格式和写法。

◎ 读后感式的读书笔记需要把握的几个环节。

一、什么是读书笔记

阅读书报杂志，对感受深刻的内容写出体会，有疑问的地方做上记号，或者记下警句、要点、材料，叫作读书笔记。

二、作用

（一）写读书笔记是治学的基础。一个人，无论学习和工作，都离不开学习知识以补充自己，而最基本的方法就是读书。要从所读书报中提炼精华，为我所用，记读书笔记是最好的方法。

（二）写读书笔记可以增强记忆，使问题条分缕晰，眼过千遍，不如手过一遍。

读书做笔记,用自己的认识习惯、记忆方式对文章重新组织、整理,将书中要领记下,记牢,从而形成自己的经验。

(三)读书看报,勤做笔记,可以积累资料,拓宽知识面。“不积跬步,无以致千里;不积小流,无以成江海”。平时多读多记注意积累,知识面就会越来越宽,对事物的认识也会更系统、更深入。

三、种类

读书笔记的形式很多,各人应根据自己的条件、爱好以及书籍的不同门类,取舍选用。写读书笔记方法很多,常见的种类有批注笔记、摘录笔记、摘要笔记、提纲笔记、心得笔记等五种。

四、例文阅读

批注笔记

《再别康桥》选段读后的旁批

	批注
轻轻的我走了, 正如我轻轻的来; 我轻轻的招手, 作别西天的云彩。	修辞方面,连用三个“轻轻”,不显得重复,却增添韵律感和节奏感,恰如其分地表达出诗人的离情别绪。
那河畔的金柳, 是夕阳中的新娘; 波光里的艳影, 在我的心头荡漾。 ……	采用比喻的修辞方法,把“金柳”比作“新娘”,由此展开想象,开拓诗境,妙!

摘录笔记

古人修身治学名言集粹

骐骥一跃,不能十步;驽马十驾,功在不舍。锲而舍之,朽木不折;锲而不舍,金石可镂。

——摘自《荀子·劝学》

曾子曰:"吾日三省吾身:为人谋而不忠乎?与朋友交而不信乎?传而不习乎?"

——摘自《论语·学而》

博学之,审问之,慎思之,明辨之,笃行之。

——摘自《中庸·博学》

海纳百川,有容乃大;壁立千仞,无欲则刚。

——林则徐　自警联语

摘要笔记

· 时针、分针、秒针,对于任意挥霍时间的人,会像鞭子一样抽打他的灵魂……

· 在耕耘的季节游戏,在收获的时候只有哭泣;
在耕耘的季节流汗,在收获的时候会有喜悦的报偿。

· 水库里的水埋怨大坝说,你阻挡了我的汹涌澎湃的才华。大坝回答说,没有我,你只能遭到人民的诅咒。

· 水稻说,我的青春的美丽,不在禾苗翠绿的时候,而是在那一穗穗谷子沉甸甸的季节。

· 火车从不抱怨铁轨对它的约束,因为它知道,没有这种约束,就不能飞驰万里……

——摘自黄孝初《三友集》

内容提要

鲁迅关于《红楼梦》后四十回的内容提要

后四十回虽数量止初本之半,而大故迭起,破败死亡相继,与所谓"食尽鸟飞独存白地"者颇符,惟结末又稍振。宝玉先失其通灵玉,状类失神。会贾政将赴外任,欲于宝玉娶妇后始就道,以黛玉羸弱,乃迎宝钗。姻事由王熙凤谋划,运行甚密,而玉知将婚,自以为必黛玉,欣然临席,比见新妇为宝钗,乃悲叹复病。时元妃先薨;贾赦以"交通外官倚势凌弱"革职查抄,累及荣府;史太君又寻亡;妙玉则遭盗劫,不知所终;王熙凤既失势,亦郁郁死。宝玉病亦加,一日垂绝,忽有一僧持玉来,遂苏,见僧复气绝,历噩梦而觉;乃忽改行,发愤欲振家声,次年应乡试,以第七名中京师,雪夜泊舟毗陵驿,见一人光头赤足,披大红猩猩毡斗篷,向之下拜,审视知为宝玉。

方欲就语，忽来一僧一道，挟以俱去，且不知何人作歌，云“归大荒”，追之无有，“只见白茫茫一片旷野”而已。

——引自《鲁迅全集·中国小说史略》

提纲式笔记(表解提纲)

《琵琶行》提纲

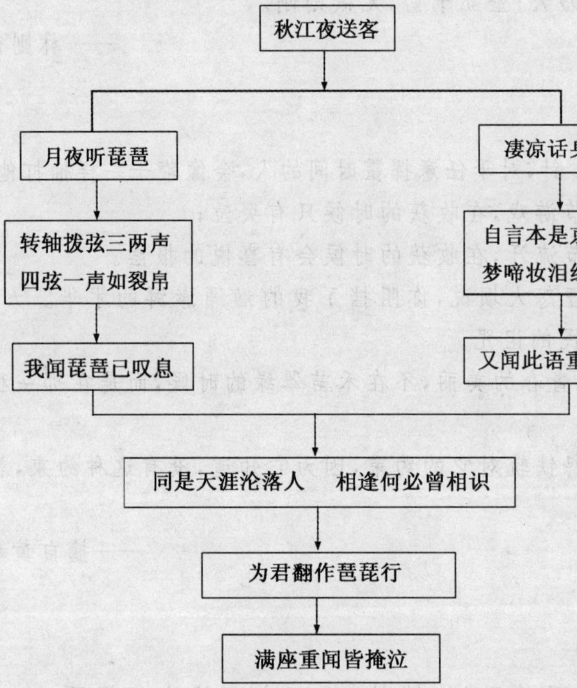

心得笔记

学须有心有志有恒

杨海儒[1]

大凡成才皆博学，未有不学而能者。学须有心有志有恒，少此而难成。

凡事思为先，因思而行，学亦然。所谓有心，是指发生某种意念。常言道：“天下无难事，只怕有心人”。有心学则有所得，无心学则无以得。

学非易事，单凭有心难达目的，必须有志。所谓有志，是指人有志向，有怀抱。古人云："有志者，事竟成"。小志小成，大志大成，无志则无成。

有心、有志固然必要，倘缺有恒，终难学成。所谓有恒，系言人有毅力，做事能持久不变。成语曰："行百里者，半九十"。只有持之以恒，才不致半途而废、功亏一篑。

故有心、有志、有恒，乃学成之要。余以己之体验信矣。诸君亦不妨一试耳。

①杨海儒：山东淄川人，蒲学专家。

五、格式与写法

批注笔记

批注笔记要而言之就是作标记、写批注两种方法。

作标记　作标记是在体会深刻，或认为重要、精彩，或有疑问的句段、词语之下，划上标记。

第一种，用圆点"·"或圆圈"。"标记全句全段最重要部分，或表示领会了句意、段意。

第二种，划线（单线"______"、双线"══════"曲线"～～～～～"竖线"|"或"‖"等）。用点用圈，限于字数少，如果整行整段，使用划线就更容易。划线可以用于体会深刻的句段，或认为是文章主旨的句段，或有疑问的句子；竖线可标明层次；等等。

第三种，标号（"一、二、三、四"、"1、2、3、4"、"A、B、C、D"……）。用于划分段落、标明层次。如果文中已用序号，读者可用有色笔把序号字圈起来，使得更醒目。

用红、蓝、黑等不同有色笔，划出不同颜色作为标记，也是一种办法。总之，阅读者应惯用一套供自己使用的固定标记模式，只要自己区别得清楚即可。

写批注　写批注是使用旁批和眉批。旁批就是在书刊的空白处写下简短的批语。眉批是在书刊的行与行之间写下读后的体会，这种批注精短扼要，很久以来一直为读书人所用。

通过例文《再别康桥》选段读后的旁批，可知批注应该简练概括，语言以少胜多，准确得体。批注与作标记一样，方式简便易行，但使用这两种方法，只限于自己的书，向别人借或借用图书馆、阅览室的书是不允许的。

摘录笔记

摘录笔记是在阅读书报时，发现对自己有启事、有教育意义的句段，可照原文摘抄下来，即照抄原文的字句。这种摘录方式，要求不能改动原文任何字句和标点。摘录笔记的作法有两种：专题式摘录和文摘式摘录。

专题式摘录　这种方法是以一定的专题为前提，在统一的标准范围内，选择重要论点，自己最欣赏的段落，或名言警句，摘录在一个相对独立的专题中。如设“读书”这一专题，就可以将搜集、整理到的有关对读书的看法、体会、经验摘录下来。这种方法的好处是可以系统全面地搜集某一方面的资料。

文摘式摘录　对所读书刊的原文进行摘抄。摘抄时，要根据需要，尽可能摘写重要的句段。不要不加选择，一味抄录。摘录原文时要做到尊重作者，尊重原读物，不能凭自己的好恶改动字句甚至标点。有时需要进行节录，前后或中间不需要摘录的文字可以用省略号表示。摘录原文，还要注明出处，以便日后查考。

摘要笔记

这种方法也是一种对原文的缩短，不照抄原文句段，而是把内容要点摘写下来或按文意加以概述。这是思想内容上的一种提炼方法，比摘录的方法难度更大一些，但对于练习、综合、归纳的能力，却大有帮助。一般适用于篇幅较长，内容较为复杂的文章。

内容提要

内容提要，与摘要的方法近似，对作品进行概括的提炼。这种提要描述的成分少，而说明的成分更明显。许多长篇小说往往在开头写出内容提要，以便使读者对小说的全部梗概有大致的了解。写提要必须对作品非常熟悉，且具有很强的概括能力。

提纲笔记

写提纲是按自己的话把书上各段文章的要点、段意简明扼要地概括出来。这种笔记的好处是能帮助我们记住并理解全文的主要内容，把握文章的整体结构。提纲可详可略，详略的要求根据需要来决定。如果原文标有提纲，就可以依照记下。提纲笔记有两种做法，一是段落提纲，一是表解提纲。

段落提纲　段落提纲是对各段内容的概括与提炼。这种概括，是把一段中若干个层次的意思进行归纳、综合，然后概括出段意，即一个部分的意思；全篇若干个段的归纳、综合，就概括出一篇文章的主旨，即中心（或主题）思想。段落提纲一般分行排列，每条提纲前标有序码，使用序码要一致。如表示为一部分，可使用“一”；一部分中的段落，可使用“（一）”；一个段落中的层次，可使用“1.”等等。

表解提纲　表解提纲是对原文阅读、分析、概括后，采用划图表的方式，表现出原文的结构、层次，并选用精炼准确的词语进行概括、揭示。这种提纲的作法，所用的功夫要大一些，但对于学习原文的主旨、构思、布局、或人物性格分析等，既有提纲契领的框架，又具体清晰易记。例文《琵琶行》的提纲，将一首616字的长诗用表解的方式加以提炼，又采用原诗的句子，既具有形式美和直观性，又有概括力。

心得笔记

读完一本书或一篇文章，常有些体会或感想，把这些体会或感想写下来，叫读书心得笔记，也叫读后感。心得笔记的写法是：读有所得，触发所感，阐发见解。对于阅读过的文章，自己有了收获，再联系平日积累的知识，学习生活中的经验，从而有了新的见解。这就是所说的"得"。这种体会或感受，有的依附原文多一些，有的也许少一些。抓住"得"不放，进行较为系统地阐发、剖析、归纳、概括、提高，就形成了读后感的样式。

文体学练

一、判别以下各种方法，分别是哪一种读书笔记。

1. 读苏东坡的《念奴娇·赤壁怀古》，然后抄写在本子上，这种笔记方法叫________笔记。

2. 看小说《钢铁是怎样炼成的》，写了大概5 000字的体会感想，这种笔记叫________笔记。

3. 把《读者文摘》上的一些好的内容概括其中的意思，写在笔记本上，这种笔记的方法叫________笔记。

4. 阅读一篇散文，将归纳的段意写在本子上，这种方法叫________笔记。

5. 毛泽东看《二十四史》的时候，随时将自己的感想写在书的夹缝或飞白处，这种笔记方法叫________笔记。

6. 读书时，对喜欢的词句，用一些记号划在下面，这种方法叫________笔记。

7. 姚雪垠为了写《李自成》，从读过的明代历史的资料中，摘写有关文字，做了一万多张卡片，这种方法叫________笔记。

8. 要撰写一本学术著作，将阅读资料的感想写下来，这种方法叫________笔记。

二、下面是《史记·廉颇、蔺相如列传》中的两段文字，读后，将蔺相如深明大义的词句用你习惯使用的符号划下来。

"相如闻，不肯与会。相如每朝，常称病……相如出望见廉颇，……引车避匿"。

"强秦所以不敢加兵于赵者，徒以吾两人在也。今两虎共斗，其势不俱生，吾所以为此者，以先国家之急而后私仇也"。

三、请从网上下载资料，选取下面你熟悉或喜欢的题目，集结一个阅读专集，每集不得少于10条内容。

- 名牌手机的种类、特点和功用小集
- 歌坛明星人物极其代表作介绍集粹
- 体育明星及其事迹概述集锦
- 著名作家及其代表作简介小集
- 新近新书内容大意简介集
- 中国旅游胜地简介小集

四、读书活动指导。

以小组为单位，选定下面一个题目为阅读要点，先用一周时间阅读书籍，积累笔记；或在网上阅读、查阅有关资料，将有用的下载。然后，在小组内召开一个读书座谈会，将收获大的同学推荐到班里做读书报告。

1. 通过阅读古今中外的名人对人类的贡献，谈怎样做一个对社会有贡献的人。

2. 通过阅读领袖人物的事迹，谈如何提高个人的道德修养和自身素质。

3. 通过有成就的专家、学者、演员及各种人读书的成功经验，谈掌握学习方法和学习技巧对自身成长的重要性。

4. 阅读过程中，积累某一个专题的有关资料，再整理提炼，介绍给大家。

第六节 广播稿 板报稿

学习提示点击：

◎ 广播稿作为有声语言，在写作中注意通俗易懂，还要生动活泼；

◎ 板报稿一般适于室外宣传，写作时注意内容精短，形式多样。

广播稿

一、什么是广播稿

广播稿是农村、机关单位或校园宣传广播使用的一种应用文体；宣传形式是通过无线电或有线广播直接播放出来。

二、特点

（一）为了使大家一听就懂，广播稿一般不采用书面语中的长句，偏僻的古语，而是使用日常生活用语，使听众听得明白，感到亲切。

(二)宣传普遍,广泛。通过广播,凡听力所及的地方都可以宣传得到;不影响人们从事各种活动,听到就可以接受信息。

(三)声情并茂,感染听众。广播稿通过播音员富有个性色彩的声音传达出来,声音的抑扬顿挫能把内容表达得更充分,经过这种加工,会使听众受到更深的感染和教育。

三、作用

(一)通过广播播发稿件,能够使党和国家的方针政策得到广泛传播,群众在收听中得到鼓舞,加强了宣传的力度。

(二)这种广播灵活多样,配以音乐,极有声势,是其他宣传手段不能比拟的。特别能够营造众人共听、共赏、共评的良好氛围。

四、例文阅读

乡文化节书画巡回展广播稿

父老乡亲们:

大家好!报告一个好消息:我乡书画艺术巡回展今天下午在我村村委会举办!这次巡回展有书法作品35幅,绘画作品42幅,诗歌46首。作者都是我乡的居民。他们当中有农民、工人、教师、乡级村级工作人员和中小学生,作者中年龄最大的70岁,最小的才7岁。我村王长水、刘万旭和小学生孙皎皎的作品也在这次巡展中。这些作品能使我们了解到我乡改革开放以来的巨大变化,欣赏到这些诗、书、画作者的艺术才情,享受到和谐柔美的春风春雨!

乡亲们,别忘了下午准时到场,品尝这道诗书画的美味大餐!

五、格式与写法

提炼口语　写广播稿要求读者上口,听者入耳,语言有节奏感,又要选择口语化的短语或句子,通俗生动,有感情色彩,合乎人们的语言习惯,群众爱听,听得进去,才能感染听众。

斟酌内容　广播稿所写的人和事,要经过采访或调查,事实准确无误,甚至细节都必须真实可信。不充分了解本部门、本单位的人和事,只凭主观想象,是不能写出有价值的稿件的。

简化结构　广播稿广播的时间有限,必然限定写作的内容。此结构不宜复杂,应该简明。既要条理明晰,又要简洁集中,不写多余的句段,不采用复杂的记叙方式，准确表达主题，内容做到精短充实，言之有物。

板报稿

一、什么是板报稿

板报包括黑板报和墙报，它比较简单、灵活，是为人们广泛使用的书面宣传形式，也属于常见常用的应用文体。

二、特点

（一）宣传及时，贴近大众。板报稿的材料来自身边人，身边事，可及时写出，予以刊出。

（二）便捷灵活，形式多样。板报稿虽属应用文体，但写作格式不受限制，形式多样，篇幅短小，宣传灵便。

（三）语言通俗，易懂易记。板报稿报道的是单位内部的事，使用通俗的文字，内容活泼新鲜。

三、作用

板报是便于文化传播的普及工具，因此，板报稿重在普及，人们文化深浅都可以阅读，宣传对象面向广大群众。板报稿一般不是由专门的文化人来写，稿件大多来自生活之中，大众既是写稿人又是读者，材料和语言有新鲜感，群众喜闻乐见。

四、例文阅读

写给乡镇干部的板报稿

一	两	三	四	五	六	七	八	九	十
心	袖	个	化	星	六	星	荣	九	全
一	清	代	干	红	大	高	八	归	十
意	风	表	部	旗	顺	照	耻	一	美
强	不	指	建	迎	捷	星	铭	人	为
村	染	航	功	风	报	祥	记	心	人
镇	尘	向	勋	展	频	瑞	心	聚	民

（撰稿人　刘作强）

歌颂家乡的板报稿

昔	沙	改	脱	今	美	齐	家
日	碱	革	贫	日	景	心	乡
家	蒿	唤	致	登	如	合	明
乡	蓬	醒	富	高	画	力	日
满	篱	图	奔	放	真	创	更
眼	笆	强	小	眼	兴	大	辉
荒	墙	志	康	看	旺	业	煌

（撰稿人　王增根）

五、格式与写法

语言朴素　板报稿反映的事情是本部门、本单位的具体情况，人们眼睛能见到，耳朵能听到，写成板报后，语言应该通俗朴实，事情怎样就怎样写，不能卖弄词藻，更不能使用生涩的词句或引经据典，两篇例文都是村中的板报，写的是对乡镇干部的期望，对家乡旧貌换新颜的喜悦之情，都采用诗歌体裁，语言通俗流畅，有一定的鼓舞和激励作用。

事例真实　板报写的是本部门、本单位发生的事情。大家都熟悉，甚至经历过，体验过。这样，写的稿件就必须真实可靠，有根有据，让人看了觉得可信。此外，可能现实中的事情是零碎的、杂乱的，写的人必须经过筛选，加工完整，给读者一个整体的感觉。

篇幅短小　板报的版面有限，而且不一定只登载一篇文稿，还要配以绘图等。因此稿件不宜过长，要抓住重点，直截了当，不穿靴戴帽。一般一二百字就可以，如果必须是长文，可以使用连载的方式。大多数情况采用短文，人们爱看、易记、好懂。

形式多样　板报稿不拘形式，诗文皆可，尤其注意使用大众能懂易记的语言，顺口溜、快板、小诗、三句半等等，都是受欢迎的体裁。

六、板报的设计

布局合理　布置板报，整个版面要突出宣传的主题。配合主题，可以分成若干部分，配以图画或花纹，使板报文面内容充实又生动可观，吸引读者。

标题醒目　设计标题可以使用各种美术字，要美观大方，有艺术感。不宜使用过长的标题，也不要用语干瘪，要有新意，不落俗套。

图案精美　可以在板报图案的有关书目中挑选，也可以别出心裁，自己编排。图案配合主题制作，与表现的内容相统一。如一期宣传“新北京、新奥运”的板报，图案的编者可在板报四周画出 26 项竞技体育的标志，新颖别致。

文体学练

一、根据下面提供的材料，拟写一篇板报稿。

1. ××村的许多农民愿意出资、集资把通往区里的一段土路修成柏油马路。

2. 王有才老人拿出他多年的积蓄交给村长。

3. 赵老耿叫回他在城里工作的儿子捐款修路。

4. 村里的青年人行动起来，组成修路义务小组，要在修路中正当突击队。

二、根据下面的材料，扩展内容，写一则 200 字左右的广播稿。

许冰发现公园里，有人把早餐后的食品袋、擦手用过的纸巾随便乱扔，甚至堆积的果皮也不放进垃圾箱。他要写一则“人人扫除垃圾，美化公园环境”的广播稿，请你按照写广播稿的要求，为他代写一则。

三、有一篇广播稿，画线的词句有些毛病，请你帮助修改一下。

祝福母亲节

亲爱的朋友们，大家好！现在由播音员小月为您播音。今天是一个难忘的节日——母亲节。在这个节日里，有许多青年都争着向母亲表决心。何建说，他向母亲报告了在校学习的成绩，甚至是在全市大专生计算机竞赛中获得了二等奖。他表示他已经成为好学上进的大人了。他顺祝妈妈节日快乐！王雨就不一样了，她别出心裁，给妈妈叠了四十只小燕子串起来，作为给妈妈的节日礼物。她在电话中，没向妈妈泄露机密，想等见面时，给妈妈一个惊喜呢！她说，妈妈今年四十岁，又是某公司经理，正在展翅高飞。刘连英、王石路、徐彩等同学都先后为他们的妈妈送去祝福。愿天下的母亲快乐、幸福、安康！

第七节　对　联

学习提示点击：

◎ 写对联要平仄相对，上联句脚使用仄声，下联句脚使用平声。

◎ 写对联要运用好对仗，学习正对、反对和流水对。

◎ 根据不同的情境、事物选准对联的种类来写对联。

一、什么是对联

以对偶的形式和有规则的声律组成的联语就是对联。对联分为上联和下联，两联的字数要相等，意思或相联，或相对，或相反。不仅通过书写的字体表现出特有的形式美，而且通过不同事物、不同境遇表达多种多样的思想内容。因此，对联又是集文学、书法、美术等于一体的综合性艺术，为我国人民所喜闻乐见。

二、种类

对联种类十分丰富，不同的群体、行业、社团组织及生活场景都可以有相关的联语来表现各自的特点。常见的种类有：

新农村对联　歌颂新农村、新景象，表现农民的新生活、新思想。

春联　庆祝春节喜庆的对联叫春联，一般在大年除夕晚上或大年初一的早晨张贴在大门两侧，右为上联，左为下联。

婚联　张贴在新婚庆典处，也是右为上联，左为下联，表示对新郎新娘的祝福或结婚盛典的礼赞。

寿联　为年高德劭者祝寿，称颂对方功业德行或祝愿长寿。

挽联　为逝世的人写的对联，表示对逝者的缅怀悼念，也含有追念逝者功劳业绩的意思。

楹联　张贴在庙宇、亭台、楼阁、人物纪念堂大门或廊柱两侧，显示出这些建筑物或地域或人物的不同历史背景、文化内涵、风格气质等。

行业联　显示某种行业的特点或者其本身的优胜之处，或者为了商业行为招徕顾客而写的对联。

厅堂联　张贴在室内正堂、书房或卧室两侧，显示主人的爱好、志趣、学养等特点的对联。

喜庆联　春节以外的其他节日或企事业单位的庆典活动张贴的对联。

交际联　友人题赠或人际交往中题答的对联，表示双方关系密切或切磋学问等。

座右铭联　激励自己学习或成就某种事业，时刻提醒自己不断奋斗进取的对联。

劝学联　勉励学习知识，学习文化，学习技能，自强不息。

上网联　上网写博客、qq聊天等已经成为时尚，许多对联表现种网上的娱乐生活。

奥运联　奥运会在北京举办，一直是媒体宣传的热点，奥运对联也成为其中的内容之一。

三、作用

对联被称为中华民族文化的瑰宝，其作用十分显著。

（一）通过对联来表现时代精神风貌。经典对联的内容往往反映时代精神，鼓舞人民斗志，激励人民同心同德建设现代化的社会主义祖国。

（二）通过对联弘扬正气讴歌英雄人物。人们借联语缅怀英烈，追思他们的崇高品质。

（三）通过联语抒发情怀、表明心志、激励上进。有的对联具有鲜明的个性色彩，表现出独特的精神气质。

（四）通过对联歌颂祖国大好河山、锦绣田园。许多楼台亭榭的对联突出描绘江山胜境，读后更能激发爱国之情。

（五）对联还能够表现民族文化的特点和民族语言的丰富精深。联语能够表达我们民族的语言技巧和修辞艺术。

（六）通过比赛等活动扩大对联文化的影响，起到宣传和教育的作用。

四、例文阅读

新农村对联

门对青山　羊兔成群嬉碧毯
窗含绿水　鸭鹅列队戏银波

天连五岭银锄落
地动三河铁臂摇
——摘自《毛泽东诗词选》

春联

天增岁月人增寿
春满乾坤福满门

婚联

郎才女貌　举案齐眉情相悦
夫贤妻淑　比翼双飞爱更甜

千尊美酒醉倒八方亲友
一捧花糖甜跑四街童孩

寿联

周恩来为马寅初作六十寿辰联，时马寅出初被囚禁在贵州息峰集中营：

桃李培华坐帐无鹤
琴书作伴支床有龟

挽联

易中天为一位大学教师写的挽联：

学富五车　才高八斗　叹人间从此惜年少
生计九流 家徒四壁 问天意何时纵斯文

楹联

西湖岳飞像前歌颂岳飞，痛斥奸臣秦桧等人的对联：

青山有幸埋忠骨
白铁无辜铸佞臣

行业联

救死扶伤 拯救病人 如和风化雨
妙手灵丹 医治患者 似枯木逢春

——医联

生意兴隆通四海
财源茂盛达三江
——商联

藏古今学术
聚天地精华
——书店联

厅堂联

删繁就简三秋树
领异标新二月花
——(清)郑板桥　书房联

庆贺联

春江饮恨,哀辛丑,泪雨播南海
港岛逢春,庆九七,人心向北京
——(辽宁　王靖宇)　庆香港回归联

交际联

长沙师范学习时期毛泽东对夏默庵的对联:

绿杨枝上鸟声声　春到也　春去也
清水塘中蛙句句　为公乎　为私乎

人生得一知己足矣
斯世当以同怀视之
——鲁迅赠瞿秋白联

座右铭联

有志者,事竟成,破釜沉舟,百二秦关终属楚
苦心人,终不负,卧薪尝胆,三千越甲可吞吴
——(清)蒲松龄　自勉联

海纳百川有容乃大

壁立千仞无欲则刚

——(清)林则徐　自勉联

劝学联

业精于勤荒于嬉

行成余思毁于随

苟有恒　何必三更眠五更起

最无益　莫过一日曝十日寒

板凳要坐三年冷

文章不写一句空

上网联

过大年欢天喜地　爆竹声声　锣鼓喧天　网上网下齐欢乐

迎金鼠气象万千　生机勃勃　春回大地　江南江北共婵娟

——谢有利

北京奥运联

为五环金牌　为五环精神　为燃体坛圣火

同一个世界　同一个梦想　同享人类和平

五、格式和写法

联的字数与句式要求

上下两联要字数相等，两联中相对应的词或短语形成对偶。

对联中的联语总是两两相对，上联和下联的字数相同，句式相等。联语的字数没有固定的限制，两联总和字数多至几十字甚至上百字，少者只有6～8个字，但上联多少字，下联一定取相同的字数。字的组成形式也十分活泼。例如，可以写成四字、五字或七字句。例如例文厅堂联就是七字句，结构与诗的形式相同。也可以写成四六句或其他散句，结构有词的特点。例如例文蒲松龄自勉联，上下联共17个字，均表现为三字一节、三字一节、四字一节、七字一节的结构特点，读来很有词的韵味。其次，对联上下两联句式要相等，主谓结构对主谓结构，动宾结构对动宾结构。例如"生意兴隆"为主谓短语组成的主语,"通"为谓语,"四海"为宾语。而下联"财源茂盛"为主谓短语组成的主语,"达"为谓语,"三江"为宾语。这副对联的句式两两相对,不差分毫。不管怎样的句式变化,上下联总是一致的结构,一致的字数。

对联中上下联的词或短语都必须是对偶的形式。讲究对偶是对联的特色。例如"晴对雨","后对先","大陆对长天";"肥对瘦","浅对深","剑胆对琴心"等等。例文行业联的"藏古今学术,聚天地精华","藏"对"聚"动词对动词,"古今"对"天地",名词对名词,"学术"对"精华",名词对名词,十分严谨。再如这样一副短联:"孙行者"为上联,"祖冲之"为下联,"孙"对"祖",名词对名词;"行"对"冲",动词对动词;"者"对"之",助词对助词。不仅词性相对,甚至词义也密切联系,对仗十分工稳。

对联的平仄和语义的要求

联语要求平仄相间,语义要求密切联系。

联语的平仄相间　对联与古代律诗中的颔联和颈联要求有相似之处,既要结构成为平仄相间的格式。所谓平仄,按照现代的音韵来划分,分为阴平、阳平、上声、去声。阴平、阳平是平声,上声、去声是仄声。例如:

楼高但任云飞过　平平仄仄平平仄

水浅能将月送来　仄仄平平仄仄平

可见,上下联平仄和谐,读来铿锵悦耳。有时候,句中的平仄也有不妥帖的地方,应该按照"一、三、五不论,二、四、六分明"的做法,形成平仄的大体和谐即可。例如:

桃花流水杳然去　平平平仄仄平仄

明月清风何处寻　平仄平平平仄平

上联的第三、第五个字,下联第一、第五个字都不合平仄要求,又因为"一、三、五不论",所以仍然是平仄和谐的。上面以七字句的对联做例子,同样适合各类字数的对联。

句脚仄起平收　对联上下联中的句脚,是每句中的最后一个字,要求仄起平收。即上联最后一个字应该是仄声,下联最后一个字应该是平声。例文蒲松龄自勉联的上联句脚"楚"字是仄声,下联句脚"吴"字是平声。又如成都杜甫草堂的对联:

异代不同时(平),问如此江山(平),龙蜷虎卧几诗客(仄)

先生亦流寓(仄),有长留天地(仄),月白风清一草堂(平)

从以上例子可以看出,上下联语仄起平收是对联平仄相间的特定要求。

对联上下两联,语义联系密切　有正对,即上下联语表达相关或相近的意思。例如例文婚联、例文挽联都是正对。有反对，即上下两联表达相反的意思，对比鲜明。例如例文楹联，上联表达对民族英雄岳飞的崇敬，下联则表达对奸臣秦桧等人的痛恨。有流水对，又叫串对，指一个意思分成两句表达，即下联跟着上联的意思说下来，上呼下应。例如“板凳要坐十年冷，文章不写一句空”就属于流水对。

联写作中运用语言的要求

对联要求既要语言精练，又要通俗易懂。一副对联，常见常写的大都十几个字或者二十几个字。由于字数的限制，要用少量的语言表达丰富的思想内容，就要求语言精练，以少胜多。

既要寓意深刻，又要深入浅出。对联表达深刻的思想内容，不仅有字面的意思，而且蕴涵言外之意，使得读者有想象的空间。

对联的横批

对联的横批也叫横额。横批一般四个字，顺序从右往左写。贴在上下两联之间的正上方。横批可以是一副对联的点睛之笔，表达一副对联的主旨。横批也可以与对联意思互补，对联语的意思补充或深化。例如写一副春联，横批可以写“欢度新春”、“辞旧迎新”、“万象更新”，等等。横批一定要切合主题，不能游离联语主旨之外。

六、写作注意事项

（一）思想健康向上。写对联要捕捉新人新事，表达社会生活中的主流，表现时代精神。要用乐观向上的态度表现人生，表达思想。要赞扬好人好事，批评社会恶习，弘扬正气，抵制歪风。有健康向上的思想，是写好对联的基本要素。

（二）切合环境氛围。写对联要有针对性，要考虑写出的对联能否表达特定环境下的特定内容，是不是说出了读者的心声，能否激励人们的斗志。在某种境遇中，在某种情景下，如何发挥对联的实际作用，是写作者必须深思熟虑的。

（三）讲求写作技巧。为了写好对联，就应该广泛阅读有关对联的著述，多读各种各类的名联，加强写作修养。写作实践中，也会遇到困难，须坚持不懈，与人切磋，自己琢磨，善于学习，注重推敲，逐步掌握写作技法。还要进行写作实践的锻炼，从实际入手，反映现实生活。这样，才会使对联写作技能不断得到提高。

文体学练

一、给下面的对联试加一个横披。

1. 春联 致富多门勤劳为根本 / 生财有道科技作靠山 横披________

2. 教育联 春雨暖风催绿千株树 / 园丁心血浇红万朵花 横披________

3. 上网、炒股联 网上谈心千里近 / 座中论股九州通 横披________

4. 婚介联 本所为媒，绝不拉郎配 / 同仁有意，只浇并蒂花 横披________

二、给下面八个联语组成四副对联，并排出每联的上下联。

四壁图书三尺剑　　学海深潜索贝珠　　千顷稻浪地黄金

清和朗润看乾坤　　半肩行李一张琴　　万里秋风天碧玉

喜悦欢欣听鼓瑟　　科学广阔繁兰蕙

三、根据对仗的要求，填写出下面应对的词语。

示例：风—（雨）　春—（秋）

绿—（　　）　高—（　　）　家—（　　）　贫—（　　）

奇花—（　　）　骏马—（　　）　疾风—（　　）　朝阳—（　　）

虎穴—（　　）　烈火—（　　）　四海风云—（　　）　根深叶茂—（　　）

四、选择括号中合适的词语，来改换对联中加点的不确切的词语。

1. 黄发垂髫，并怡然自得（自喜　自乐）

福山灵水，将莞尔同欢（同在　同春）

2. 苟有恒便该（应该　何妨 何必）三更眠五更起

最无益当是（则为　莫过　就是）一日曝十日寒

3. 槐花满树枝头白（枝枝艳　层层雪）

爽气袭人扑面香（冉冉香　阵阵香）

4. 一支队伍，同窗同业，同尝毁誉（欢乐　甘苦）

两度春秋，再接再厉，再呈英姿（风仪　风流）

5. 岛上云涛在心头（归眼底　在 眼底）

民间痛快归眼底（留心头　在心头）

五、活动指导。

全班开展一次对联竞赛。

要求：①分成若干小组，每个同学的对联先在小组评选，优秀者晋级班级比赛。②对联要求反映现实学习、活动、实习等真实生活，不得抄袭。③比赛中先用 1 分钟讲明写作动机或写作过程，再将自己的对联书写出来，软硬笔不限。

第八节　碑　文

学习提示点击：

◎ 碑文的文字要做到简练精短；写碑文还要注意书写的格式。

◎ 碑文写作中，文体是多样的，可以使用韵文或诗词等。

一、什么是碑文

碑文指为制作的各种碑上所写出的文字，这种实用文体适用的范围较广泛。

二、种类

墓碑　为纪念英烈或先人所制作的碑文，一般都是赞颂死者生前的功德和事迹。

纪念碑　纪念为人民作出杰出贡献的历史人物，纪念重要的历史事件，说明一个重要建筑物建成的时间、经过等。

庙碑　修建寺庙时，立碑记载建庙者的姓名，某些人物的捐赠等。庙碑还有立碑记事，垂范后人的效果。

除此而外，还有功德碑、诗林碑、桥碑、路碑等多种类型，因为碑的历史悠久，许多碑刻还具有文化艺术的价值。

三、作用

（一）教育作用。制作碑文，纪念历史人物、民族英雄，意义具有深远的影响，对后人有巨大的教育作用。使人们缅怀英烈，继承遗愿，继续完成他们未竟的事业。

（二）怀念作用。给先人树立碑刻，让儿孙晚辈怀念老一辈，牢记他们创业的艰辛，锻炼自己在社会上生存的能力，并以自己的宗族为荣，从而团结奋斗，更有凝聚力。

（二）文化传承作用。碑刻是一种文化，碑刻的文章内容有的是经典。碑刻的文字，有的具有很深的书法造诣，碑文也是中国传统文化的瑰宝。

（四）美化作用。有的碑林是景区中的景点，吸引游客观赏旅游，也美化了自然环境。

四、例文阅读

人民英雄纪念碑

碑身正面（毛泽东题写）

人 民 英 雄 永 垂 不 朽

碑身背面（周恩来题写）

三年以来，在人民解放战争和人民革命中牺牲的人民英雄们永垂不朽！

三十年以来，在人民解放战争和人民革命中牺牲的人民英雄们永垂不朽！

由此上溯到一千八百四十年，从那时起，为了反抗内外敌人，争取民族独立和自由幸福，在历次斗争中牺牲的人民英雄们永垂不朽！

卢沟桥修缮暨建成800周年碑记

卢沟桥碑文

1992年卢沟桥修缮竣工。适逢建成800周年，特此立碑纪念。

卢沟桥位于北京城外之西南隅，属永定河水系。上游为桑干河。发山西之高原，会雁云之诸水，过怀来之夹山，直泻而下，澎湃奔激，常成灾患。北京自成中国古代之北方重镇后，卢沟桥段渐成渡口。金天德三年（1151），扩建辽南京城改成中都。贞元元年（1153）迁都于此。随其政治、经济中心地位之形成，车驾径行，商客旅路，遂成要津，而卢沟古渡水势湍急，溢浸为巨，草草兴梁，屡遭水毁，故今大定二十九年（1189）六月始建石桥，总长2 665米，全宽93米，不等跨横券联拱十一涵；金明昌三年（1192）三月工程，敕命曰“广利”。从此，叠嶂如掌平，行人易来去，什物皆通达，元代因桥横跨卢沟河之上，而始称“卢沟桥”，意大利人马可 波罗，游此钜观，载入《游记》，首传世界。明、清两代，自明永乐十年（1412）至清光绪三十四年（1908）近五百年间，记有修葺十三次，均无大之改变。一九三七年七月七日此桥首起中华民族全面反抗日本帝国主义侵略之烽火，国人不屈，抗战形成，浴血八年，民族解放，永载史册。

卢沟桥皆因形式宏伟，构造先进，雕刻精美，石狮百态，人物通途，进退咽喉，燕京胜迹，近代事变，而著名于世。

新中国成立后，党和政府为之精心保护，1961 年 3 月 4 日，国务院将其首批列入全国重点文物保护单位，予以明令公布。卢沟桥，在新中国及首都建设中继续交通之功能，促经济之发展，城乡之交流，文化之繁荣。尤以 1975 年和 1985 年两次承担数百吨重整体大型现代化工业设备之运输，念其重负，惊赞其坚。随社会经济，文化事业之发展，车人剧增，车行此多不通，人游此而不畅。

1985 年，北京市人民政府悉听社会各界之呼吁，本着保护人类遗产，弘扬民族精神之宗旨和“科学保护，合理利用”之方针，于卢沟桥新桥建成后，决定是年 8 月 24 日，卢沟古桥退出现代交通之役，专司参观、凭吊、游览之职，并成立卢沟桥历史文物修复委员会，统筹规划，动员各界，组织修缮。工程有此始，耗资约 500 万元，历经三期，越时七载，修缮如初。首期工程：1985 年至 1987 年 7 月拆除，1987 年加宽步道四百余米，混凝土挑梁 59 道；加固、归位原石栏、望柱，清除沥青，恢复桥面，并修缮宛平城。二期工程：1988 年至 1991 年 6 月，全面整修拱券、桥墩，局部勘察基础，未见史载之“插柏为基”，惟勘出铁柱穿石、银锭锁面之基址，乃我国古代桥梁史之罕见。三期工程：1992 年 4 月至是年 8 月，对全部望柱、栏板、地袱、桥面、华表、石碑，实施防风化及防浸漏保护。此次工程，得北京市人民政府直接领导，国家文物局具体帮助，亦端赖设计部门精心策划，施工单位竭力经营，周围群众诚心相助，社会各界鼎力支持。

值此修缮竣工之时，欣逢建成 800 周年，并正式开放之际。怀先人之壮举，感经难之弥坚，念修缮之盛事，敬谨碑记，不啻表彰，而昭世人，遂开新篇。

北京市文物事业管理局

北京市丰台区人民政府

一九九二年九月十二日

五、格式与写法

根据例文阅读明确碑文的格式和写法。碑文的写作由标题、正文、落款三部分组成。

标题　墓碑的标题由死者姓名加“碑文”二字组成，纪念碑的标题要写出所纪念的人物姓名或事由加“碑记”、“碑刻”、“碑文”或“碑”等文种名称。

正文　写墓碑，首先写“抬头”，即死者的姓名、出生、主要职务、职业等，有的可以略去不写。然后写立碑者对死者的称谓，如“先考李君玉安大人之墓”等。再写死者的生平事迹，主要贡献，并写出对死者的哀悼之情。内容丰满，感情浓烈的墓碑碑文，一般叫做墓志铭。纪念碑的正文要写出所纪念人物的事迹品行，所纪念事物的形成过程和本身的意义。如例文写出卢沟桥的建成历史，它的使用价值和历史意义。

落款　墓碑的落款写明立碑者身份、姓名及立碑时间。纪念碑的落款写明立碑的单位名称，撰文者姓名，同时署上成文日期。有的墓志铭碑，撰文者姓名或单位名称已经在正文出现，落款就可略去不写。

六、写作注意事项

(一)碑文为了流传后世，文字内容宜客观公正，写人记事都必须准确、平正，以实为准，不虚夸，不矫饰，才能有流传的价值。

(二)碑文的写作要琅琅上口，句式精短，文字顺畅，叙事简洁有条理。墓志铭一类的碑文还必须有抒情议论，做到声情并茂，文采斐然。

(三)写碑文要根据石碑的形状，内容的多少灵活确定，不拘泥仿古。形式新颖、内容适宜才算好碑文。

文体学练

一、根据下面各题的说法判别正误，对的画“√”，错的画“×”。

1. 墓碑、庙碑都是用来赞扬死者功业的。(　　)

2. 韵文和诗词不可以作为碑刻上的文字。(　　)

3. 在我国举办 2008 年奥运会之后，我国人民可以立碑纪念。(　　)

4. 碑文有固定的字数，超过限定字数是不合规矩的。(　　)

5. 立墓碑时，立碑人的姓名、身份可以不写，落款省略。(　　)

6. 一个团体为社会助残捐资，这个团体为捐资者立碑是可以的。(　　)

二、根据下面所给的材料写一则碑文。

实业家唐××有资产，死前他把所有资产全部捐献给了国家，并立下遗嘱，要求将他捐献的资产折成钱币，用来奖励为国家做出贡献的优秀人才。

请根据唐××的事迹，为他撰写一则碑文，限定在20字以内。

三、阅读下面的碑文，并给碑文添加标点符号。

公元一九九四年为纪念共产主义战士张思德牺牲和毛泽东主席为悼念张思德而发表《为人民服务》演讲五十周年中国少年先锋队延安十三个英雄中队联合发起“红领巾张思德”行动倡议捐立张思德纪念碑得到各地少先队伴的热烈响应和社会各界的热情赞助特别是受到了前国家主席杨尚昆同志的题词勉励此块木炭形的碑体立意为你是炭我是火没有你的燃烧哪有我表达了红领巾走为人民服务道路做张思精神传人的志向。

第六单元　书　信

书信分为一般书信和专用书信。一般书信是私人之间往还的书信，专用书信可以是单位之间的往还，也可以是单位与个人之间的往还。专用书信的种类比较多。近年电子邮件与手机短信的出现相对减低了书信的作用，但是，用笔书于纸上的书信形式所表现出来的特点是不能代替的。

第一节　一般书信

学习提示点击：

◎ 一般书信因写作对象不同，使用的称呼语、致敬语都有区别。

◎ 一般书信语言运用中，要做到灵活得体，会使用多种表达方式。

◎ 信封的上下款，收信人的写法、称呼等，要书写准确。

一、什么是一般书信

私人之间往还的书信称为一般书信。这种书信不受语体的限制，没有严格的格式要求，不像公文那样受法定的约束，递送方便，内容谈吐随意，也没有篇幅长短的限制。

二、种类

根据特点，一般书信划分为同志、朋友、同事之间往还的书信和异地相隔的家庭成员、亲戚之间往还的家信。

三、作用

(一)同志、朋友之间相隔异地的问候，对某个问题的咨询，对某件事情的磋商，两地之间友情、爱情的传递，也可以对对方取得的成绩表示祝贺，或者相互之间有什么合作的事项需要在信中商量、探讨，等等。

（二）对家人、亲属身体状况的关心问候，交谈家事以及亲属之间的交往，对外地工作的子女等晚辈在精神上的支持和鼓励，或者家人、亲属诉述亲情等。

四、例文阅读

私人往还的信函

尊敬的×叔叔：

您好！写这封信不是代父亲表示谢意，而是源于是我个人内心的感激。

九月二十六日晚，爸爸拿回叔叔的诗《赠××兄六十韵》。父亲迫不及待地让我读一读，伸手递给我的那一刻说："你×叔叔就是一首又一首不断的写，就人家这种精神，我跟你说，一定能写出好诗来！"我接过诗，爸爸的唠叨还没完，"你得趁年轻抓紧才是呀！"——这句对于×叔叔不辍笔耕的赞誉和对我的督促，在我耳边已经不知响过多少遍。据我所知，与×叔叔相互交往一长，父亲就知道您有写诗的爱好，多次与我提起：我也多次亲历了父亲给叔叔找书，为您提供写作材料的场景。家中的书本就杂乱无章，加之父亲性格上落拓不羁、生活上不善整理，每每为找书满头大汗。每见此状，我就劝他，"又不是自己急着用，就别找了，给别人瞎忙活什么！"父亲严肃地说："书给用者，要有成人之美的心。"

我拿到这首诗，想起了父亲关于"成人之美"的说法，读了几句，我便又想起了父亲常挂在嘴边的另一句话，"己欲立而立人，己欲达而达人。"想来叔叔深知父亲有容人之量——"待人心不偏"（诗中语），知道他是一个可以重事相托的人。

从这首诗中我学到了许多。然而最令我警醒的一句是"勤学在早年。"对于我来讲，更确切地表述应该是"勤学'要'早年"。这"在"字是对于父亲勤学经历的总结，可谓承上，而叔叔诗中隐含的这个"要"字，则可谓启下。是故，这句诗是对老一代的总结，对新一代的勉励。能够读到这样的诗句，幸甚！

我想父亲对于叔叔您自有他的感谢，但这与我的感谢应该是两回事。"千江有水千江月"，对于同一首诗，不同的人会有不同的感受。我之感谢至少有以下三点：

第一，大道和谐，与人为善。人类最普通、最高尚的感情是和谐。我从叔叔的诗中读出了一种和谐。和谐是友谊的基础，叔叔用诗歌反映了和谐的同志生活。我读完它，像是嗅出了一片草地的泥土的馨香，像是看到了几只小鹿在吃草。“呦呦鹿鸣，食野之苹”。

第二，社会倾轧，人情纸薄。大概叔叔也是被人“倾轧”过的人吧？连同我的父亲。在这样的人生际遇中，叔叔毫无疑问是一个既在圈内，而又能跳出圈外的有识之士、忠诚之人。您笃信友情，乃我辈之榜样。叔叔这样的做法是很有功德的。

第三，实事求是，客观评价。现代的人们，口头冠冕堂皇地讲这四个字，而一旦动起心思，“客观”就为我所用，“评价”也就“今是而昨非”了。叔叔能够客观地评价父亲，按马克思主义来讲，是个实事求是的人。这对于形成我的世界观、人生观大有裨益。要知道，一个人能够客观地评价别人是一件不容易的事情。那么，叔叔做了一件别人不容易做的事。

此三点仅是当时所悟，未免浅陋，此诗之意旨远高于此，历史会证明这一点。

祝愿叔叔写出更多更好的诗篇来！

念怡

2004年9月27日

毛泽东给表侄文九明的家信

九明同志：

十月二日的信收到。你有关于乡间的意见告我，可以来京一行。自备路费，由我补发。毛泽荣，小名宋玉，是我的兄弟，住在限门前，他多次来信想来京一叙，请你找他一路同来。他没有出过门，请你帮忙他。他的路费亦由自备，由我补发。你们来时如可以不找省委统战部则不找，如无路费，可以持此信找统战部同志帮忙。路上冷，每人要带一条薄棉被。不要带任何礼物，至嘱。其他的人不要来。

毛泽东

十月二十五日

能于十一月上旬到京为好。

信封

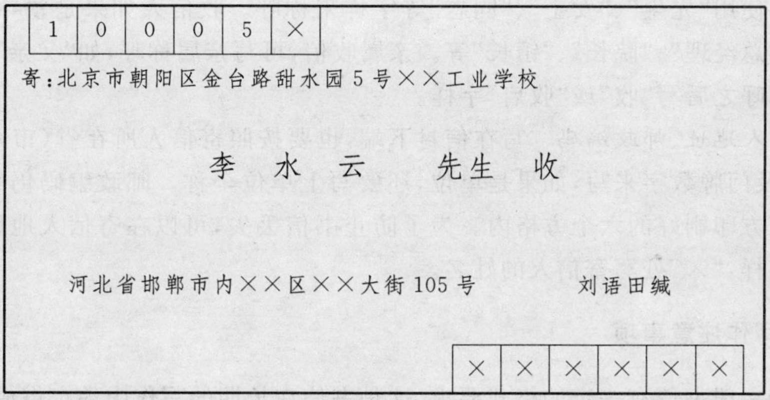

五、格式与写法

根据例文明确格式和写法：一般书信由称谓、正文、致敬语、落款五部分组成。

称谓　顶格写在首行，后面加冒号。称谓写的是收信人的姓名、称呼，如“李叔叔”、“张书记”等。可以使用修饰语，如“尊敬的唐大夫”等。

正文　写于称谓之下，空两格开始写。正文依据内容的需要来写。例文中主要表达了对×叔叔写给父亲一首诗的感受，并谈了父亲的性格思想。因此，先要写出诗中的主要句子，在联系现实生活中的父亲加以阐发或议论。写出了感情，写出了思想，内容很充实，有文采。例文毛泽东家信的作者是国家领袖，而写家书时，却语言亲切随便，对晚辈该嘱咐的事情，都一一写得周到，且行文简洁，无多余字句。

致敬语　表示祝愿、敬意。可以使用“此致”“敬礼”，也可以灵活使用与写信内容相关的祝词。如例文使用“祝愿叔叔写出更多更好的诗篇来”表示祝愿，合乎信的主体内容，致敬语使用确切。

落款　正文右下方致敬语下署上写信人的姓名，提行写日期。

六、信封的写法

信封分为收信人地址、邮政编码，收信人姓名和寄信人地址、邮政编码三部分。

收信人地址、邮政编码　写在信封上端，先写一个“寄”字，后面加冒号；再写收信人所在省（市）区县、乡镇、街道及门牌数字，如果是单位，还要写上单位全称。邮政编码简称“邮编”，一般在信封左上方印刷好的六个方格内填写。

收信人姓名　写于信封中间部位。写出收信人真实姓名，如果是一般关系，姓名后可以使用“先生”、“女士”、“同志”等字样来称呼。收信人如果是领导，可以写职务，如“总经理”、“院长”、“镇长”等。亲属收信，可写亲属称呼，如“父亲”、“舅父”等。在称呼之后写“收”或“收启”字样。

寄信人地址、邮政编码　写在信封下端，也要按照寄信人所在省（市）区县、乡镇、街道及门牌数字来写，如果是单位，还要写上单位全称。邮政编码仍然填写在信封右下方印刷好的六个方格内。为了防止书信丢失，可以在寄信人地址后写有“×缄”字样，“×”处写寄信人的姓名。

七、写作注意事项

（一）一般书信有一定的格式要求，这是书信在长期的写作中约定俗成的，写信要依照格式来写，才能体现一个人在写信方面的修养。不能随自己的意图更改格式，那样会表现出对收信人的不尊重，有失礼貌。

（二）书信中的称呼和修饰语，书信的致敬语，要根据写作对象而不同。称呼和修饰语，对长辈，要使用尊称，如“尊敬的老师”、“敬爱的爸爸、妈妈”等，对平辈或晚辈，可以根据双方关系来确定称呼，如较为亲近，可略去姓来直呼其名。书信中的致敬语，必须符合书信内容的情境，符合收信者对方的情况。古代书信中这方面的要求很多，现代书信可吸收大众能够接受的词语。

（三）书信的措辞，不像文章的写作那样，讲究语法修辞，十分庄重。书信的语言要自然通俗，明白如话，平时口语怎样讲，写信时就可以怎样说。当然书信交往中也要看对象，根据收信对方的身份、地位、文化程度措辞，以便更容易沟通思想。

（四）书信的内容要言之有物，尽量使用极少量的文字表达较丰富的内容。这就要求语言简洁，不拖沓拉杂。精练的书信既能减省自己的时间，也不浪费别人的时间。

（五）写信必须字迹工整，让对方看懂。也要注意标点符号的正确使用。发现有语病或有错别字，要用笔标出，加以改正，以表示自己写信的严肃态度。

文体学练

一、选择合适的词语，填写在空白的横线上。

1. ______（尊敬的 亲爱的）赵经理　2. ______（深切地 热烈地）祝贺您的寿辰

3.（希望 敬请）______您光临寒舍　4. 前次承蒙______（照应 关照）

5. 您的学生______（落笔 敬草）　6.（听取 聆听）______您的教诲

二、把下面的句子整理成一封短信(可以打乱次序,梳理顺畅)。

1. 伯伯您好！您的来信收到了。

2. 我寄去的钱,您不要舍不得花,过一些时间我再寄一些。

3. 我虽不在您的身边,得知您身体好,我也就放心了。

4. 还望您保重身体,注意饮食起居,常常做一些室外锻炼。

5. 您嘱我努力工作,勤谨做事,我铭记于心,一定不辜负您的期望。

6. 祝您安康！×年×月×日

三、下面一封信,画横线的地方有毛病,请给予修改。

小芳:

你好!

我想跟你闲聊[①]暑假的经历。我在暑假中收获让我都说不完,道不尽[②]。今年七月中旬,我到一家外国人到餐厅就餐,想要吃中餐,就问我:"Is there the Chinese food?"(这里卖中餐吗?)这是我第一次面对面的与外国人接洽[③],难免有些紧张,但我还是硬着头皮打发了他们[④],对他们说:"Yes."(有。)他们见海报上的热狗图片,对我表示疑问:"Really?"(真的吗?)我只能给他们介绍起我的套餐:"Right! There are beef -rice, chichen and so on."(是的,这里有牛肉饭、鸡肉饭,等等。)虽然有些不顺利,因此我毕竟完成了这次接待任务[⑤],销售取得收益。小芳,你说,这是我的收获吧!

好,不多谈了,希望你在回信中也谈谈你暑假中的收获。

顺祝:学习好！身体好！心情好！

你的同学:雪雁 200×年×月×日[⑥]

第二节　专用书信

学习提示点击:

◎ 各种专用书信都有该文种的专用语,学习写作时注意正确运用。

◎ 学习中注意不同专用书信称谓和修饰语的运用;学习使用致敬语依据各种专用书信的特点而定,严格区分哪些文种使用致敬语,哪些文种不使用。

◎ 区分不同种类的专用书信写作格式上的区别。

介绍信 证明信

一、什么是介绍信、证明信

介绍信是用于联系工作，接洽事情的专用书信。证明信是以机关、团体的名义证明某人身份、经历，或应对方要求证明有关事件、有关个人真实情况的专用书信。证明信中也可以以个人名义对某事、某人作出证明。两种专用书信相比较，证明信更具有严肃性、庄重性。

二、种类

介绍信有书信体式和印刷体式两种。书信体是需要时使用单位的纸笺手写而成，也是本教材要重点介绍的。印刷体的介绍信是按照书信体的格式预先印制好，以备随时使用。这种介绍信一般留有存根。

常见的证明信有手写体式和印刷体式两种。手写式证明信多为证明某人的政治身份、有关情况等，一般以单位名义出具。也有以个人名义出具的证明材料。手写式证明信为本教材重点介绍的内容。印刷体是事先印制好的，格式与手写体基本一致，备有存根。

三、作用

介绍信和证明信都是专用书信中单位之间使用的书信，具有严肃性和权威性。不同单位之间可以通过这两种文体，交接事务，相互联系，证明身份与事件等。使用中，证明信比介绍信更具有严肃性。

四、例文阅读

介绍信

介 绍 信

××公司：

兹有我村刘明、许芳两位同志，到贵公司洽谈果品加工事宜，请接洽为荷。

此致

敬礼

××村委会（公章）

2008 年 9 月 7 日

证明信

证 明 信

××林业局党总支：

你局何红波同志，于 2003 年 5 月至 2005 年 8 月在我厂工作。2004 年 7 月 1 日加入中国共产党，被批准为预备党员。情况属实，特此证明。

此致

敬礼

×市××厂党委办公室（公章）
2007 年 3 月 2 日

个人证明材料

证 明 材 料

孙××同志 1989—1993 年在××大学中文系读书，与本人是同班同学。毕业后长期在××区研究所工作，多年致力于学术研究工作，并多次获得学术成果奖。

特此证明

陆××（盖章）
×年×月×日

印刷体介绍信

介绍信（存根） ××字××号 ×××等×人 前往××××，联系××××。 ×年×月×日	介绍信 ××字××号 ××研究所： 现介绍我公司×××等×人前往贵处联系××××。请接洽为荷。 此致 敬礼 （有效期　　天）××公司（公章） ×年×月×日

印刷体证明信

证明信（存根） ××字××号 ××××： 证明你× ×××同志× ×××××××。情况属实。 特此证明 ×年×月×日	证 明 信 ××字××号 ××××： 你× ×××同志××××××××× ______。情况属实。 特此证明 ××公司人事科（公章） ×年×月×日

五、格式与写法

介绍信

根据例文明确介绍信的格式和写法。介绍信由称谓、正文、致敬语、落款四部分组成。

称谓 写明对方单位的称呼，后加冒号。称呼一定是单位，不能写成某领导个人。

正文 交代清被介绍人在何单位及身份，去接洽何事，有何希望和要求。如示例正文中“我村刘明、许芳两位同志，到贵公司洽谈果品加工事宜”说明清楚完整。正文开头使用“兹”、结尾使用“请予以接洽为荷”等惯用语。

致敬语 只用“此致”“敬礼”，使用格式为这种致敬语的一般格式。

落款 署名是单位名称，不能签个人姓名；写于正文右下方，致敬语之下，加盖公章。日期提行写在署名之下。

证明信

根据例文明确证明信的格式和写法。证明信是以机关、团体的名义，证明某人身份、经历，或应对方要求证明有关事件、有关个人真实情况的一种专用书信。证明信由称谓、正文、致敬语、落款四部分组成。

称谓 写明对方单位称呼，后加冒号。

正文 根据对方单位的要求，出具确凿的证明材料证明该问题，写明被证明人在某一时期的工作情况、工作表现等。如示例证明的何红波“2004 年 7 月 1 日加入中国共产党，被批准为预备党员”，就是如实证明入党情况。证明结尾还应注意使用“情况属实”“特此证明”等惯用语。

致敬语 与介绍信的致敬语格式写法相同。

落款 署名是单位名称，在正文右下方致敬语之下，日期提行写在署名之下。

证明信与个人写的证明材料不同。个人证明以个人名义写出，称谓、致敬语都可省略，落款写个人姓名，加盖个人印章。例文是以个人名义证明某人某种情况的一种证明信，用于单位和个人，也能使用。以个人名义写的证明材料一般还须由证明人所在的单位签署意见才能有效，如证明某人是自己的同事，他在原单位的基本情况、工作表现等。

六、写作注意事项

(一)介绍信中被介绍者的所属单位是发信单位，因此，正文中要写“我镇×××”等。证明信被证明者的所属单位一般是称谓中所写的单位，因此，正文中要写“你局××”或“贵厂××”等。

(二)写证明信要用语准确，注意分寸；如有涂改处，必须在涂改处加盖写证明信的单位印章，表明证明材料的严肃性。

申请书 请柬

一、什么是申请书、请柬

申请书是个人或集体出于某种要求，向上一级或有关部门申明理由、提出请求时写的一种专用书信。请柬也叫请帖或邀请书，是机关团体聘请某人参加某种会议或活动的礼仪文书。

二、种类

日常生活、工作、学习中使用的申请书种类很多，经常使用的有：入党申请书、调动申请书、进修申请书、拨款申请书、困补申请书等。

在邀请人们参加某种政治性、经济性、学术性活动以及日常婚嫁等喜庆活动，都可以使用请柬。按照不同的标准，请柬可以分为两种：专用请柬和通用请柬。

三、作用

单位或个人可以通过申请书来表达自己的意愿，可以通过向上级单位申请，获取进行某种工作，行使某种职能的许可，可以实现个人某种正当的愿望等。

请柬是一种礼节性的邀请信，送去请柬，表示主办会议、宴会或其他事务一方对接受邀请一方的尊敬。请柬在重大礼节性活动中是必不可少的。

四、例文阅读

开业申请书

开业申请书

××市工商行政管理局：

我于2005年从××电子职高仪表专业毕业，虽然一直没有正式工作。但我从小就对摄影有着浓厚的兴趣爱好，我也希望自己在这方面掌握一技之长，并以此谋生。经过多年的自学钻研，加上我职高的专业学习和××照相馆摄影师××的指点，学会了摄影、冲洗、放大、着色等技术，并依靠父母亲友帮助，筹集了人民币2万元，已购得不同型号的照相机三部并备有放大机、切相机、冲印器具以及小暗室一间，目前基本具备了个体户的开业条件。现拟申请开业，设“美的”摄影门市部，门市部地址在市××街××号（即将我家住房临街一间辟为铺面）。希望尽快发给我营业执照。可否，请核查。

此致

敬礼

申请人：×××

×年×月×日

入党申请书

敬爱的党组织：

我郑重提出要求，我愿意加入中国共产党。因为：我一直在接受党的教育和培养。一次次党的思想教育和对党的理论知识的学习，如春风化雨，润我心田，使我认识到：中国共产党是代表中国先进生产力的发展要求，代表中国先进文化的前进方向，代表中国最广大人民的根本利益。党的最高理想和最终目标是实现共产主义。

我愿意加入中国共产党，这是因为：党给了我和常人一样接受教育的权利。我自幼就是一个患有先天性多关节挛缩症的孩子，上肢残疾，没有双手。但是，党的阳光照耀在我的身上，小学校长对我的父母说，党和政府关心残疾儿童，可以到学校接受教育。就这样，我作为一个“特殊”的孩子，走进了学校的大门。没有党的关怀，恐怕我至今还蜷缩在家里那张木床上。

党教导我克服困难，顽强学习。没有手，我用嘴衔笔写出的字从弯弯曲曲，到逐渐有了形状，工整起来。这样，我从小学顺利步入中学，一直到进入中专。

我愿意加入中国共产党，这是因为：党给我铺就了进一步学习的坦途，给了我进一步造就的机会。中考前后，镇党委、延庆党的领导关怀我这个残疾青年，他们联合北京市相关的报社、电台的记者专门采访我，宣传我刻苦学习的事迹，在这种爱心关怀下，我终于以合格成绩考入中专。激动之余，我深深懂得，给我强大力量的，是亲爱的党！2002年9月，我终于考入了高等职业学院，成为一名大学生。我得到学院经济补助和同学们日常生活的帮助。得到了方方面面的关心和体贴。经过近几年的不断努力，我成功地发表了三篇优秀散文，并且连年荣获学院一等奖学金，并成功荣获学院"首届英语口语竞赛"三等奖，获得荣誉证书；去年，我又成功考取了"全国计算机等级水平考试"二级证书(Visual FoxPro)；尤为可喜的是，今年我获得了"院长特别奖学金"，而且这个奖项是为我单独设立的。

因此，我热爱中国共产党，是党给了我今天的一切。尽管我有了一点进步，仍然离党对我的要求还差得很远。但我有决心，向保持共产党员先进性的楷模学习，像攻克学习难关一样，取得政治思想的收获，直到自己成为党的队伍中的光荣的一员！

请党组织看我的实际行动吧！

申请人 李长坤

×年×月×日

请柬

××先生：

定于十二月二十日上午九时，在云南大酒店二楼，举办×××先生从教四十周年座谈会，敬请光临。

此致

敬礼

《××××》报编辑部

×年×月×日

请柬

<table>
<tr><td rowspan="2">鲁迅诞辰一百周年纪念大会</td><td>鲁迅像</td></tr>
<tr><td>1881—1936
请
柬</td></tr>
</table>

五、格式与写法

申请书

根据例文明确申请书的格式和写法。申请书由标题、称谓、正文、致敬语、落款五部分组成。

标题　写在首行正中，可写“申请书”三字，也可加写事由，如“入学申请书”。标题的字体要端正、醒目。

称谓　写在标题之下，顶格写明接受申请书的组织或单位名称，或者写领导人姓名、职务，后加冒号，来提示要说的内容。

正文　是申请书的主体。①写明申请事由，简明清楚地写出依据什么、根据哪些需要，如“我于 2005 年从××电子职高仪表专业毕业”，“希望自己掌握一技之长”。②写明愿望和请求，要明确具体。需要叙述的事实和阐述的理由较多时，应适当归纳分类，以便领导研究处理。如开业申请书例文的申请理由是自己有摄影方面的爱好和准备等。③结语可以根据内容的不同，写“恳请批准”“请领导审核批准”；入党、入团申请书结语一般写“请组织考验我”等。

致敬语　写在正文之下，采用写“此致”“敬礼”的一般格式。在特殊情况下，致敬语可以灵活一些。

落款　写上申请人的姓名并在署名提行写出具体时间。

请柬

根据例文明确请柬的格式和写法。请柬由标题、称谓、正文、结尾、落款、附启语六部分组成。

标题 “请柬”两字位于封面正中位置,可横行写,也可竖行写。写标题的这一面叫封面。为了美观醒目,封面装帧可套红烫金或镶嵌花边。其他各项内容写于背面。称谓在正文上方,书写被邀请者的姓名,名字可以打印,也可以手写。

称谓 在姓名之后写有“先生”“女士”字样,一般都打印好,用冒号提起下文。

正文 主要有三点:①准确写出被邀请人出席何种会议或受到何种邀请。如例文中“举办×××先生从教四十周年座谈会”。②写清楚举行这些活动的具体时间、地点和内容。如例文中“十二月二十日上午九时,在云南大酒店二楼”。如果是请看戏或其他演出,还应将入场券附上。

结尾 常用“敬请光临”、“恭候光临”、“敬请光临指导”等字样,表示对邀请者的尊敬。也可正文后先写“恭请”,再另起一行顶格写“光临”或“莅临”。

落款 写于正文右下方,署上组织名称或个人姓名。如果邀请者是组织,须加盖公章,如果邀请者是个人,则写姓名。结婚请柬要并排写上新婚夫妇二人的姓名(先写男,后写女),在姓名后可写“鞠躬”“同启”等字样,以示尊敬。在署名之下,写明年、月、日。

附启语 写明地址,如“新文化街××号”。个别需请对方确认能否应邀,以便招待的请柬,还要写上“能否应邀希早日回复”、“能否前往请回电话”等字样。附启语常写在请柬的左下方。

还有的请柬一般不写被邀请者的姓名,使用较为宽泛,具有通用的特点。通用请柬与专用请柬的格式、写法基本相同,不同之处有两点:第一,标题与其他各项内容一般只占一页并省略称谓;第二,附启语多用“每柬×人”、“凭柬入场”等字样。

六、写作注意事项

(一)写申请书,要注意以下要求:①要实事求是。反映情况真实,叙述事实准确。申请既要合乎情理,又要符合政策。不能为达到个人某种目的而夸大事由,弄虚作假。②要朴实诚恳。表达的愿望要求均应态度恳切,得到对方理解,达到申请的目的。③文字简明。申请事项应该简明清楚,不含糊隐晦;陈述理由应该充分明晰,不卖弄辞藻,不生硬刻板,使人容易明了申请者意图。

写入党申请书,需要注意:①阐明入党动机。要结合学习的政治理论和本人的认识来表明愿望。②汇报自己的进步过程。真实写出本人思想、学习等情况。第一次写申请书,还须简介本人的简历和家庭状况。③对照党员、团员的标准,看到成绩，找出缺点和不足，表达愿意接受党组织、团组织帮助的愿望和迫切加入党、团组织的决心。

（二）写请柬要注意以下要求：①内容要明白晓畅，信息量充分。②用语要礼貌得体，表示对被邀请者尊重和友好的态度，使用热情、友好、庄重、恭敬的语言，根据具体场合、对象、情境，认真措辞。③装帧要典雅；请柬用纸多为红色，封面文字常用烫金墨料印制；有的还在请柬的正面绘有彩色图案，以示隆重、喜庆。

感谢信　慰问信

一、什么是感谢信、慰问信

感谢信是感谢对方的关心、支持与帮助所写的一种专用书信。慰问信是以个人或团体的名义向个人或群体表示慰问的一种专用书信。慰问信使用的范围比感谢信更为宽泛。

二、特点

感谢信和慰问信使用自由灵活，可以团体使用，也可以个人使用；团体与个人之间也可以相互使用。

三、区别

感谢信要对所感谢者的事迹准确概括叙述，对方的事迹一般都与表达感谢的人有直接关系。而慰问信所写的事迹，与写慰问信的当事人可以有一定的联系，也可以没有必然联系。慰问信的使用有各种情况。如对有功绩的人、病中的人、高寿的老人、受到各种灾害的群体，都可以使用慰问信的形式来表示问候。

四、例文阅读

感谢信

感谢信

尊敬的唐大夫：

我是一位邮递员，几年前患了风湿性膝关节炎，不能继续工作。病症发作时，疼痛难忍。故此长期卧床。接受您的治疗之前，我曾多方求医问药，却总不见效。甚至庸医宣判这是不治之症。我曾一度对康复丧失希望。但是，自从接受了您的治疗，病情明显好转。您的针灸疗法，见效快，痛苦少。数月之间，我竟能下床走路。不觉疼痛了。我们全家都说您的医术神奇无比！

现在，我的膝关节病已痊愈，又能登车送信送报了。我一定把全部精力，投入到工作中去，用您给我的这两条腿，为人民传递信息，为祖国奔走八方，以此来回报您的深恩！

谨致崇高的敬礼！

患者　××

×年×月×日

慰问信

给××公安局全体女民警的一封慰问信

××公安局全体女民警：

在第93个国际妇女节即将来临之际，局党委谨向全局939名女同志致以诚挚的慰问和热烈的祝贺！

"警花"——这是人们对女警察的昵称，因为在男性居多的警察队伍中，你们像一枝枝鲜艳的花朵分外耀眼，然而有谁知道作为一名女性，自从你们选择了警察这个职业，就意味着选择了艰辛和奉献。你们不知放弃了多少温馨的家庭生活，耽误了多少花前月下的浪漫，在与犯罪分子正面较量的战斗一线有你们的飒爽英姿，在人流如潮的社区有你们奔忙的脚印，在为民服务的窗口有你们可亲的笑脸，在繁杂劳累的内勤工作中有你们勤奋的身影。你们以巾帼不让须眉的豪情，全身心地投入到了宏伟的公安事业，用自己的实际行动诠释着"妇女能顶半边天"这句豪言壮语。

美丽的城市因为你们才更加安宁祥和，闪亮的警徽因为你们才更加璀璨夺目。现在，为期两年的创建"平安××"的号角已经吹响，更加艰巨的任务等待你们去完成。衷心地希望全体女民警能够在各自的工作岗位上努力工作，团结战斗，再创佳绩，为公安工作做出更大的贡献。

节日就要来临，在这一天里，母亲会因为儿子献上的一束鲜花而微笑，妻子会因为丈夫操持的一桌晚餐而满足，就让我们，默默祝福你们，节日中的女警花！

××公安局党委

200×年3月8日

五、格式与写法

感谢信

根据例文明确感谢信的格式和写法。感谢信一般由标题、称谓、正文、致敬语、落款五部分组成。

标题　位于首行正中，写“感谢信”三字，要字迹端正、醒目。

称谓　提行写在标题之下，后面加冒号。称谓写的是被感谢的单位或个人，可以使用修饰语，如“尊敬的唐大夫”等。

正文　写于称谓之下，空两格开始写。主要有三方面：①感谢的原因。②受到关心、支持、帮助之后所产生的结果。③值得感谢的方面及对自己的鞭策、鼓励。例文就是按这几方面来写的，注重事实，行文简洁，强调了被医治后产生的结果是：“现在，我的膝关节病已痊愈，又能登车送信送报了”，感激的心情很真挚：“用您给我的这两条腿，为人民传递信息，为祖国奔走八方，以此来回报您的深恩！”

致敬语　表示祝愿、敬意。可以使用“此致”“敬礼”，也可以灵活使用与写信内容相关的祝词。如“谨致崇高的敬礼”等。

落款　正文右下方致敬语下署上写感谢信人的姓名，以单位名义写的要写单位名称；提行写日期。

慰问信

根据例文明确慰问信的格式和写法。慰问信是以个人或团体的名义向个人或群体表示慰问的一种专用书信。慰问信一般由标题、称谓、正文、致敬语、落款五部分组成。

标题　位于首行正中，写“慰问信”三字，也可以把事由加在前面。如“××市教育研究中心给××大学的慰问信”。

称谓　写在标题之下，顶格写，后面加冒号。称呼指被慰问的个人或团体，称谓可加修饰语，如“可敬的”等。

正文　提行空两格，在称谓之下开始写。主要内容有三方面：①慰问的原因，即对被慰问者（个人或团体）的功绩的简明概括。如例文“在第93个国际妇女节即将来临之际，局党委谨向全局939名女同志致以诚挚的慰问和热烈的祝贺！”慰问的对象也可以是遭遇困难、伤害的个人或群体。②值得慰问之处，即对被慰问者（个人或团体）模范事迹、美好品质的具体展现；或克服困难，战胜病痛的感人事例。如例文高度赞扬这些女“警花”：“你们以巾帼不让须眉的豪情，全身心地投入到了宏伟的公安事业，用自己的实际行动诠释着‘妇女能顶半边天’这句豪言壮语”。③结语：殷切提出希望，或给予热情鼓励。如例文“衷心地希望全体女民警能够在各自的工作岗位上努力工作，团结战斗，再创佳绩，为公安工作做出更大的贡献”。

致敬语　使用表示鼓舞或激励的言辞，要根据正文内容选用；也可使用一般格式的“此致”“敬礼”等。

落款　正文右下方署上写慰问信的个人姓名或单位名称，提行写日期。

六、写作注意事项

感谢信主要用记叙方式，使用议论是为了突出信中的某种意义，作出某种评价，以便表达感谢之情。感谢信的主体内容重在写作者经历的事实，在此类事实基础上来评价对方的好思想、好品质。

慰问信由于对对方进行赞颂或激励，可以运用事例，但写作者并不一定都经历过，只是以此生发议论、进行抒情。因此，主观色彩更多一些。慰问信的致敬语更为灵活多样，表达感情更为饱满。

求职信　简历

一、什么是求职信和简历

求职信是谋求工作、请求聘用时写的一种专用书信。这种求职信目前在社会上较为流行。简历是介绍个人身份、履历、学业资历和工作经历的文字材料。可以用于求职应聘的个人材料，也可以作为当事人工作单位的档案资料。

二、种类

求职信分为两类。一类是有具体目标的求职信，求职者向某一用人单位专门递交求职信，请求聘用。另一类没有具体目标，面向广大社会求职，等待哪个用人单位来聘用，叫广普性求职信。

简历一般分为表格式简历和文字式简历。表格式简历简明扼要，文字式简历可以写得详细具体。

三、作用

使用求职信的方式谋求职业，可以把自己的特长通过文字表述写得有条理，重点突出，让招聘方能够全面了解求职者。通过求职信的写作，招聘方还可以了解求职人的文化素养和知识水平。

简历可以配合求职信作为谋求职业的补充说明，也可以作为履历说明，附加在一些表格的后面。简历的特点是各部分条理明晰细致，内容具体。

四、例文阅读

求职信

求 职 信

尊敬的××公司领导：

欣闻贵公司聘用计算机软件开发人才，我自告奋勇，愿意接受贵公司的选拔。

我叫徐×，女，1980年出生，本市户口，2001年毕业于××大学信息管理系计算机专业，从业已6年。目前我已经熟练掌握了计算机应用技术、计算机网络技术、和数字电子技术等基本技能，通过了大学英语四级考试和全国计算机三级考试。本人重视实践技能的培养，在计算机技能方面，熟悉Windows 2000的操作，能熟练运用汇编语言以及Office和Photoshop等办公软件，具有一定的编程能力和软件开发能力。

2001—2007年，我受聘于××公司，6年来业绩突出，曾被公司嘉奖表彰。现因原工作的公司离新家较远，奔波劳乏，而贵公司与我家挨近，又适于照顾家中老人，决定向贵公司应聘，如能有幸成为公司的一员，我将竭尽全力，为贵公司的繁荣发展作出贡献。衷心期盼早日得以面谈！

呈上：毕业证书复印件1份，个人简历1份，获奖证书3张，文章发表2篇。敬请参考。

此致

敬礼

求职人 徐×

2008年8月5日

我的联系地址：北京市××区××大街51号 邮编100052

联系电话：×××××××××

广普性求职信

迟元，男，1975年出生，××大学经济管理专业毕业，曾任××销售部门主任，从2002年8月至2005年10月，已有3年工作经历。本人通晓市场营销的业务能力，在该部门工作期间为单位赢利数十万元。现欲觅大中型销售部门应聘。

联系电话：×××××××××（可在报纸上登出）

文字式简历

桂希恩教授防治艾滋病工作简历

桂希恩，68岁，武汉大学中南医院教授，博士生导师。1980年初两次赴美国进修学习。1989年被国家卫生部授予“白求恩式的医务工作者”称号。

1990年，桂希恩发现了中国艾滋病第一高发区——河南省上蔡县文楼村。

1990—2003年14年中，他从事预防和医治艾滋病，个人为病者捐助超过十万元。

2004年2月，因其在中国艾滋病防治工作上的杰出贡献，荣获“贝利-马丁奖”，是该奖项的中国第四位得主。

2004年6月离职，负责湖北省艾滋病临床指导培训中心的工作。

2004年中央电视台主办“2004十大感动中国人物”评选，被评为“十大年度人物”之一。颁奖词是：一个教授做的5年，可以影响中国500年。

（选自2005年10月《新华文摘》，文字略有增改）

表格式简历

个人简历

<table>
<tr><td colspan="6">一、基本情况</td></tr>
<tr><td>姓名</td><td>徐×</td><td>性别</td><td>女</td><td>出生日期</td><td>1984年5月</td></tr>
<tr><td>民族</td><td>汉</td><td>政治面貌</td><td>中共党员</td><td>学历</td><td>大学专科</td></tr>
<tr><td>通讯地址</td><td colspan="5">北京市××区××大街51号　邮编　100052</td></tr>
<tr><td>联系电话</td><td colspan="5">宅电：×××××××××</td></tr>
<tr><td colspan="6">二、学习简历</td></tr>
<tr><td colspan="3">1990年9月至1996年7月</td><td colspan="3">就读于北京市××小学</td></tr>
<tr><td colspan="3">1996年9月至1999年7月</td><td colspan="3">就读于北京市第××中学</td></tr>
<tr><td colspan="3">1999年9月至2002年7月</td><td colspan="3">就读于北京市××高级中学</td></tr>
<tr><td colspan="3">2002年9月至2005年7月</td><td colspan="3">北京××职业学院经济信息管理系</td></tr>
<tr><td colspan="6">三、学习的主要专业课程</td></tr>
<tr><td colspan="6">1.计算机类：计算机教程、计算机编程、计算机软件开发与应用</td></tr>
<tr><td colspan="6">2.财会类：商业流通会计、会计学原理</td></tr>
<tr><td colspan="6">3.经济类：商业经济学原理、经济信息管理概论</td></tr>
<tr><td colspan="6">4.外语类：大学英语、英语口语教程、商贸英语口语</td></tr>
<tr><td colspan="6">5.法律类：经济法、法律原理</td></tr>
<tr><td colspan="6">四、学生工作</td></tr>
<tr><td colspan="3">2002年9月至2005年6月</td><td colspan="3">担任××专业×班团支部书记</td></tr>
<tr><td colspan="3">2003年6月至2005年6月</td><td colspan="3">担任学院学生会副主席</td></tr>
<tr><td colspan="3">2003年6月至2005年6月</td><td colspan="3">担任信管系学生会主席</td></tr>
<tr><td colspan="6">五、社会实践</td></tr>
<tr><td colspan="6">1.2002年10月在北京市××学院参观学习，与该学院同年级学生进行学习经验交流活动。
2.2003年8月开展暑期社会经济与居民生活调查活动。
3.2004年5～7月进行计算机课程实习活动。
4.2004年8月进行暑期打工，体验社会生活，进行实际锻炼。
5.2005年3～5月进行专业技能实训活动。</td></tr>
<tr><td colspan="6">六、大学获奖情况</td></tr>
<tr><td colspan="6">1.2004年5月获研究性作文活动课市级一等奖。
2.2005年3月获院级计算机比武大赛一等奖。
3.2005年6月获地区级演讲比赛第二名。
4.2003年3月至2005年6月共获得学院一等奖学金3次。
5.2002—2005年共获得优秀团干部、优秀学生干部奖5次。</td></tr>
</table>

五、格式与写法

根据例文明确求职信的格式和写法。求职信分为标题、称谓、正文、致敬语、落款、联系地址和联系方式、附件七部分。

标题　“求职信”三字写于首行正中，不使用任何修饰语。

称谓　向某一单位求职，称谓写这一单位的名称，或在单位名称后加该单位领导人的职务，可以适当使用修饰语，后加冒号，如“尊敬的××公司领导”。广普性求职信，求职者没有既定目标，而是面向社会求职，因此，不必写出称谓。这种求职方式常见于一些小报的求职专栏中。

正文　包括三个部分：①基本情况简介。包括姓名、性别、年龄、籍贯、学历、学位、健康状况、毕业学校、目前工作状况、有无技术职称等。例文开头介绍的是一名从业者的基本情况。②结合所求职务陈述自身优势。重点写个人工作能力，业务专长，突出的业绩，个人品质，学习工作中的获奖情况以及自我评价等。如例文中，求职者从两方面陈述自己的业务能力。第一是计算机应用的能力，第二是工作期间的获奖状况，并在下一段进行自我评价。③表明自己的求职意向。例文中是这样表示的：“如能有幸成为公司的一员，我将竭尽全力，为贵公司的繁荣发展作出贡献。”

致敬语　通常使用“此致”“敬礼”一般式致敬语。也有其他方式，如“祝贵公司兴旺发达”，“顺祝贵单位事业发达”等。

落款　求职者签名和日期。

附件　向用人单位、部门提供求职人的有关证件、资格证书、获奖证书的原件或复印件等，便于对方核实。

联系地址和联系方式　向用人单位、部门提供联系地址、邮编和电话，一经面谈，对方可及时将结果告知求职人。联系地址和联系方式可以写在正文之后，也可以写在落款之后。

简历

根据例文明确简历的格式和写法。简历包括标题、正文两大部分。正文中又可以细分为若干部分，一般包括个人基本情况，学习、工作简历，学习、工作实践简介，获奖情况等几个部分。

标题　写明简历的使用情况。如果是为求职而写，提供给用人单位请求录用，可写作“个人材料”。如果作为上级机关存档的资料，标题也可以写作“个人资料”、“个人简历”等。

正文　一般采用表格的方式，细分为：①个人基本情况。写明姓名、性别、年龄、籍贯、学历、学位、政治面貌、家庭住址、联系方式等。②学习工作简历。写明学习的经历或工作的经历。如果是属于人事部门索要的资料，某一个学习阶段还要填写相关的证明人是谁。例文表格式简历作者是刚出校门的学生，则填写学习的经历。特点是年份必须相衔接，如有特殊经历，使年份隔断，要另做说明。例文还有“学习的主要专业课程”一栏，是因为自己是刚毕业的学生，向用人单位提供学习的课程内容，以便对方知悉求职人在大学期间的主攻科目，了解求职人的知识基础。③学习、工作实践简介。求职学生在这一栏可以填写实习、实训及其他实践活动，可以是集体组织的，也可以是个人参与的。一般工作人员可填写工作实际情况。填写这些情况，仍然须采用条目式，以求简练。如例文中“1.2002年10月在北京市××学院参观学习，与该学院同年级学生进行学习经验交流活动。2.2003年8月开展暑期社会经济与居民生活调查活动”，依照年份一一写下来，有几次，写几条。④获奖情况。填写获奖级别、获奖等级和次数。可以按照获奖级别、等次的高低填写。简历的填写有自设表格和单位印发的表格两种情况。如果是单位印发的表格，就要按照所给的栏目一一填写。如果是自己设计，就应从自身应用的角度来设计正文的栏目。如果是学生，为求职来设计，例文4的设计就比较合理。正文的各个栏目也可以设计为：一、基本情况，二、学习经历，三、所学专业课程，四、个人爱好与特长，五、工作业绩，六、获奖情况等。

简历也可以写成文字式，这种简历内容具体，事例完整，具有文章的形式特点。但一般情况，采用表格式较为普遍和实用。

六、写作注意事项

写求职信的要求：①必须求实。实事求是是写求职信的基础。②必须明确求职的目标。所求职务是什么，就要依据这个目标选择材料。凡是合乎求职目标的，就多写、细写；凡是不符合的，就少写甚至不写。③寻求典型的事例来说明自己的能力。典型事例更能集中具体地显示自己在某一方面的专长。如果有数字材料，或成绩证书，就更能说明问题。④注意表达方法。语言要简明、平实、准确。介绍自己的成绩时，可以引用其他部门、其他单位对自己的评价、鉴定，但不宜主观发议论、作评语。在职的工作人员写求职信，应该着重突出个人的工作研究成果、学术成果和工作业绩等。目前，写求职信的形式多样。有的求职信设计精美，不仅附上照片，而且装帧美观大方。求职信与简历相互印证，更具有说服力。

写简历的要求：①要有层次。如格式和写法中讲到的，分别写出各个部分。②要单纯。不要在经历中写事迹，不要在工作实践中写个人特长。是哪一部分，应写得单一明确。③要简练。简历要求简洁，采用条目式可避免啰嗦累赘。④要注意时序上的衔接，通过时序的介绍表明学习或工作的完整过程。总之，简历必须依据实际经历如实来写。如果认为哪些经历十分重要或有利于求职，可以对该栏目作重点设计。

表扬信　批评信

一、什么是表扬信和批评信

社会生活中，对于好人好事写信公开表扬，以弘扬社会良好风气，这种送给做好事者单位或公开张贴的专用书信是表扬信。对社会生活中违反社会公德、损人利己的行为给予批评，抵制社会上的不良风气，这种送给被批评者单位或公开张贴的专用书信是批评信。

二、特点

表扬信和批评信一般都是由受帮助和受损害的当事人写出，也有请人代写的情况。这两种书信一般都公开张贴，广泛宣传，达到用好的典型和坏的典型教育群众的目的。

三、作用

使用这两种专用书信作为宣传工具，能够鼓励那些热心人多做善事、好事，批评那些自身素质不高的人改掉错误的行为，一心向善。不断使用表扬和批评的方法，社会上乐于助人的风气就会浓厚起来，不良风气就会逐渐减少。

四、例文阅读

表扬信

"五老"学雷锋感化村民

××乡政府：

自北京争办奥运以来，我乡×××等5人自称是雷锋同龄人，他们组成"五老学雷锋小组"，利用业余时间为群众办好事、办实事。我村的村民常常看到他们为孤寡老人送粮送菜，看到他们把村东低洼不平的道路推土填平。在寒冷的雪天，他们还早早起身，为全村扫雪，在炎热的季节，他们满头大汗地帮军属吴××收麦。这个"五老学雷锋小组"已经坚持数年，对村里青年一代和村民都产生了极好的影响。在有人鼓吹"人人为己”的今天，弘扬这种优良作风实在太必要了。因此，我村全体村民希望乡政府领导对五位雷锋式的老人予以表扬，发扬他们的雷锋精神，把我乡建设成讲文明、树新风的模范乡。

××村全体村民
2008年3月5日

批评信

1940年7月，孙毅担任大二分校校长，对学员严格训练，严格要求，一丝不苟，因处理一位营团级干部，招致在延安整风中的报复。孙毅借参加晋察冀军区高干会议的机会，给聂司令写了一封信，要求辞去校长职务，请求去延安学习。聂司令员就写了这封批评信。

孙毅同志：

读来书，甚惊异！

此次军区高干会议及旬，自以为整个工作布置与计划既与中央指示相符，又感今后各种问题亦得相应解决，最后在党性的锻炼问题上曾以忠诚坦白提出自我检讨。某些问题个别干部曾犯及之，在临行时均分别来余处承认过失，缺点均表示改正，更以为慰！

正本会议之精神，具体布置各方工作时，而得你之来信，诚不知你有何所触而生此感也？

相处已久，相知亦深，来信精神，诚出吾意外也！

感学识之不足，需学习之迫切，彼此皆然。肤施（旧指延安）固有良机，然非吾人所能乘，因艰苦之岗位，决不允吾人有稍离！吾人需学习，吾人只能在工作中学习。

如你所提，不仅吾不能同意，而且与中央之意旨有违——拖弃负责地位而就学！

望本中央之所示，打起勇气，迎接伟大时期之到来！

大批干部正待培育，千万弟子，有赖春风！

语短意长，如能谅解则所提作罢，否则有暇请来此面谈。

此复并至

布礼！

聂荣臻
2月3日

（引自2008年百度网）

批评信

教师不能"向钱看"

育才中学校领导：

我女儿近来补课门类很多，一再向我要补课费。问到她时她才说，贵校掀起了补课热，没有一周不补两三门的。她说同学们的补课是在各科老师的劝说、推荐下才去的。某科成绩偏低的学生就要去补课，一般是本班的学生被推荐到外班，外班的学生被推荐到本班。我女儿这学期一补就是三门：化学、物理、数学。凡补课的老师的收费方法，都是先交纳 50 元，才有资格听两节课，下次听课照例行事。

这些补课的老师课堂上讲得较浅显，补课时才拿出真本事。他们一般在家中设课堂，为学生准备桌椅。但招收的学生多，甚至听课生有椅无桌。一次，我女儿去听某一门课，在这位老师的客厅里竟坐满 18 位补课生。女儿反映，闹闹嚷嚷两节课，什么也没听到，50 元白花，老师都没来得及问听懂没有，她只顾数钱了。

怪不得有专家在某诗刊上写诗讽刺社会上这种专门"向钱看"的老师：

无钱难立程门雪，完费才宣鲁壁书。

……

施教无行误桃李，生财有道"宰"童孺。

……

但愿贵校老师重师德，遵"传道授业解惑"之传统，不要被金钱迷了方向，使得"育才"二字名副其实。

××小区 一家长
2005 年 5 月 13 日

五、格式与写法

表扬信

表扬信分为标题、称谓、正文、落款四部分。

标题　"表扬信"三字写于首行正中，不使用修饰语，也可自拟标题，如"'五老'学雷锋感化村民"。

称谓　写出被表扬者所在单位的名称。如果表扬的是一个单位，就直接写这个单位名称。

正文　包括三部分。先写要表扬的人，如例文中的“五老”，再写被表扬者的事迹，如“五老”学雷锋中所做的好事。最后进行评述或请求给予表扬。

落款　写信者的署名，下起一行写明年、月、日。

批评信

批评信也分为标题、称谓、正文、落款四部分。

标题　“批评信”三字写于首行正中，不使用修饰语，也可自拟标题，如“教师不能‘向钱看’”。

称谓　写出被批评者所在单位的名称。如果批评的是某一个人，就直接写这个人的姓名，如例文的称谓写“孙毅同志”。

正文　包括三部分。先写要批评的人或事，如例文“读来书，甚惊异！”表明不同意孙毅同志的请求。再进一步展开，说出批评的主要事实。如例文对当时的革命形势做了分析，说明斗争需要人才，“吾人”只能在工作中学习，而不可能到延安学习。最后谈出写批评信人的看法，或请求批评某人或批评某种作风。如例文这样说：“望本中央之所示，打起勇气，迎接伟大时期之到来！大批干部正待培育，千万弟子，有赖春风！”这里既有批评，又有鼓励，展示了两位革命家（批评者和被批评者）以事业为重的远大胸襟。又如例文《教师不能“向钱看”》谈出了批评者的观点。“但愿贵校老师重师德，遵‘传道授业解惑’之传统，不要被金钱迷了方向，使得‘育才’二字名副其实。”

落款　写信者的署名，下起一行写明年、月、日。

六、写作注意事项

（一）写表扬信和批评信都要实事求是，既不能夸大，也不能缩小，要客观反映事情的原貌。一般情况下，这两种专用书信的作者就是所表扬、所批评人或事的见证者，因而，写出的材料也最真切感人。

（二）这两种专用书信之所以具有感情色彩，是因为写作者在表扬和批评中都融入感情，或热情颂扬，或直面批评。因此，这两种应用文体主观色彩更为浓厚，写作时要在这方面用工夫。

（三）写表扬信和批评信除了例举事实外，还要做出评议。这种评议，表扬和批评都要掌握分寸，不要说得过火、过激，要依据例举的事实说话，要适得其所。这样的评议不论对被表扬的人和对被批评的人都有促进作用。

倡议书　建议书

一、什么是倡议书和建议书

倡议书是个人或集体为了当前进行的某种工作，对要完成的某项任务、开展的某项活动，而提出的主张或举措，以期引起广泛响应的专用书信。建议书是个人、单位或集体就某项工作提出某种设想、办法、措施时使用的一种专用书信。

二、特点

写倡议书是一种具有群体性强的自发的行为，倡议的事物应该具有广泛的群众基础。倡议书的接受面广大，可以面向某一个群体，也可以面向整个社会，目的是引起广大群众团体的响应。倡议书没有强制性和约束力。

建议书面向有关领导和部门时，提出的建议针对性强，具有具体实施的特点。有关领导和部门可以采纳一部或全部，也可以弃置不用。建议的内容主要是为了给权威部门提供思路和可行方案，具有启发性。

三、作用

倡议书具有号召力和鼓动性，一封好的倡议书公开发出后，会在社会上形成很大影响。倡议书还能引导社会风气，推动全民讲文明，讲奉献，有利于社会的和谐和稳定。

建议书是群众对政府机关工作关心支持的产物，可以促进和改善工作，从政府机关、领导干部的角度来看，诚恳接受某种建议，认真考虑其可行性，是走群众路线的结果，对推动工作很有益处。

四、例文阅读

倡议书

中国富豪榜作家紧急赈灾倡议书

各位中国富豪榜作家阁下：

当我们已经拥有胜利和成功时，还要把失败和不幸承担下来；当我们已经拥有财富和权势时，还要把贫穷和匮乏承担下来；当我们已经拥有尊严和荣誉时，还要把屈辱和羞耻承担下来；当我们已经拥有幸福和快乐时，还要把痛苦和忧伤承担下来。

——引自《双岸黄源》

2008年5月12日下午2点28分，四川省发生里氏7.8级强烈地震，震中位于阿坝州汶川县，转瞬之间，天府变灾地，举国同悲伤。许多灵魂向空中飘逝而去，向混沌与黑暗回归。

截至目前，强震已致14 866人遇难（数据来源新华网，截至5月15日凌晨零点），四川25 788人被埋，逾十万民众情况不明，百万计群众有家难归。更让人不安和揪心的是：恶劣天气影响救灾，上游水库濒临崩溃，千名学生被困废墟之下，从巨大而冰冷的水泥石块下不时传出来微弱的呼救声、呻吟声。

阴雨不断！哭声不断！余震不断！

灾难当前，苍生奈何？作为中国富豪作家制榜人，我在此强烈呼吁所有的上榜作家们为那些濒危垂死、挨饿受冻的震中父老乡亲们伸出援助之手，尽自己的一份力，奉献你的博大爱心！我会通过我的博客，随时通报作家捐款详情！

倡议人 吴怀尧

2008年5月14日

附录：此倡议书选自5月14日中国人寿网。倡议书后附有若干作家捐助情况：刘和平（作家），捐赠《大明王朝》稿费176 000元，一次性捐给受灾地区人民；贾平凹（作家），得知此倡议后，决定第二天将把自己收藏的书画作品全部拍卖，所得款项捐赠灾区；于丹（学者），捐赠10万元。余秋雨（作家、文艺理论家）捐款20万元。（其余捐助者略）

建议书

把孔子诞辰日确定为教师节的建议书

××人民代表大会：

适逢教师节来临之际，我以个人名义建言：将世界第一教育家孔子的生日确定为教育节或新教师节。

孔子出生日期应是公元前552年阳历9月28日。目前，教师节定在9月10日，是考虑到全国大、中、小学新学年开始，学校要有新的气象。新生入学伊始，即开始尊师重教，可以给“教师教好、学生学好”的新学年创造良好的气氛。建议尽快将孔子的诞辰（阳历）9月28日，确定为教育节或新的教师节，以彰显中国人民尊师重道、传承文化、提升道德的大国风范和气魄。理由如次：

一、孔子感动了世界。新加坡、马来西亚、印度尼西亚以及中国台湾、香港等地均把孔子的生日定为教师节或庆祝日。可见，孔子不仅是中国教师的鼻祖，也是世界教师的荣耀。

二、孔子是世界上最伟大的教育家。孔子的"有教无类"（不分阶层，人人都有平等接受教育的权利）的思想，是当代"教育公平"理论的先驱；其"学而不思则罔，思而不学则殆"（学思结合）、"学而不厌，诲人不倦"、"敏而好学，不耻下问"等思想，以及孔子所推崇的礼、乐、射、御、书、数六艺教育，堪称古今通用的"师道"、"学道"，是教育界永远的座右铭。

三、孔子的崇高历史地位。孔子是人类的精神导师，是人道主义的启蒙者，是世界上公认的伟大的思想家。他被联合国教科文组织评为"世界十大文化名人"之一，并且名列榜首。孔子是中国第一个思想流派——儒家学派的创立者，是最伟大的教育家，是中国历史上第一个人格独立的教师，首开私人讲学之风，首次向民间普及教育。

确定孔子诞辰为教育节或新教师节的意义有五：一是有助于弘扬尊师重道的民族精神，提升全体国民和华人的民族自豪感，增强中华民族的凝聚力，纠正"文化大革命"破坏民族文化所带来的负面影响，提高国家的"软实力"。二是有助于实施科教兴国战略，发掘传统教育资源，振兴教育，特别是人文教育。三是有助于继往开来，传承文化，接续传统，保护国粹。四是有助于中国社会的道德重建，提升国民的道德信用水平，改变道德滑坡、信用缺失的现状。五是有助于促进两岸统一，团结海外华人华侨，强化华人与大陆的政治、文化、亲情联系，促进大陆的经济发展。

希望人大有关领导郑重考虑我的建议，把教师节改成孔子生日的那一天，是十分必要的。

建议人 ×××
200×年×月×日

五、格式与写法

倡议书

倡议书由标题、称谓、正文、落款四部分组成。

标题　可以在首行正中写“倡议书”三字，也可以在倡议书三字前加修饰语，说出是什么样的倡议书。如“中国富豪榜作家紧急赈灾倡议书”。

称谓　倡议书的称谓没有专门指向的个人或群体，一般都是泛指，如是某一阶层的群众。如例文的称谓是“各位中国富豪榜作家阁下”。有的倡议书也可以不使用称呼，而在文中有所指向。

正文　首先明确倡议的中心内容。正文可以采用说理的表达方式，说明提出倡议的意义、作用，也可以使用事例，来表明倡议的重要性、必要性。例文倡议作家在抗震救灾中奉献爱心。这样的中心内容，在首段必须鲜明突出地出示，段首援引的语言十分恰切、有感情，正文采用具体而有激情的话语，言明这次大地震严重的破坏性，说明倡议捐助的理由，读后具有感染力。这则倡议书的中心十分明确，语言有号召力。

落款　在正文的右下方写落款。先写倡议书作者的署名，一般都是群体性的署名居多，也有多位作者分别签名的情况。下一行写日期。

建议书

建议书包括标题、称谓、正文、落款四部分。

标题　可以在首行正中写“建议书”三字，也可以具体写出建议的内容。如例文“把孔子诞辰日确定为教师节的建议书”。

称谓　建议书有很强的针对性，因此，称谓一般都写所建议部门的名称或者领导人姓名及有关负责人员姓名。如例文的称谓是“××人民代表大会”。

正文　首先应写明提出何种建议，这一点要具体明确。如例文的建议是：将世界第一教育家孔子的生日确定为教育节或新教师节。其次，用充分的事实或理由说明建议的可行性。例文阐述了五点理由。还有的建议信在这部分写出实施这种建议的设想、方案、措施等。然后进一步说明如果这一建议实现，会有何种意义及结果。建议书的结尾可以写“以上建议，请领导考虑是否合理”或“希望您对我的建议提出批评”等字样。

落款　在正文右下方署上建议者的姓名，下一行写日期。

六、写作注意事项

(一)倡议的内容要符合时代要求，对社会有益、有利。倡议一要新，二要实。

有不少倡议都具有开创性，别人还没有意识到，或者在社会生活中还没有普遍推行，写倡议的人充分认识到这个事物的积极意义，因而率先提出，起到引导、引路的作用。

（二）倡议书的措辞要充满热情，具有鼓舞人心的力量，以便引起人们的共鸣，得到志同道合者的支持和响应。

（三）写建议书，要针对建议的事情来谈，要把观点、看法、措施、方法写得清楚明白，以便让接受建议的部门或个人弄明白，好操作。

（四）提出的建议可行性强，符合实际，这些建议经过努力可以做到。建议书的语言要具体，不要空泛；要准确，不要模糊；要有创见，不要陈旧老套。

文体学练

一、根据要求完成下列各题。

1.盛小夏等3名同学要到××学院××系画社学习美术技法，请学生处开具一份介绍信。请你代学生处拟写一份。

2.2008年6月，刘月东从××大学毕业后，将应聘到××区教委工作。刘月东同学在校期间作为系学生会宣传部长，曾协助学院团委开展多次学生活动，经验丰富。请代为大学团委为他开具一份擅长开展学生活动的证明。

3.将你一名同事有关工作表现情况的证明材料以你个人的名义写出，要求格式正确情况属实。

二、根据下面给出的材料写作。

李××大伯家住××街25号，他身患脑血管病，瘫痪在床，只靠自己的600元退休费维持生活，爱人张×大妈原无工作，除照顾老伴之外，还要去给附近的住户当小时工，收入微薄。每月除去李大伯的药费，房费，水电费，余钱所剩无几。请你帮助二老向××街居委会写一则要求给予低保的申请书。

要求：格式正确，不得少于250字。

三、请阅读下列文字，按要求写作。

1.在你的生活中，哪些人在工作中勤勤恳恳作出成绩？

2.在新闻广播中，或你阅读的报刊中，是否看到遇到灾难值得同情援助的人或事，在你生活中有没有这样的个人或群体？

3.有没有因为疾病或困难暂时不能上学的同学，或不能暂时工作的老师，或其他人？

从以上三种情况中选一条，写一则慰问信。

要求：合乎慰问信的格式，可先阅读教材中有关写慰问信的几点要求，然后根据要求来写。字数不少于400字。

四、下面是从报上剪辑下来的一则求职材料，请加以整理，写成一则求职信。求职单位可根据材料内容自拟。

王东，35岁，男，大学本科学历，2002—2005年在××公司担任销售部主任，对业务熟悉，也曾经接受过有关方面的专业培训。在工作中有较为显著的工作业绩。现欲觅相关的工作。家庭电话：89774325 家庭住址：××区××大街34号。

（求职单位为：××商贸中心）

五、表扬信、批评信学练。

你周围有好人好事吗？出现了应该批评的不良风气吗？请根据实际情况，写一则表扬信或批评信。

六、建议书学练。

万达年是村委会的一名成员，他看到村里缺少文艺活动，写了一则成立村文艺表演队的建议书，请你为他代写一则，200字左右，格式写法要正确。

七、倡议书学练。

共产党员刘翠联合本村的女青年向乡妇联提出一个倡议，每年三八节将女青年组织起来为五保户做好事。请你代刘翠写一则倡议书。

第三节 手机短信

学习提示点击：

◎ 手机短信要根据《手机短信文明公约》中提出的要求来写。

◎ 写手机短信，也要注意书写的格式要求和礼貌用语。

一、什么是手机短信

手机短信是人们利用手机传送或接收的信函。包括文本信息和彩信。文本信息是指用文字和标点符号写成的信函。彩信则由图片、音乐、文字等组成，十分生动传神。目前随着手机的普及和短信联系的方便、迅速，越来越被人们所接受，开始被人们称为继报纸、广播、电视、互联网之后的“第五媒体”。

手机短信是人们相互联系、接收新闻资讯等信息的一种微型应用文体。由于手机短信的应用面越来越广，影响越来越大。在应用过程中也出现了一些不文明现象，例如垃圾短信问题。为了进一步净化手机语言环境，抵制不良信息，弘扬文明新风，使手机短信成为承载文明，传播先进文化的新载体。由中央文明办、信息产业部指导，中央电视台、中国文明网、中国移动、中国联通主办，央视国际网络承办了《手机短信文明公约》征集活动。征集活动结束后对应征作品进行了筛选提炼，归纳概括，短信要求“倡导文明进步、格调高雅、积极健康的短信内容，体现手机短信通俗易懂、简练生动、琅琅上口、易于传播的特性，单条字数原则在 70 个字以内”。《手机短信文明公约》体现出这种新型应用文体的特征：

拇指传情，礼貌互敬。
健康活泼，语言洁净。
杜绝骚扰，流言勿行。
规范服务，诚信经营。
和谐自律，传递文明。

二、种类

手机短信可以分为以下几种：

祝福短信　可根据情况自己编写，也可以从网上下载转发给他人，此类短信很多，是日常沟通情感的一种便捷方式。如节日祝福、祝贺生日快乐、工作顺利等短信。

日常联络、或亲友鼓励短信　日常商量事情或者相互鼓励、聊天时发送的短信，字数多少最为随意，多则几十字少则一两个字，此类短信日常应用最多。

幽默搞笑短信　此类短信大都是相互转发，内容幽默风趣，令人发笑调解心情，也可转发给好友一同分享。一条好的短信可以同时在大江南北流行起来，收到娱乐效果。

求助类短信　有什么困难，或向别人请教什么，发出短信进行咨询。

资讯短信　一种是人们根据自己的爱好定制的，属于每月固定收费的手机资讯。如天气预报，体育新闻等；另一种是手机拥有者要求相关服务商向自己发送的，多为免费短信。

公益类短信　为公益事业而写作并进行宣传的短信。

垃圾短信　包括违法短信、短信陷阱、不良短信、广告短信。

违法短信是指通过手机短信进行诈骗,骗取、偷盗他人钱财或利用手机短信从事制作假证件、考前出卖试题等违法经营活动等。

短信陷阱是指通过电信运营商的网络平台向消费者发送“诱惑短信”,用户一旦回复短信就被当作确认订购服务;或者是在互联网上设置陷阱,诱惑用户发回短信确认。一旦消费者回信息确认则会付出费用。

不良短信一般不构成直接的利益侵犯,但却给接收者带来身心的烦躁甚至伤害。此类短信内容低俗,格调低下,招致了不少用户的反感,被称为“精神污染”。

广告短信是通过手机短信的形式,发送给手机用户的“小广告”,是一种典型的垃圾短信。

随着手机短信服务被广泛使用,“垃圾短信”问题也愈演愈烈,成为一大社会公害。已经引起国家有关部门的重视,目前正着手逐步解决“垃圾短信”给人们带来的危害。

三、特点

(一)快速便捷。只要有手机信号的地方都可以随时利用短信互通消息,发信人一发送,收信人即刻就可看到,十分快速。此外,还可订阅天气预报、体育新闻等资讯类短信,收信人可随时随地的看到最新的消息,十分方便。

(二)生动可感。现在手机发送短信已经不仅仅局限于文字了,可以发送图片、铃声等彩信。发信人可以随时把自己所见到的景象用手机拍成照片加上说明和音乐发送给收信人,生动传情。随着手机的生产技术及手机通讯运营商的扩大,今后我国的手机也可像其他先进国家的手机一样,实现“现场直播”功能。

(三)利于沟通。在不方便接电话的时候,手机短信可以充分发挥联络的作用。还有一些电话中不方便说的事情可以利用手机短信彼此沟通。

(四)经济实惠。北京的手机短信通讯费因运营商的不同而不同,目前在北京最低的短信通讯费低至每条0.03～0.04元,这个价格比起电话费便宜得多,而且价格还会下调。外省市的手机短信通讯费价格则更便宜些。在通讯事业竞争日趋激烈的今天,明显优于电话费用的价格,使手机短信这种联系方式深受用户欢迎。

四、作用

(一)联系事务,有了手机短信这种联系方法,人们之间的交际就更加方便了。可以用短信来联系、沟通事务,随时随地取得联系。

(二)丰富生活。人们可以根据需要定制自己喜好的短信,也可以在茶余饭后拿起手机聊天,现在的手机有播放 MP3 和 MP4 的功能,是人们生活中的“精神食粮”。

（三）传递情感。手机短信的出现使人与人之间的感情更加密切，互发短信传递情感，倾诉友谊，就像面对面对话一样，比书信的交往效能不知高出多少倍。

（四）利于联系。有些时候，如想对联系的内容保密或不想影响周围的人，可以用手机短信的方式与对方联系，不受环境和周围人的干扰和限制。

五、例文阅读

节日祝贺短信

送你一件外套，前面是平安，后面是幸福，吉祥是领子，如意是袖子，快乐是扣子，口袋里满是温暖，穿上吧，让它相伴你的每一天！节日快乐！

让我这份新年的祝福通过电波，跨过重重高山，越过滔滔江水，掠过高楼大厦，飞到你身边。

亲朋相互勉励短信

今天是你的生日，祝你从新的1天开始，祝好事接2连3，心情4季如春，生活5颜6色，7彩缤纷，偶尔8点小财，烦恼抛到9霄云外！请接受我10心10意的祝福！

友情是香喷喷的大米饭，热腾腾的涮羊肉，火辣辣的二锅头，让我们以地球为餐桌，以月亮为蜡烛，以大海为酒杯，干杯！

幽默搞笑类短信

小猪的四个愿望：四周篱笆都倒掉，天上只下猪饲料，世上屠夫都上吊，全国人民信回教。小猪从此不睡觉，边看信息边傻笑，看完短信别删掉，找个小猪转发掉。

求助类短信

周老师：你好！温家宝总理在十一届人大中外记者招待会上的答记者问，用了两个古语：一句话来自《诗经》“周虽旧邦，其命惟新”；一句话来自《诗品》“如将不尽，与古为新”。请您做一下解释。谢谢！

资讯类短信

尊敬的客户：您好！您本月的话费总额为150.25元。其中：月租费50元，本地通话费70元，点对点短消息费20元，IP通话费10.25元。感谢您使用中国移动的服务，欢迎随时致电10086，我们将竭诚为您服务！中国移动公司。

公益类短信

一张张天真无邪的脸，一双双渴求知识的眼，将因您的帮助而绽放光彩，他们的命运也将因您的帮助而改写，从而走向成功！

小鸟需要自然，鱼儿需要源泉，保护环境，利国利民，健康你我，何乐不为！

六、格式与写法

一般的短信应由称谓、正文、致敬语、落款四部分组成。在日常应用时，由于使用空间有限，通常会省略称谓、致敬语和落款，只编写正文部分。

称谓　位于短信的一开头，由于手机短信的篇幅限制，一般不单独一行，用冒号或者逗号与正文隔开。称谓根据收信人的身份、辈分等来确定，也根据发信人与收信人的关系和熟悉程度来确定。

正文　正文位于称谓之后，是手机短信最重要的部分，发信人发送短信的目的要在正文部分表述。正文应当简明扼要，不要长篇大论，说明问题即可。

致敬语　致敬语位于正文之下，落款之上。可以包括多种类型：如祝节日、生日等快乐的祝福，表恭敬、尊敬、敬爱的用语等。

落款　位于短信的最后，可以只写发信人的名字，这是通用的落款方式；还可根据发信人与收信人的关系自由编写，如：好友小芳、王老师、侄子小雨、泰康人寿业务员小丽等。没有落款，手机功能一般也会显示发信人姓名。但发信人还是特意写上落款为好。

七、写作注意事项

（一）语言精练、简明易懂。手机短信的文字量受手机通讯运营商及手机的限制，不宜冗长，应当精练、简明易懂。由于手机通讯运营商的限制，每条短信的中文字数（含标点）只能是 70 字/条。较为新型的手机支持多于 70 字/条的短信显示，但手机通讯运营商也是按 70 字/条来收费的。例如，发信人编写了 130 字的短信，收信人收到时也是显示为一条，但是手机通讯运营商是按两条短信来收费的。此外，利用“EMS”程序发出的短信，字数显然要超过 70 字/条。

（二）切合对方身份。在编写短信时要根据发信人与收信人关系，切合收信人的身份，用词得当。给知心朋友发送短信，语言可以随意一些，对方也不会介意。小辈给长辈发信，则必须态度谦诚、恭敬，让对方感到慰藉。对于转发的内容也必须慎重，要切合对方的年龄、文化教养、兴趣爱好和接受程度等。

（三）根据情况采用不同的写作方式。编写短信时可根据不同的情况采用不同的写作格式，如给熟人发送时通常只编写正文部分，省略了称谓、致敬语和落款。但若是给领导或客户发送短信时就要注意，称谓、正文、致敬语、落款都是不能少的，要编写得规范，不宜随意简化。手机短信应该正确使用标点符号，以免因没有断句或断句不当产生歧义，以致延误事情。此外，使用标点符号也能更好的表现发信人的语气及心情。

（四）注意文明用语、礼貌用语。编写手机短信时，同样需要注意文明礼貌用语的使用。给不同身份的人发送短信，要使用适当的礼敬语言，比日常口语要更为客气。

文体学练

一、对下面的内容进行判断，对的在括号里画“√”，错的画“×”。

1.手机短信由于字数所限，根本没有格式要求。（　）

2.经过预先定制，手机短信可以预报天气、发布体育新闻等。（　）

3.目前的短信如小广告之类，对接受者没有负面影响。（　）

4.有人发出的手机短信根本不使用标点符号，这样做是可行的。（　）

5.手机短信可以把别人发来的好段子作转发或群发。（　）

6.发短信必须考虑对方的身份、地位，使用恰当的措辞。（　）

二、根据下面的条件，编写适当的短信。

1.给别人的生日或节日祝福。

2.请别人帮自己办事。

3.对长辈的日常问候。

4.作为保险公司业务员，编写邀请客户来公司参加讲座的短信。

三、两人或三人一组，互拟激励学习进步或表示友谊的短信。

四、搜集不同类别的短信歌，积累成集。

如表现理想的，赞美友谊的，描写景物的，感恩酬谢的，磋商技艺的，慰问亲朋的，勉励学习的，等等。

第四节　电子邮件

学习提示点击：

◎学习发电子邮件，要熟练掌握操作的各个环节，准确使用自己的邮件地址和设定的密码，准确填写收信人的E-mail地址。

◎电子邮件的写作也要像一般书信那样，正确使用格式、写法和表敬用语。

◎充分利用"附件"这个栏目传递内容较多的图文。

一、什么是电子邮件

在Internet网上，使用E-mail即通过互联网，来传递信息，沟通情况，或通过"附件"的方式邮寄大宗的材料、文章，这种通讯方式称为电子邮件。电子邮件是现代通讯手段的最佳方式，被政府机关、各行各业及个人广泛应用。人们不仅通过邮箱收发信函，而且还能洽谈业务，联系事宜。这种通讯方式已经在人们的社会生活中越来越重要。

二、作用

（一）商务活动的必备通讯工具。从事商务活动的各公司之间，为了互通信息，洽谈生意，订购商品，都互留邮件地址，通过电子邮件的通讯方式，迅速沟通，进行贸易往来。

（二）个人或团体之间联络的最佳渠道。个人之间联络感情，彼此交往，常常使用邮件的方式，既快速又灵便，不仅诉诸于文字，而且可以传递照片、图示、贺卡等。单位团体也可以使用电子邮件传递文件，发布消息，沟通情况。

（三）机关单位内部管理的有效手段。对员工的电子邮箱一一记录存储，以便联系时发出信函，发布通知，甚至部署工作任务。不用集中开会就可办到。

三、特点

（一）极大加快相互的沟通频率。双方收发信息，通过互联网，只需短暂的时间，无论发出还是答复，比现有的任何通讯手段都快速方便。双方只要坐在电脑前，就可互相交流，不必像书信那样等待更长的时间。

（二）收发方便灵活。发邮件的一方不必要求对方在指定时间接收，只要是联网的地方，可以随时随地发出。发电子邮件也不存在占用别人线路的问题，无论人们同时发出多少信息，都不会像电话那样因为“占线”而使得信息传递暂时受到阻碍。

（三）采用多种信息手段。电子邮件不仅可以发送文字，还可以发送动画、录音等，比电报只限于文字的传递更加生动、直观、可感，发挥的作用也十分显著。

（四）价格低廉又传递可靠。平均发送一封电子邮件，只需很少的邮费，免费邮箱则不收取费用。而邮局寄送文件、信函，价格较为昂贵。又因为每个电子邮箱都是唯一的，这样能确保邮件按照发信人输入的地址准确无误地发送到收信人的邮箱中。

四、例文阅读

信息类电子邮件

尊敬的各位家长：

你们好！我们是区××路育才幼儿园，上月各位通过电子邮件询问了我园收费和服务项目情况，现在可以告知你们，我园每月收费600元，包括每日三餐的主食和水果费用、护理费和学习游乐费。我园的服务项目，除日常管理外，每周两次外教教授外语课，还设置语文、数学、美术、武术等多种课程，保证孩子健康成长的同时，使他们受到学龄前的良好教育。从正式报名到今天仅2天时间，入园儿童已经超过计划招收名额的半数，因名额所限，望您从速报名，如超过明天中午，恕不接待。现在报名，可下载填写附件中的附表，然后发还给我们，我们会通过电话及时回复。

附表请打开附件即可见到。（附件略）

××路育才幼儿园

2007年×月×日

信函类电子邮件及附件

××先生：

见信如晤！您信中问我近来有什么新作。才去过苏州参加教育工作会议，其间有了诗兴，收获几首新作，刚刚给一个朋友发去两首。现在就

发给你，请雅正。（诗见附件）

祝安好！

余岩

2006 年 11 月

附件： 晨至苏州火车站步经七里山塘

柔风软雨润姑苏，
草色迷离晚稻熟。
七里山塘餐美味，
江南无处不丰足。

苏州街夜行微雨中

灯火依稀明复暗，
融融夜色雨如烟。
天怜此地人情好，
特遣春风锁嫩寒。

五、电子邮件的写法和发送

电子邮件一般由邮件地址、主题栏、正文和附件四部分组成。

邮件地址 发邮件的单位或个人，必须选择网站申请建立邮箱地址，然后才有发邮件的资格。网址可由自己选择，目前网站极多，大的网站如“新浪”、“雅虎”、“搜狐”等。建立邮箱有收费和不收费两种，可以自选。免费邮箱是网站上提供给用户的无偿服务邮箱，目前人们使用较为广泛。收费邮箱的申请需要支取一定的费用，特别适用于政府部门和机关团体使用。申请建立邮件地址可以拼写为自己的名或字，也可以采用易记的代号。机关单位、社团组织可以拼写各自的名称或代号。如“中国言实出版社”的网址是“www. zgyscbs. cn ”邮件地址是“E-mail：zgyscbs@263. net”，“zgyscbs”就是用“中国言实出版社”每一个字开头的字母来拼写的。发邮件者通过自己的邮件地址和设定的密码打开邮箱，邮箱中存放已经收到的文件，可以通过下载进行脱机阅读。同时，也可以写邮件。写邮件时，在邮件地址这一栏，填写收信人的 E - mail 地址。填写时要十分准确，错一个字母或符号邮件都不能成功送达。

主题栏　邮件地址下面是主题栏。在这一栏写出寄发的文件名称，或概括要发邮件的内容，使用短语的时候居多。为了醒目，也可以把主题写得突出别致，与众不同。如正文中寄去生日贺卡，主题栏内可写"生日的礼物"等。

正文栏　位于邮箱靠下部分的块状栏目，可以在里面写主要内容。一般也要依据书信的格式，首行写收邮件人的姓名，再写问候语。主体内容要分清层次，先写主要内容，再写次要内容。语言要简洁凝练，求助人或交办事情的文字，必须交代清楚。由于电子邮件与一般信函相比，具有特殊性，要在屏幕上显现，因此，以简短为好。如例文写的是幼儿园的招生信息，就把收费标准、用途，幼儿园对孩子看护、教育的具体情况，较为简明地加以介绍，并告知目前招生情况，以便家长及时作出选择。

正文的下方，要使用礼貌语言，如"谢谢"、"敬礼"之类。落款处写上本人姓名或本单位的名称，并注明日期。当前有些发信人在电子邮件的落款签名时，往往使用一个具有个性特点的笔名或代号，一旦形成这个特点，收件人一看就会辨认得出。虽然电子邮件不必像一般应用文体那样要求严格的格式，但一定不能过于随意。如果要寄发文件，可以通过附件发出，文件的格式要规范。

附件　如果是文本文件或内容过多的文字、图片、画面等，就必须依靠附件来传递出去。可以把这些要寄出的东西暂时存放在电脑的桌面上、文档里，或存放在U盘中，等把邮箱打开后，邮件地址填好，主题栏写上邮件名称，正文栏写好要说的话，特别说明附件所寄的是什么。这样，就可以点击"浏览"，选择储存文件的栏目，如果文件在U盘中存放，事先要将U盘插好。在存放的栏目中找到要寄发的文件，点击后，文件的名称就在"浏览"栏出现，再点击"发送邮件"，这样，内容再多的文件就随着正文的内容顷刻传递到接收人那里。如例文中发邮件的人要寄给朋友两首诗，就在正文中写出这个意思，再通过附件将诗寄给朋友。附件寄出的文件，格式不会变化，怎样写出的，都会保持原样。

六、写作注意事项

(一)主题要短小、精练，题旨鲜明。发信人要考虑采用什么主题才能吸引对方注意。主题要概括文件主要内容，不要写得含混或简单，甚至采用字母的方式，不容易使收信人看明白。发信的主题不明朗，而收信人又每天处理大量信函，再加上每每有大量的垃圾文件进入邮箱，就有可能被忽略或轻易处理掉。题旨鲜明、文字精练的主题会对收信人有吸引力。不少发信、发文件的人往往看轻主题的功能，随意写出，这种作法应该避免。

(二)正文的表述要开门见山。电子邮件正文与一般书信的不同之处，在于用有限的时间写出所表述的内容。一般书信可以从容着笔，缓缓叙谈。而电子邮件则要开门见山，直切主题。因此，精要的文字，简洁的思路，明快的表达都是必要的。语言要鲜明、简练，让对方一看就懂。尤其是谈重要事情或洽谈商务，更需要写得清楚明白，必要时可以加上序号表示层次及内容的主次关系，或者在重要的字句下标注符号，或者将字体加粗等。如果寄出附件，要把附件的名称，主旨、类别等在正文说明。因为有时附件比正文的内容更重要。

（三）使用礼貌用语，署名日期规范。电子邮件使用礼貌用语，应该注意格式，不要把收信人的姓名和问候语写在同一行，先写收信人姓名，下一行写问候语。结尾的致敬语也要单起一行，以示对收信人的尊敬。结尾的致敬语可以跟一般信函有所区别，应该更为简练，明快，如“谢谢！”、“再见！”、“顺祝安康！”等。落款写在正文右下方，署名和日期要分行并列。日期要全称，如“2007 年”，不要写成“07 年”。不要因为是电子邮件就忽略格式要求。

（四）正确使用电子邮箱工具栏中的各按钮的功能。“剪切”，剪切选好的邮件内容，并送入剪贴板；“粘贴”，将剪贴板中的内容粘贴到插入点位置；“检查”，当[收件人]或[抄送]框中键入的名字不完整时，对照通讯簿窗口中的项目查找完整的格式工具栏用于邮件内容的格式化，常用的按钮如“字号大小”、“粗体”、“斜体”、“下划线”、“字体颜色”等；“发送”，立刻将该邮件发送给[收件人]或[抄送] 框中指定的收件人；“撤销”，撤销刚刚进行的操作。发邮件者应熟练使用以上几种按钮功能，才能更好地利用电子邮箱。

文体学练

一、对下面的内容进行判断，对的在括号里画“√ ”，错的画“ × ”。

1. 电子邮件是通过互联网发出的极为快捷迅速的新型通讯方式。（　）

2. 电子邮件的地址、主题和正文的填写跟一般的书信没有区别。（　）

3. 发送电子邮件必须要求收信人坐在电脑旁边等待信息，否则就无法接收。（　）

4. 如果是大宗的文件，正文部分难以承担发送时，可以使用“附件”来发送。（　）

5. 一般书信可以从容地写，写电子邮件也跟写一般书信相同，不必有时间约束。（　）

二、选择合适的词，填写在横线上。

1. 电子邮件是在 Internet 网上，使用________，即通过互联网，来传递信息。

2. 电子邮件不仅诉诸于文字，而且可以传递__________等。

3. 发电子邮件也不存在占用别人______的问题，无论人们同时同地发出多少信息，都不会__________。

4. 电子邮件不仅可以发送文字，还可以发送__________。

5. 发送“附件”的方法是，只要点击______，选择储存文件后，再点击要发送的文件名称，最后点击______，文件就成功发出了。

三、根据要求确定下面的主题名称。

1. 这一节的例文一是幼儿园招生的文字，请你根据正文内容，确定主题为__________。

2. 这一节的例文二正文是写给朋友的信和附件，请你根据信和附件的内容，确定主题为______________。

四、王云给李辉老师发来一则电子邮件，格式和语言都有不当之处，请你把错误之处一一说明。

邮件地址（略）

主题栏：问候老师

正文栏：李辉老师你好！好多天没跟你联系了。你说哪天去登山？我们一块去呀！其他的事没有，就是有一个要紧的问题，函授作业上有个问题问：现代作家和当代作家怎样区分。给我一个正确的答复。谢谢！王云 07 年 3 月 10 日

五、给你的同学、老师或朋友发送一个电子邮件。

第七单元　公 文 文 体

公文是一种特定格式的公务文书。是在处理公务活动中形成和使用的书面文字材料，是党政机关管理政务，企事业单位处理事务的重要工具。公文属于应用文范畴，又有严格规范的制作程序，学习公文的阅读与写作是重要的一门必修课。

第一节　公文文体概述

学习提示点击：

◎公文的“版头部分”“正文部分”和“版纪部分”的格式是学习中必须熟悉和掌握的内容。

◎要根据例文熟悉和掌握公文文体的种类，弄清文种的行文关系。

◎通过例文阅读，注意在没有“版头部分”的公文中文种格式的变化。

一、什么是公文

公文是党和国家各级行政机关、企事业单位、社会团体处理公务时使用的、具有某种特定格式的文件，是传达党和国家的方针政策，发布政令法规和规章，请示和答复问题，指导和商洽工作，报告情况，交流经验的重要工具。公文中的各类文种，是党政机关、社会团体、企事业单位在处理公务中使用的各类文书。公文有广义和狭义之分，广义的公文泛指党政机关使用的公务文书，包括事务文书中的总结、简报等。狭义公文一般可称为通用公文，是本教材下面涉及到的公文文种。

二、特点

（一）公文由特定的作者撰制和发布。公文的特定作者指依法成立并能以自己的名义行使权力和承担义务的组织。党政机关、群众团体、企事业单位都是依据法律、条例、章程等建立起来并合法存在的组织和部门，规定行政措施，制定行政法规，发布决定和命令。

公文主要以机关的名义或者机关的某个单位的名义发布，有时也需要以国家领导人或机关首长的名义发布。用个人名义发布公文是领导人行使职权的一种表现方式，并不是以个人身份出现，因为该领导人是经过委任或经过选举程序而获得批准的。因此，他们也是法定的作者。

（二）公文具有法定的权威性和行政的约束力。公文是代表行政机关或领导发布的，其制发文件的部门必须依法或依职权行事，因此，公文是党政机关集体思想的集中体现，代表某个机关的意图和要求，受文单位必须学习、贯彻和实施。正因为公文具有法定的权威和效力，所以约束力很强，有令必行，有法必依，有章必遵；这就要求有关部门和个人必须严肃对待。

（三）公文有特定的读者和使用范围。公文的读者是特定的。公文有级别的限制，不是任何团体或个人都可以阅读。公文的特定读者必须是具有法人资格的文件接受单位。各个级别的公文还严格规定了使用范围，以维护其权威性和严肃性。标有密级程度的公文，要求阅读者严格遵守保密规定，不得泄露机密。

（四）公文有特定的体式和处理程序。凡公文都有特定的格式，也叫做“公文体式”。公文体式比其他任何应用文体都严格，例如文件用纸的纸型、尺寸、编号、书写格式，文件的结构安排，都有统一规定的要求。公文不同种类的名称、写法、字体的使用、行距的大小，都要按特定的规格形式制作，不能随便书写或另搞一套。公文的撰制、发布和处理也有一定的程序。制作和发布要经过拟稿、核对、审阅、批准、签发等程序；收文要经过登记、签收、拟办等程序，任何人不得擅自处理。法规性文件的制作，还要经过立法部门的审议、通过，其程序更加严格。

（五）公文有很强的时效性。公文在现行的工作中形成、使用，为推动、完成工作服务。它一般针对已办、正在办、即将办的事，或已经出现、可能出现的问题而写成，时效性特别显著。一旦公文中强调的内容行使完毕，该项工作中形成并使用的公文，其作用也随之结束。这些公文材料便立卷归档，作为今后工作的参考和凭证。

（六）公文有很强的政治性、政策性。党和政府的公文，为广大人民群众和社会主义改革开放事业服务。公文为处理好党和政府办理的诸项政事，根据实际，提出符合社会主义政治和法治要求的措施、步骤、办法、规定，并按部就班予以实施。因此，公文的内容与党和国家的政治建设、经济发展密切联系，具有很强的现实作用。

三、作用

（一）公文起到上下有序地处理工作、解决问题的作用。上级机关要通过公文来行使职权，实现对下属机关的领导和指导，可以下达命令，发布通知、通告，贯彻决议精神，部署一系列的工作任务。下级机关要通过公文来汇报、报告、请示工作，以便上级机关有针对性地答复问题，下达指示，指导工作。公文是党和国家各级机关上下有序地开展工作的必不可少的文件。

（二）公文起到制约和规范社会行为的作用。公文不仅是管理国家行政的文字依据，也是处理经济事务的有效文件，它的权威性和法定性决定：公文一经发布，就必须坚决贯彻施行。特别是法规性的公文，更是如此，起着规范会行为、维护社会秩序和经济秩序的作用。

（三）公文具有宣传和教育的作用。公文是统一步调、协调行动的重要工具。上级领导在文件中传达方针政策、发布政令法规、布置工作任务的同时，还必须阐明指导思想，阐述理论根据，提出希望和要求，以此来教育所属机关的人员，达到统一认识，统一思想，协调一致的目的，显示出公文宣传和教育的作用。

（四）公文具有依据和凭证的作用。公文的收文机关，在收到来文后，便以此作为处理事务、社解决问题的依据和凭证。即使某项工作已经完成，公文已经归入档案，也要封存到规定的年限才可销毁。有关部门、单位通过查阅这些公文文件，即可了解该时期的某项工作或某种活动。

四、分类

依据不同的标准，从不同的角度，公文可按以下七种方法分类。

（一）按法规性分类。可划分为法定正式公文和非法定正式公文两类。《国家行政机关公文处理办法》、《中国共产党机关公文处理条例》、《中国人民解放军公文处理条例》等法规文件规定的公文为法定正式公文；规定以外的正式公文为非法定正式公文。

（二）按公文形成和使用的活动范围分类。可划分为“通用公文”和“专用公文”两类。通用公文也称行政公文，是各级各类机关、部门、团体、企事业单位普遍使用的公文，例如“通知”、“报告”“请示”等。专用公文是指在一定业务部门、业务范围专门使用的公文，例如“外交公文”、“司法文书”等。

（三）按行文关系分类。可划分为上行文、下行文、平行文三类。

上行文　下级机关向具有隶属关系的上级机关报送的公文、请示、报告属于上行文。上行文体现了请求上级指示和接受上级领导和指导的关系。

下行文　上级机关向下属各级机关发布的公文，命令（令），决定、决议，指示，公告，通告，公报，通知，通报，批复，条例，意见，会议纪要等属于下行文。下行文体现了上级机关对下级机关实施行政指挥的职能。

平行文　平行机关或不相隶属机关之间相互沟通、商洽事物使用的公文、函、议案属于平行文。平行文体现了相互协商事务、协同工作的关系。

(四)按密级程度分类。可划分为秘密、机密、绝密、同部使用、对外公开等五类。秘密文件是指含有一般的国家秘密内容的公文;机密文件是指有较为重要的国家秘密内容的公文;绝密文件是指含有最重要的国家秘密内容的公文;内部使用是指内容不涉及国家秘密,限于机关内部使用的公文;对外公开是指内容不涉及国家秘密,可向国内外公开发布的公文。

(五)按公文内容的性质分类。可划分为公布性、呈请性、指导性、法规性、商洽性等类公文。公布性公文是指公开向国内外发布的文件;呈请性公文是指用于汇报工作、请求指示或批准的文件;指导性公文是指领导机关用于颁布方针政策、指导部署工作的文件;法规性公文是指以强制力推行的法规、条例、规定等文件;商洽性公文是指用于探讨、协商工作及事项的函件。

(六)按公文的处理时限分类。可划分为平件、急件、特急件三类。平件是指无特殊时间限制,按规定正常依次传递、处理的公文;急件是指内容重要,需打破常规、急速传递、处理的公文;特急件是指内容极为重要,必须立即迅速传递、处理的公文。

(七)按公文的来源分类。可划分为收文和发文两大类。收文是指该机关、该部门收受的来自机关、部门外部的公文;发文是指从该机关、部门发送出的公文。这里包括两小类:一类是指由该机关、部门制成发往机关、部门外部的公文,一类是指该机关、部门制成,只供机关、部门内部使用的公文。

五、公文文种

目前常见的是将公文划分为通用公文和专用公文两大类别,这里讲通用公文的文种与分类。

所谓文种,就是每种公文的固定名称,用以表明公文的性质、行文方式、适用范围和公文作者的职能权限,以及制发公文的目的、要求等。在公文中,必须标明文种,划分公文的职能,维护公文的效力,也为公文的撰写、处理提供依据和凭证。

根据国务院2000年8月24日发布的《国家行政机关公文处理办法》和1996年5月3日发布的《中国共产党机关公文处理条例》两个文件所列文种,可归并为16类,即命令(令),决定、决议,指示,公告,通告,公报,通知,通报,议案,报告,请示,批复,条例,意见,函,会议纪要。下面先简要介绍命令(令)、决定、决议、公告、通告、议案、条例、意见等。然后在以下数节重点介绍通知、通报、报告、请示、批复、函、会议纪要等七种常见常用的公文。

六、例文阅读

命令

用来发布重要行政法规和规章，采取重大强制性行政措施，任免、奖惩有关人员，撤销下级机关不适当的决定等。常用的命令有公布令、行政令、任免令、嘉奖令、惩戒令、戒严令、通令等。

中华人民共和国主席令

第 一 号

根据中华人民共和国第十一届全国人民代表大会第一次会议的决定，任命温家宝为中华人民共和国国务院总理。

中华人民共和国主席　胡锦涛

二〇〇八年三月××日

决定

决定是上级机关或机关负责人对某些重大问题、重要事项作出决策，进行安排、部署的公文。决定属下行文，是一种规范性、强制性的文件。决定具有指导性，一经由机关负责人研究形成，或通过会议充分讨论，集体决策之后，传达给下属机关，就具有指令性，下级机关必须坚决贯彻落实。决定还具有说理性，它本身代表了上级机关或机关负责人的主张和要求，这是决定的主要部分。而且还必须阐明这些主张要求的根据、意义，讲明确为什么要这样做。

全国人大常委会关于我国加入世贸组织的决定

（2000 年 8 月 25 日第九届全国人民代表大会常务委员会第十七次会议通过）

第九届全国人民代表大会常务委员会第十五次会议听取并审议了对外贸易经济合作部受国务院委托所作的《关于我国加入世界贸易组织进展情况的报告》，对我国政府为我国加入世界贸易组织所作的努力予以充分肯定。

会议认为：我国作为世界上最大的发展中国家，加入世界贸易组织，有利于我国改革开放和经济发展，也是建立完整开放的国际贸易体系的需要。我国加入世界贸易组织，只能以发展中国家的身份加入，并坚持权利与义务平衡、循序渐进、开放市场的原则，以确保国家控制国民经济命脉，维护国家经济安全和国家主权。

根据第十五次会议以后我国加入世界贸易组织谈判的新的进展情况，本次会议决定：同意国务院根据上述原则完成加入世界贸易组织的谈判和委派代表签署的中国加入世界贸易组织议定书，经国家主席批准后，完成我国加入世界贸易组织的程序。

决议

决议是国家机关、政党及社会团体等经过会议讨论通过，要求下级机关贯彻执行的决策性公文。决议属下行文，是一种规范性、强制性的文件。决议必须经过领导集体发出，比决定更具有领导群体意识，决议的内容是经会议集体讨论通过的重大事项、重大问题，任何个人或少数人都不能更改、变动。决议程序严格，除经有关会议严肃讨论，还须按法定人数投票表决，多数票通过才生效。而决定却可由领导人商定作出。决议具有指令性、强制性，一经下达，下级机关必须坚决贯彻执行。

第十一届全国人民代表大会第一次会议关于政府工作报告的决议

（2008 年 3 月 19 日第十一届全国人民代表大会第一次会议通过）

第十一届全国人民代表大会第一次会议听取并审议了国务院总理温家宝所作的政府工作报告。会议认为，过去的五年，我国改革开放和现代化建设取得了举世瞩目的重大成就。会议充分肯定国务院五年来的工作，同意报告提出的 2008 年经济社会发展目标任务和工作部署，决定批准这个报告。

会议号召，全国各族人民在以胡锦涛同志为总书记的党中央领导下，全面贯彻党的十七大精神，高举中国特色社会主义伟大旗帜，以邓小平理论和“三个代表”重要思想为指导，深入贯彻落实科学发展观，万众一心，锐意进取，埋头苦干，协调推进中国特色社会主义经济建设、政治建设、文化建设、社会建设，为夺取全面建设小康社会新胜利而努力奋斗！

指示

指示是上级机关对下级机关部署工作、阐明工作活动的指导原则的公文，指示是下行文。

报告

报告是下级机关用来汇报工作、反映情况、提出意见和建议、答复上级机关询问的一种公文。报告属上行文，它与请示并称为报请性公文。

省建设厅关于危旧房屋安全大检查工作的报告

省政府：

建设部《关于组织开展危旧房屋安全大检查加强房屋安全管理的紧急通知》(建住房[2001]61号)文件下发后，省建设厅领导十分重视，立即研究部署落实工作方案，结合全省整顿和规范建筑市场秩序工作，召开全省工作会议，对危旧房屋安全大检查工作作了具体布置。经过各地、各有关部门两个多月的紧张工作，全省危旧房屋安全大检查工作已取得阶段性成效。现将有关情况报告如下：

一、基本情况：

根据建设部紧急通知精神，省建设厅立即成立全省危旧房屋安全大检查领导小组，由邹学栋副厅长任组长，领导小组下设办公室，并于4月19日转发了建设部紧急通知；对大检查方法步骤、时间安排作了具体布置，确定4月25日—5月31日为房屋产权人自查自报阶段，6月1日—6月15日为设区市主管部门抽查阶段；6月20日—6月30日为全省抽查阶段。明确要求各地要把大检查活动与整顿和规范建筑市场秩序活动相结合，充分利用我省近年开展的建设工程安全大检查的成果，重点对以前已查出但未整改的危房进行督促整改。并制定下发房屋安全大检查自查表和汇总表。省建设厅就危房安全鉴定工作，分别于4月27日和6月18日发出补充通知及指导性文件，对危房鉴定单位设立、鉴定技术标准、鉴定收费标准等做出规定。

二、各地主要工作情况：

从抽查和了解的情况看，各地都能按照建设部和省建设厅的部署要求，认真组织实施，采取了一些切实可行的措施，全面开展危旧房屋安全大检查工作，主要有以上几个方面：

1.各级政府和各部门领导对这次大检查高度重视，保证了危旧房屋安全大检查的顺利开展……

2.充分发挥各系统各部门的力量，共同配合做好危旧房安全大检查工作……

3.制定危旧房安全大检查工作方案，及时检查危旧房情况……

4.对历次检查和此次检查进行跟踪、督促、整改，重点消除严重结构安全隐患……

三、存在的主要问题:(略)

四、下一步工作思路:(略)

(省建设厅章)

二○○一年八月三日

主题词:×× ×× ××× 报告

批复

批复是上级机关在回答下级机关的请示内容时所使用的一个文种。批复与请示相对应,没有下级机关的请示,就不会有上级机关的批复。

财政部关于汽车综合性能检测费等有关问题的批复

云南省财政厅:

你厅《关于能否继续收取汽车综合性能检测费的请示》(云财综[2003]9 号)收悉。经研究,现就有关事项批复如下:

《国务院办公厅关于治理向机动车辆乱收费和整顿道路站点有关问题的通知》(国办发[2002]31 号)明确规定:“严禁对机动车综合性能检测收费”。《国务院减轻企业负担部际联席会议关于贯彻落实〈国务院办公厅关于治理向机动车辆乱收费和整顿道路站点有关问题的通知〉的实施意见》(国减负[2002]11 号)进一步明确:“机动车综合性能检测收费,属于经营服务性收费的,要认真进行整顿、规范,收费标准过高的要坚决降下来;属于行政事业性收费的,要一律取消”。据此,汽车综合性能检测费应作为经营服务性收费管理。有关检测机构对汽车进行综合性能检测,应遵循“自愿有偿”的原则,不得强行检测、强制收费,更不得借检测之名乱收费。

特此批复

(财政部章)

二○○三年×月×日

主题词:财政 收费 汽车 批复

公告

公告通常用于重大事件，立即下达或紧急发布。发布方式有登报、电视电台广播等。公告通用于向国内外宣布重要事项、重要决议等，是告知性公文。

中华人民共和国国务院公告

为表达全国各族人民对四川汶川大地震遇难同胞的深切哀悼，国务院决定，2008 年 5 月 19 日至 21 日为全国哀悼日。在此期间，全国和各驻外机构下半旗志哀，停止公共娱乐活动，外交部和我国驻外使领馆设立吊唁簿。5 月 19 日 14 时 28 分起，全国人民默哀 3 分钟，届时汽车、火车、舰船鸣笛，防空警报鸣响。

（国务院章）
二〇〇八年五月十八日

关于面向 2006 年应届高校毕业生招聘村党支部书记助理、村委会主任助理的公告

为优化农村基层干部队伍结构，满足首都社会主义新农村建设的需要，根据市委办公厅、市政府办公厅《关于引导和鼓励高校毕业生面向基层就业的实施意见》和市委组织部、市委教育工委、市委农工委、市人事局等十部门《关于引导和鼓励高校毕业生到农村基层就业创业实现村村有大学生目标的实施方案》，现面向 2006 年普通高校北京生源应届毕业生和列入国家统一招生计划（不含定向、委培）的北京地区普通高校非北京生源本科以上（含本科）应届毕业生，公开招聘村党支部书记助理、村委会主任助理。现将有关招聘事项公告如下：

一、报名条件

1. 热爱社会主义祖国，拥护党的基本路线和方针政策，具有良好的政治素质和思想道德素质。

2. 热爱农村基层工作，具有吃苦耐劳、无私奉献的精神和一定的组织协调能力。

3. 遵纪守法、服从安排，具有较强的组织纪律观念。

4. 身体健康。

二、有关待遇

应聘担任村党支部书记助理、村委会主任助理高校毕业生的有关待遇，按照中共北京市委组织部、中共北京市委教育工作委员会、中共北京市委农村工作委员会、北京市人事局、北京市教育委员会、北京市农村工作委员会、北京市财政局、北京市劳动和社会保障局、北京市公安局、北京市民政局《关于引导和鼓励高校毕业生到农村基层就业创业实现村村有大学生目标的实施方案》(京组发〔2005〕16 号)的有关规定执行(可登录北京人事人才信息网 www.bip.gov.cn 或北京市人事局毕业生就业网 www.bjbys.com 查询)。

三、报名方式

1. 北京地区高校应届毕业生登录其所在高校的毕业就业网站进行填写申报，并下载报名表报送学校毕业生就业工作部门。

2. 京外高校北京生源应届毕业生可登录北京市人事局毕业生就业网(www.bjbys.com)，填写申报并下载报名表后，携带本人身份证及学校推荐表一并报送北京市人事局报名点备审。也可直接到该报名点现场报名。

市人事局报名点地址：海淀区德胜门西大街甲 5 号北京市毕业生就业服务中心(积水潭桥 500 米路北，地铁集团院内)

咨询电话：65268362 65139698(北京市人事局大中专毕业生就业处)
62238797(北京市毕业生就业服务中心)

四、报名时间

1. 北京地区高校应届毕业生报名时间为 2006 年 2 月 15 日至 3 月 15 日。

2. 京外高校北京生源应届毕业生报名时间为 2006 年 2 月 5 日至 2 月 8 日。

(北京市人事局大中专就业服务中心章)
二〇〇六年三月×日

公报

向国内外宣布重大事件时使用的一种公文，适用于公开发布重大事件或重要决定事项，具有告知性、法规性，公报的内容比公告更为详尽。常用的有会议公报、新闻公报等。

中国共产党第十七届中央委员会第一次全体会议公报

（2007年10月22日中国共产党第十七届中央委员会第一次全体会议通过）

中国共产党第十七届中央委员会第一次全体会议，于2007年10月22日在北京举行。

出席会议的有中央委员204人，候补中央委员166人。中央纪律检查委员会委员列席会议。

胡锦涛同志主持会议并作了重要讲话。

全会选举了中央政治局委员、中央政治局常务委员会委员、中央委员会总书记；根据中央政治局常务委员会的提名，通过了中央书记处成员；决定了中央军事委员会组成人员；批准了中央纪律检查委员会第一次全体会议选举产生的书记、副书记和常务委员会委员人选。名单如下：

一、中央政治局委员

（按姓氏笔画为序）

习近平　王刚　王乐泉　王兆国　王岐山　回良玉（回族）　刘淇　刘云山　刘延东（女）　李长春　李克强　李源潮　吴邦国　汪　洋　张高丽　张德江　周永康　胡锦涛　俞正声　贺国强　贾庆林　徐才厚　郭伯雄　温家宝　薄熙来

二、中央政治局常务委员会委员

胡锦涛　吴邦国　温家宝　贾庆林　李长春　习近平　李克强　贺国强　周永康

三、中央委员会总书记

胡锦涛

四、中央书记处书记

习近平　刘云山　李源潮　何勇　令计划　王沪宁

五、中央军事委员会主席、副主席、委员

主席　胡锦涛

副主席　郭伯雄　徐才厚

委员　梁光烈　陈炳德　李继耐　廖锡龙　常万全　靖志远　吴胜利　许其

（以下略）

七、格式

公文格式是指公文的整体格局，外部格式。根据《国家行政机关公文处理办法》的有关规定，公文划分为三个部分：版头部分（公文文头）、正文部分（公文主体）和版记部分（公文文尾）。三个部分由 1. 秘密等级和保密期限；2. 紧急程度；3. 发文机关标志；4. 发文字号；5. 签发人；6. 标题；7. 主送机关；8. 正文；9. 附件说明；10. 成文日期；11. 印章；12. 附注；13. 附件；14. 主题词；15. 抄送机关；16. 印发机关；17. 印发日期等各项组成。

其中发文机关标志、发文字号、标题、主送机关、正文、附件、成文日期、印章、主题词为一般公文所必备，其他各项根据需要按规定选用。见公文格式图示：

份数序号　　　　　　　　秘密等级★保密期限

紧急程度

××市人民政府文件

×发〔200×〕第×号（发文字号）　　　　签发人：×××

公文标题

××××：（主送机关）

××××……………………………………………

××××……………………………………………（正文）

附件：1. ××××

2. ××

发文机关（印章）

二〇〇×年×月×日

主题词：××　××　××

抄送：

印发机关：××××　　　　印制日期：2000×年×月×日

印刷份数：××份

版头部分

俗称文头部分，也称眉首部分。包括公文编号、机密等级、紧急程度、发文机关标志、发文字号、签发人姓名、间隔横线等项目组成。

公文编号　是一年公文的总印数或总发出数的次序号。编号位置标在公文文头左侧上方。例如“编 0037”；作用是便于分发、管理和查找。

机密等级与紧急程度　密级根据公文涉及的党和国家的机密情况而划出的机密等级。起草、制作文件时，根据文件内容，分别划分秘密、机密、绝密三等，并据此确定其送递方式，以保证机密的安全性。密级通常置于公文版头右上方醒目处，用红色五角星与保密期限隔开。例如：机密★一年。

紧急程度指对公文送达和办理时限的要求，通常分为平件、急件、特急件三种。“急件”、“特急件”字样标在版头右上角秘级下一行。标明紧急程度，只是对一部分确属紧急的公文才需要，不得随意滥用。

发文机关标志　标明是哪个机关、哪一部门的文件。公文名称由发文机关全称或规范化简称加“文件”两字组成。例如“××区人民政府文件”，用套红大字印刷，俗称红头文件。公布性文件如“公告”、“通告”等，通常不用文件版头。

联合行文时，发文机关名称并排，主办机关排在前，协办机关排在后，“文件”二字置于发文机关名称右侧。例如：

北京市教育委员会
北京市计划委员会　　文件
北京市人民政府教育督导室

发文字号　发文字号包括机关代号、年号、顺序号三部分。“字”代表机关，编写一般以两三字为宜；年号放在机关代字后面，使用阿拉伯数字，用六角括号“〔〕”括起。“号”代表发文次序，序号不编虚位，不加“第”字，例如“省统基字〔2005〕7号”，“7 号”不加“07”，即省统计局基本建设统计处 2005 年发出的第 7 号文件。发文字号置于发文机关标志下，空两行。上行文的发文字号置于发文机关标志之下左侧，左空一字。

签发人　上报的公文须标志签发人姓名，与发文字号平行排列，居右空一字，签发人后标全角冒号。

横隔线　即发文字号下面的一条通栏横线，用红颜色印刷，中间印有一颗红五星。横隔线将版头部分与正文部分隔开。

正文部分

由标题、主送机关、正文、附件、发文机关署名与印章、成文日期、附注等组成。

标题　公文的标题应该准确、简要地概括公文主体内容，由发文机关、事由、文种名称组成。例如《国务院发布＜关于扫除文盲工作条例＞的通知》中的“国务院”是发文机关，发布《关于扫除文盲工作条例》是事由，“通知”是公文文种。公文的上行文如“请示”，可以省略发文机关。例如：《关于贯彻按劳分配政策问题的请示》。有的公文也可只写发文机关和文种，例如《中华人民共和国全国人民代表大会公告》，或者只写文种，例如《公告》等。标题的位置在公文正文的上端中央。

主送机关　指公文行文的受理机关，俗称公文抬头，即要求负责主办或答复的单位。行文中，公文按照确定的行文关系进行报送。上行文一般只写一个主送机关，不得越级行文；下行文中，主送若是多级机关或是同级多个单位，一般用泛称，例如“各省、市、县人民政府”、“各部属机关”。主送机关一般写在正文之前，标题之下，顶格写（主送机关名称前不空字）。公告、通告等公布性公文，不写主送机关；条例等法规性公文，不写主送机关。

正文　是公文的主体部分，由开头、主体、结尾三部分组成。主体是公文最重要的部分。

正文的开头一般交代发文的目的、原因、根据、或者扼要叙述来文事由或处理情况。主体部分。写出公文的主要内容，要求内容具体，重点突出，阐述清楚。内容较多的可分段或用序号标明条款。结尾是对受文机关提出处理公文的要求，一般都有一定的习惯用语。

由于公文的文种不同，文种中的各个类别不同，公文的行文关系不同，因此，公文正文的写法存在很大差别。要认真辨析不同文种的写法，才能把握每种文体的写作特点。写好正文是公文写作成功的重要标志。写作时要认真推敲，做到主题明确，内容符合实际，行文关系正确、得体，层次清晰，表述清楚，文风朴实，词语庄重、严肃、规范。

附件　是附属于正文的文件材料，也是一些公文的重要组成部分。附件的位置在正文下空一行，左空两字，后标全角冒号和名称。附件名称后不加标点符号，回行顶格。

发文机关署名与印章　这是公文的落款。发文机关名称要写全称或规范化的简称。以机关领导人的名义行文，要在领导人姓名前标明职务、身份。单一机关制发的公文在落款处不署发文机关的名称，只标志成文时间。成文时间右空四字。加盖印章应上距正文 2～4 毫米。盖章是为了证实文件的效力。印章的位置在文件末尾“年、月、日”中间，骑年盖月。用印要端正、清晰。联合行文需加盖两个印章时，应将成文时间拉开，左右各空七字；主办机关印章在前；两个印章均压成文时间。两印章互不相交或相切，相距不超过 3 毫米。

成文日期　表示公文的生效日期。凡是会议通过的文件，应以通过的日期为准;凡是命令、指示及重要通知,应以领导人签发日期为准;一般的例行公文,例如批复、函等,应以实际发出日期为准。成文日期用汉字书写,将年、月、日写全,“零”写为“○”。例如“二○○六年五月十七日”。

附注　指根据文件的性质和内容所确定的阅读及执行的机关范围。比较重要的公文一般都标明发至范围。例如:“此件发至县团级”等。请示、报告,则不需要规定发至范围。

版记部分

即文尾部分。包括主题词、抄送机关、印发机关。

主题词　指用简短的词语将公文内容提炼概括成相应的主题概念,表明文件的类别,以便于公文的管理、查找。公文主题词居左顶格标志,后标全角冒号。主题词一般由二至五个词或短语组成,词目之间空一字,不写标点符号,排列顺序由大到小,即类别词、类属词和文种名称。例如:“××市人民政府关于表彰公安部门先进集体的通报”,主题词是“公安 表彰 通报”。

抄送机关　即需要了解公文内容或协助办理的机关。抄送机关置于主题词下一行,左空一字标志“抄送”,后标全角冒号;抄送机关间用顿号隔开,回行时与冒号后的抄送机关对齐,在最后一个抄送机关后标句号。

印发机关和印发时间　一般都是发文机关的办公部门。例如,省委正式文件的制发机关是省委办公厅,×厂文件的印制机关是厂办公室等。印发机关位于抄送机关之下,无抄送机关,在主题词之下,占一行位置。印发机关左空一字,印发时间右空一字。印发时间是办公部门接到定稿起印的时间,一般写成“×年×月×日印发”字样,用阿拉伯数字标志。制发份数是文件印制的总数,写成“共印××份”字样。

八、公文拟办程序

公文在制作和印发程序上有一系列的环节,这些环节的职责都有严格的规定。其程序上包括草拟、审核、签发、复核、缮印、用印、登记、分发、立卷归档、销毁等程序。这些环节有序衔接,周密完整。

草拟　领导机关审慎研究后,按照研究方案交办草稿的起草工作。起草过程还要经过领导集体的商榷研讨和咨询。初稿要符合国家的法律法规、大政方针,作到语体准确,文种正确,文理畅达,结构严谨,行文体式规范。初稿完成,起草人填写发文稿纸的相关栏目,以备存档。

审核　由承办草拟公文的领导机关集中审查,上至主要领导,下至办公厅(室)主任。审核的重点包括:行文方式是否正确,文字材料是否妥帖,遣词用语是否规范，行文规则和公文格式是否符合要求，等等。审核的过程经过进一步修改加工，确保公文的质量。

签发　由发文机关的主要领导对送审的稿件签署表示核准的意见，公文在签发后便成为定稿，立即生效。"会签"是指联合行文的这些机关部门的主要负责人共同审阅签字。

复核　公文正式印制前，有关的文秘部门要进行查核，检查审批、签发手续是否完备，附件材料是否完备，公文格式是否统一规范。

缮印、用印　缮印是对审核的文稿打印、印制。用印是在成文的公文处加盖印章。

登记、分发　登记指对打印成文、已经加盖印章的公文内容，公文的发送去向进行记载。分发是把制成的公文编号封装，按照发至范围发送出去。

归档　公文成文分发之后，将有关的发文稿纸、修改的原稿整理立卷，作为档案材料收藏。

销毁　无须归档的材料要进行销毁。超过保管期限的公文稿件要根据有关规定进行销毁。

公文在收文程序中包括：签收、登记、分送、拟办、批办、承办、催办各个程序。公文的制发过程，体现了公文制作的性质，公文不属于个人写作行为。

九、写作要求

（一）贯彻执行党和国家的政治路线，符合国家的方针政策、法令法规和有关规定。由行政机关制作的公文，是党和政府意志的体现，是贯彻国家方针政策的重要工具，不仅带有鲜明的政治性、政策性，还体现着相关的政策法规准则。要把本地区、本部门、本单位的具体情况与国家的现实政策、上级的指示精神相结合，才能写出联系实际，内容饱满，观点正确的公文。拟写公文，要有高度的政策水平和法制观念，对要写的内容必须深入研究，调查核实，多方征询，与有关负责者达成共识。公文的内容要做到实事求是，表达思想要鲜明深刻，做到政策法令与实际情况有机结合，体现正确的政治方向。

（二）严格遵守公文的行文规则。在行文过程中，遵守以下规则：

第一，上下级机关不得越级行文。下级机关如遇特殊或紧急事项，必须越级请示报告时，应同时抄报其直接领导的上级机关。受双重领导的下级单位向上级机关请示时，应写明主送机关和抄报机关，主送机关应负责答复。上级机关如遇特殊情况或紧急事宜，必须越级传达时，应抄送其直属下级机关。上级机关向受双重领导的下级单位行文时，也要抄送另一上级机关。

第二，平行机关或没有隶属关系的机关相互行文，不得互发指令、请示性文件，可以通过公函，互相商洽工作。

第三，同级政府、同级政府各部门可以联合行文；上级政府与下一级政府也可以联合行文；政府与同级党委和军队机关可以联合行文；政府部门与同级人民团体可以联合行文。联合行文必须明确主办部门。

第四，坚持党与政府分开行文的原则。党组织与党的领导机关不应向国家行政机关、企事业单位发文作指示；同样，政府机关也不能向党的机关下发命令和通知。

第五，政府各部门依据部门职能向下一级政府的相关部门行文时，可以发函来商洽工作，询问和答复问题，审批事项。

（三）结构严谨、格式规范。公文结构要严谨周密，依据行文关系，组织结构内容，确立间架格局。公文的结构，在稳固中有灵活，重要一点是组织材料合理恰当，条理清晰，逻辑严密，主旨突出。公文具有固定而规范的格式。1999 年国家质量技术监督局发布《国家行政机关公文格式》，2000 年国务院发布《国家机关行政公文处理办法》，严格规定公文体式的制作要求。公文应严格按照以上有关规定拟写制发，确保体式的规范化、标准化。

文体学练

一、公文的种类中，按照行文关系划分为上行文、下行文、平行文，请区分类别。

1. 上行文：(1)______(2)______

2. 下行文：(1)______(2)______(3)______(4)______(5)______(6)______(7)______(8)______(9)______(10)______(11)______(12)

3. 平行文：(1)______(2)______

二、公文中文种的标题、发文字号、主题词的标志都有一定的规定，请根据给出的内容，分别给公文标题、发文字号、主题词安排正确的顺序。

1. 公文标题，包括：文种名称、事由、发文机关名称，正确的排序应该是：

_________＋_________＋_________

2. 发文字号，包括年份、序号、发文机关代字，分别为：〔×××年〕、××号、×发，正确的排序应该是：

_________＋_________＋_________

3. 主题词，包括：文种名称、类属词、类别词，正确的排序应该是：

_________＋_________＋_________

三、根据教材中公文版头部分各项内容，在划横线的位置正确写上应有的项目。

____________	____________★____________
	____________
________________________	
____________________	____________

四、下面是一份报告，文中划横线的部分的数字不符合公文写作要求，请予以改正。

××建筑分公司关于工程进度的报告

××建筑总公司：

我单位截至二〇〇五年4月18日，已经完成七座住宅楼的建筑任务，建筑面积为2万3千平米。照这个速度，我公司将于05年年底完成总公司交付的全部任务。

特此报告。

××建筑分公司
2005年4月25日

第二节　通　知

学习提示点击：

◎要在学习中明确辨析各种通知的种类和作用。

◎掌握通知写作的基本格式和不同种类通知中使用的不同专用语。

一、什么是通知

通知是发布行政法规和规章，转发上级机关、同级机关、不相隶属机关的公文，批转下级机关的公文，要求下级机关办理和需要周知或共同执行事项的公文。通知属于下行文。

公文的通知作为下行文，应用的范围广泛，使用的频率繁多。几乎应用于各级部门，机关单位、人民团体。学会阅读和写作通知是公文写作的基本环节。公文的通知与社会活动中的一般性通知有显著的区别。公文的通知具有鲜明的政治性和法定的权威性，具有制定和发布的法定性和体式的特定性。一般性通知没有这些性质。

二、种类

发布性通知　用来发布法规和规章。党政机关颁发法规、规定、条例、章程等，需要同时下发一个通知，说明颁发的权限、意义及注意事项和要求等，以便有效地组织实施。

指示性通知　有关部门根据形势的发展和方针政策的贯彻情况，对下级作出指示，部署一个时期的工作任务，或对需要知道和办理的事项提出意见、要求等。

批转性通知　下级机关的来文，有必要下发所属各部门，上级机关凭借自身的职权范围，可以在批转下级机关的来文时，附加上一个通知，提出要求、作出指示。

转发性通知　转发需要下级机关知晓的上级、同级或不相隶属机关的公文，或有关需要告知或转递的事情，需要用转发性通知加以转发。转发中，还可根据本机关工作的需要，增加具体的要求和意见。

知照性通知　向有关单位告知某件事情，交代有关事项，并不需要办理或执行。比起指示性通知和批转性通知，知照类通知体现告知的特点。

会议通知　上级机关要求下属部门或有关人员参加某种较为重要的会议所拟写的通知，以便与会人员做好准备，按期参加会议。

三、特点

指导性　上级机关对下级机关部署工作任务，经常使用通知这一文种。在通知中阐述解决和处理问题的原则方法，拿出整改措施，提出中肯的意见。因此，通知常常作为指导性的文件。

晓谕性　告诉下属机关近期的有哪些工作事项，哪些决定和工作安排，要求遵照执行。也有必须让下属机关知晓的事宜，用通知文种传达。

广泛性　通知使用广泛，各级政府机关都可以使用通知的公文进行公务活动。指导、批转、转发、知照等情况都可以使用通知来下达，国家机关很多重要的政策法令都是通过通知来发布传达的。

四、例文阅读

发布性通知(有版头)

北京市语言文字工作委员会文件

京语字〔2006〕8号

关于印发北京市语言文字工作"十一五"规划的通知

各区县语言文字工作委员会,各高等学校,市属委办局语言文字机构:

《北京市语言文字工作"十一五"规划》已经2006年北京市语言文字工作委员会扩大会议审议通过,现印发给你们,请根据此规划,结合实际制定本区县、本学校、本部门语言文字工作计划,并组织实施。

附件:《北京市语言文字工作"十一五"规划》

(北京市语言文字工作委员会章)

二〇〇六年五月十日

主题词:规划　语言文字　通知

指示性通知

中共太原市委
太原市人民政府文件
太原军分区

×发〔××××〕××号

中共太原市委、太原市人民政府、太原军分区
关于2001年元旦、春节期间开展拥军优属、拥政爱民活动的通知

各县(市、区)委、人民政府、市直各单位;军分区所属各部队负责人:

2001年元旦、春节即将来临。为了进一步加强军政军民团结,搞好省城太原节日期间的拥军优属、拥政爱民活动,现将有关事宜通知如下:

一、深入开展国防教育，不断增强军政军民团结

元旦、春节期间要认真贯彻学习党的十五届五中全会精神、学习毛泽东、邓小平、江泽民同志关于加强军政军民团结的论述和指示，充分认识坚强的军政军民团结对于建设有中国特色社会主义的重大意义。要结合实际，采取多种形式广泛开展以爱国拥军为内容的国防教育，宣传我国社会主义事业取得的巨大成就，宣传驻军（警）官兵支持太原经济建设、维护省城社会稳定、促进太原经济建设和精神文明建设的业绩，进一步增强全市人民群众的国防观念，激发爱国拥军的热情，在全市形成拥军优属、拥政爱民的良好氛围。

二、加强督促检查，落实优抚安置政策

各县（市、区）委、人民政府、市直各单位，要组织强有力的工作组，由党政主要领导带队，深入到工厂、商店、学校、乡（镇）村、街道、居委会、连队执勤点等基层单位，检查各项优抚安置政策的落实情况。要对支持部队教育训练、保护军事设施安全、落实优抚对象的抚恤、补助、优待等政策、复员退伍军人的安置以及军官家属、子女随迁、就业、入学的安排等情况，进行一次全面认真的检查。切实帮助优抚对象解决生产、生活等方面存在的困难，促进拥军优属工作在基层的落实。驻军各部队要以密切军民关系为宗旨，教育广大官兵牢固树立全心全意为人民服务的思想，积极支持和主动参加驻地各单位的两个文明建设。同时，部队官兵要针对执行纪律的情况，查找薄弱环节，制定改进措施，进一步做好拥政爱民工作。

三、广泛开展军民联谊活动，为优抚对象办实事、办好事

广开渠道，采取多种形式，开展军民联谊活动，为革命功臣、抗美援朝老战士办好事、办实事，各县（市、区）、各单位、驻军各部队在元旦、春节期间，要对现役军人、革命烈士家属、特一等革命伤残军人、在乡老复员军人、抗美援朝老战士和军队离退休老干部进行慰问活动。各部门、各单位要组织志愿者服务队，上门为优抚对象办实事、办好事，解决他们日常生活中的问题，同时，各级党委、政府要结合各自实际，开展丰富多彩、形式多样的联欢会、座谈会，进一步增强军民鱼水情谊。

（中共太原市委 太原市人民政府 太原军分区章）

二〇〇〇年十二月××日

批转性通知

国务院文件

国发〔××××〕×号

国务院关于批转国家税务总局
关于加强个体私营经济税收征管强化查账征收工作意见的通知

各省、自治区、直辖市人民政府，国务院各部委、各直属机构：

国务院同意国家税务总局《关于加强个体私营经济税收征管强化查账征收工作的意见》，现转发给你们，请遵照执行。

加强个体、私营经济税收征管，强化查账征收工作是规范个体、私营经济管理，促进个体、私营经济健康发展的重要措施。各级人民政府要高度重视，切实加强领导，协调税务、工商行政管理、公安和金融等有关部门，积极稳妥地做好这一工作，并帮助税务部门解决工作中出现的困难和问题。国家税务总局要结合深化税收征管改革，切实做好对这项工作的组织指导和监督检查。各有关部门要相互支持、密切配合，确保这项工作的顺利进行。

本通知的具体实施意见，由国家税务总局会同有关部门制定。本通知的贯彻执行情况，各省、自治区、直辖市和计划单列市人民政府应于七月底前报告国务院，同时抄送国家税务总局。

附件：关于加强个体私营经济税收征管强化查账征收工作的意见（略）

（国务院章）
××年×月×日

主题词：税务　查账征收　通知

转发性通知

××大学文件

×发〔2004〕×号

××大学关于转发《中共××市委教育工委、××教育厅关于做好2004年元旦春节期间有关工作的通知》的通知

各学院党委、党总支、直属党支部、党委各部门、纪委、工委、团委;各院、部、处、室、馆、中心、集团:

2004年春节即将来临。为了做好春节期间的各项工作,确保广大师生员工过个欢乐、祥和、安定的节日,中共××市委教育工委、××教育厅发出《关于做好2004年元旦春节期间有关工作的通知》,现转发给你们,请遵照执行。

附:《中共××市委教育工委、××教育厅关于做好2004年元旦春节期间有关工作的通知》

(××大学党委办公室××大学校长办公室章)
二〇〇四年一月七日

知照性通知

××区政府文件

×发〔2005〕×号

××区人民政府
关于×××等人职务任免的通知

区属各局,各乡镇人民政府:

根据2005年×月×日会议研究决定,任命:

刘×为区林业局局长。免去其区文化局副局长的职务。

张××为区政府办公室主任,免去其行政处处长的职务。

特此通知

(××区人民政府章)
二〇〇五年×月××日

主题词:任免　通知

会议通知(版头部分略)

油田总公司关于召开生产电话会议的通知

油田所属有关单位、机关有关处(部)室:

为加快生产运行节奏,促进油气生产,经研究决定4月5日—5月5日每天下午召开生产电话会议。现将有关事项通知如下:

一、会议时间

每天下午17:00—18:00

二、会议地点

主要会场设在油田总调度室会议室,各生产单位与会人员在本单位电话会议室参加。

三、参加人员

(一)分公司有关领导及总工程师。

(二)油田机关有关处(部)室:×××、×××等单位主管领导。

(三)油田所属有关单位:×××、×××等单位主管领导、调度长。

四、会议内容

(一)各单位主管领导汇报油气产量情况及变化原因,已安排工作的落实和需要油田协调解决的问题。

(二)研究生产运行中的问题。

五、会议要求

(一)各单位详细汇报材料务必在当日16:40前完成,并通过网络传递到总公司网址。网址为:××××。

(二)会议反映的问题,能现场解决的当场答复,答复不了的要抓紧解决。

(××油田总公司章)

二〇〇四年四月五日

主题词:会议　通知

五、格式与写法

通知的种类不同，写法上也有区别，下面从标题、发文机关和正文三部分分别介绍。

标题　各个种类通知的标题具有一致性，一般由发文机关、事由和文种三部分组成。例如《国务院办公厅关于坚决制止国内互赠挂历的通知》；还有的通知标题只由事由和文种两部分组成，例如《关于办理退休手续的通知》。

主送机关　通知是上级机关下发的公文，主送机关一般比较多，排列次序按照从大到小、从主到次的次序排列。例如国务院下发通知的主送机关一般写为“各省、自治区、直辖市人民政府，国务院各部委，各直属机构”。

各类通知的正文写法

(一)发布性通知

一般指发布性法规和规章的通知，大致可以分成颁发、发布、印发三种情况。比较重要的行政法规用颁发、发布的方式，一般规章用印发方式。

正文较为简短。由制作原因、被发布文件名称和发布机关的要求等三部分组成。有的写明法规或规章的基本精神和贯彻执行的原则意见，或写明法规或规章批准、通过的依据、时间、形式或生效的时间。发布通知与被发布的法规、规章共同组成一个新文件。从内容上讲，它们各成体系，是独立的；但从文件结构上讲，它们又是互相依存的整体。因此，各自的标题、正文、结尾都要完整。例文《关于印发北京市语言文字工作“十一五”规划的通知》即属于发布性通知。

(二)指示性通知

凡上级机关对下级机关某项工作有所指示、要求、安排，而又不必用“命令”或“指示”作为文件时，均可使用这种通知。这类通知的正文包括通知原因、通知事项、结语三部分。

通知的原因是通知的引言部分，要介绍背景，分析形势，说明根据，以及阐发通知的目的、意义和指导思想。要言简意明，一两句话就概括通知的目的和根据。通知事项是主体的主要部分，一般分条列项写明做什么，怎么做，即写明工作任务、原则规定、执行要求、注意事项等。通知的结语部分通常原则性地提出希望和要求，但也有的不写此部分，言尽而意止。

例文《中共太原市委、太原市人民政府、太原军分区关于2001年元旦、春节期间开展拥军优属、拥政爱民活动的通知》属于指示性通知，这是三个部门联合行文下发的通知。引言部分说明通知的主题，与标题内容一致，即加强军政、军民团结，搞好拥军优属、拥政爱民活动。主体部分从三方面分别要求政府拥军的要点，部队“爱民”的措施和如何开展这一活动。层次分明内容完整、明晰。

（三）批转性通知

这类通知是对下级机关的公文加上批语转发给所属单位、部门，要求贯彻执行或参照执行。批转性通知的批语包括两部分：批转对象和批注意见。批转对象要写明被批转公文的名称及原发单位。批注意见要写明对所转发公文的态度、意见和执行要求。通知内容的长短根据具体情况确定。第一种情况是照批照转，只极为简明地表明态度，作出评价，提出要求；第二种情况是在写明态度、评价和要求之后，再结合实际情况，对所批转公文的重要意义突出加以强调，以引起重视；第三种情况是还可就其文中不够完善的地方作出补充说明。批转性通知的评价用语有“同意”、“原则同意”或“很重要”、“很好”等。

例文《国务院关于批转国家税务总局关于加强个体私营经济税收征管强化查账征收工作意见的通知》是上级部门批转下级机关文件的实例。先在首段表明态度，同意批转；再进一步阐发批转这个通知的意义，使受文机关引起重视；文尾强调对批转通知贯彻执行情况的上报时间及抄送要求。批转的文件一般附于此类通知之后。

（四）转发性通知

对上级机关、同级机关和不相隶属机关的公文加上按语，转发给所属部门，可以使用这类通知。正文要写出被转发公文的名称、发布单位和对受文单位的要求，有的转发性通知还要写出对被转发公文的评议以及转发的目的，文字要求简短。在转发上级单位和同级单位的公文时，也有的需使用较长的篇幅来制定 些对所属部门切实可行的贯彻措施或补充规定。这种转发性通知就往往具有指导性。标题中往往包含被转发的通知全称，标题整体较长，例如《对外经济贸易部办公厅转发国家外汇管理局〈关于成立全国外汇调剂中心的通知〉的通知》。这类通知的评价用语除包括转批性公文中上级机关的批示用语，还包括对下级机关的希望和要求用语，例如“参考”、“参照执行”、“遵照办理”等。

例文《××大学关于转发〈中共××市委教育工委、××教育厅关于做好2004年元旦春节期间有关工作的通知〉的通知》标题较长，正文部分先写明所要转发通知的根据和目的，然后将所转发通知标题出示于下，并附有转发通知全文。主体行文简洁，转发要求明确。

（五）知照性通知

这类通知是上级机关向有关部门告知需要知道或办理的事情。知照性通知要首先写清楚需要告知的具体事项，其次说明怎样办理，达到何种目标。有关部门需要告知某些单位或群众团体办理有关事项，也可以使用此类通知。

例文任免通知只是知照性通知的一种，目的是告知下属单位有关部门的任命事项。

（六）会议通知

上级机关召开比较重要的会议之前，要拟写会议通知，下发所属单位，要求有关人员按通知要求出席会议。写会议通知，第一要写明会议名称，会议内容；第二要交代清楚主持单位、会议程序、起止时间、参加人员；第三要告知与会者携带的材料及应准备的事宜；第四要写清楚会议地点、行车路线、会议联系人等。

例文《油田总公司关于召开生产电话会议的通知》是布置工作的会议通知，写得条理清楚，事项详尽，要求明确。

六、写作注意事项

（一）发布性通知行文简洁。为发布某种文件写出该文件名称，明确生效日期和执行要求。这类通知要附有发布的文件。经国家机关授权发布的，要在通知中注明。

（二）指示性通知要写得具体、明确，具有可行性。这类通知的要点在事项安排部分。可重点说明工作的步骤、措施，告知下属机关操作的具体原则和方法。内容安排做到条理分明，阐述精辟，事理兼具，有指导作用。注意结构层次安排有序，条款明晰。

（三）批转和转发性通知要言明依据，阐明意义。开头说明批转或转发的文件名称，再向受文机关提出相关要求，阐明批转或转发的意义。转发上级机关文件用语宜简，批转下级机关文件用语宜详。

（四）知照性通知强调晓谕性。这类通知具有告知的特点，写作也必须明确简洁。告知下级机关什么事情，要说明准确，表达完整，避免语言生涩，词不达意的毛病。

（五）会议通知的事项要交代完备。这类通知要写明会议宗旨、会议时间、地点、与会人员、联系人、会务及吃住费用，甚至交通路线都须写明白，一般要分条写出，以便让赴会者十分清楚。

文体学练

一、辨析哪种属于公文的通知并在题目后面的括号内划"√"；在不可使用公文通知的内容后划"×"。

1.学生会召开各部工作会议，写通知要求各位部长、副部长到会。（　　）

2.××学院党委要求学院各系党总支学习科学发展观的理论并进行研讨，写出有关学习的通知。（　　）

3.某部队召开一个新兵训练紧急动员大会，写出召开会议的通知。（　　）

4.团支部召开全体团员会议，写出通知。（　　）

5.××出版社召开一个全国高职教材编写会议，写出一个会议通知。（　　）

6.××区为转发一个镇的工作经验写出的通知。（　　）

7.因为交通堵塞，在路口张贴一个要过往行人饶行的通知。（　　）

8.号召学院全体员工大搞环境卫生写出的通知。（　　）

9.批转上级文件发布的通知。（　　）

10.任命××同志为××处处长而写的通知。（　　）

二、改正下面公文通知文种标题中的错误。

1.《关于林业局林区防火的通知》

2.《在××学院开展专业技能大赛的通知》

3.《××区批转××公司安全生产的通知》

4.《××镇关于春节期间防火防盗的通知通报》

5.《在××局转发××市关于厉行节约的通知》

三、根据下面的材料，写一则任免通知。

××区组织部鉴于宣传科副科长刘强同志的出色工作表现，决定任命刘强为宣传科科长。请写一份任免通知，时间、发文字号自拟。

四、下面这段话的公文专用语已经用横线标明，请摘写出来，并说明是何种公文专用语。

遵照有关领导加强秘书工作的指示精神，为了提高秘书的业务水平，我市决定于2006年3月召开全市各部门的秘书工作会议，由市秘书协会担任本次会议的主办工作，经向市有关主管部门请示获得批准，现将有关会议事宜通知如下。

五、用下面的材料写一份会议通知。

××省教育委员会准备召开一个全省教改研讨会，与会代表为大专院校的有关专家、学者，院校负责人。会议地点是该省省委培训中心，会期 5 天，即 12 月 3～7 日，每位代表提交一篇相关论文，打印 150 份交会务组。报到时间为 12 月 2 日，报到地点为省委培训中心三楼 4 号房间。与会人员乘火车、汽车或乘飞机到达后，可与李××先生联系，联系电话：133098721××。市区火车南站，公共汽车 120 路总站和机场，都有专车接。会务费 500 元，食宿自理。

标题、发文字号、主送机关自拟。

第三节　请　示

学习提示点击：

◎ 请示的主送机关只有一个，且必须是其所隶属的上一级机关。

◎ 请示的一文一事的特点；不同种类请示的专用语的写法。

一、什么是请示

请示是下级机关向其所隶属的上级机关即业务主管部门请求对某个问题、某项工作、某种事项的解决办法作出指示、审核、批准时使用的公文。请示是一种请求性文件，属上行文。在机关单位中，任何一个下级机关都需要向其所隶属的上级机关请示和答复问题，通过请示陈述事由，言明理由，使要办理的事情得到上级的批准，是工作中必不可少的。因此掌握请示的格式和写法十分必要。

二、种类

请求审核的请示　接受上级机关的任务，办理某项事情，或下级机关自行办理某项事情需要一定的物资、款项、人员、设施，本机关又无力解决和担负时，就需向上级机关写出请示，请求审核。例如，某区筹建商业网点，原拨经费不足，影响工程进度，区筹建部门可向市有关部门写出请示，请求市有关部门审核增拨。

请求批准事项的请示　凡属决定要经上级机关批准的事项，下级机关必须向其所隶属的上级机关写出请示，请求批准。例如，××市工商银行为了更多吸收存款准备开办有奖储蓄，但根据规定，要经人民银行批准才能实施；为此该市工商银行可写出关于开办有奖储蓄的请示，请求主管部门批准。

请求指示的请示　下级机关遇有重大或疑难问题，可请示上级机关给予指示。例如，××建筑公司因技术力量薄弱，资金短缺，愿意归并到×区建筑集团，并接受其领导。此事原来并无先例，事关重大，该建筑公司就可写出有关问题的请示，请求其所隶属的上级部门给予指示。

请求批转文件的请示　下级机关处理的问题，不仅对于本单位、本部门有必要，而且具有一定的普遍意义。这类请示中，要求批转的意见一般有较为具体的作法、措施，要求批转的意见也往往具有原则性强、政策性强的性质。例如，某省物价检查领导小组将全省物价检查的结果进行分析，提出抑制通货膨胀的若干项措施的请示，即可请求上级部门将这个请示转批各有关部门，以便巩固该省物价检查的工作成果，继续做好抑制通货膨胀工作。

三、特点

事项单一　请示何种事项，都要单一、集中，只能是一件事情的请示。主管部门不能同时在一个请示中审批两件事。一文数事不符合写请示的原则。

隶属关系明确　下级机关只能请示自己的主管部门，而不能请示无隶属关系的其他上级机关。只有主管部门才有资格给以批复。

请求批复　写请示是为了让上级机关审核批准事项或拿出解决办法，因此，希望有关领导尽快批复或作出解答。

四、使用范围

请示在使用中，有几种情况。下级机关遇到比较重大的疑难问题，或者在自己职权范围内不能解决而又必须解决的问题，必须请上级有关部门审核、指示、批准或解决时，就要向主管部门写请示。因此，下列几种情况需要写出请示。

第一种　对工作中发生的新情况、新问题提出处理办法，但又不知当否，需要上级领导从全局衡量，作出指示和答复。

第二种　工作中遇到了特殊的困难，棘手的问题，需要上级帮助解决或拿出办法。

第三种　工作中发生对现行方针、政策、法律、法令、规章制度等不甚了解的情况，有待上级机关给予明确阐释、答复。

第四种　工作中因情况发生变化，难以执行原规定，有待上级重新指示方可办理的事项。

第五种　工作中，领导班子内出现分歧意见，难以统一，有碍工作正常进行，需要上级领导裁决后方可继续办理的事项。

第六种　工作中遇到急需解决而又不是本单位职权范围所能解决的问题时，需要请示上级机关批准处理、解决有关问题。

第七种　工作虽有章可循，有法可依，但因事关重大，为防止工作失误，需要请示上级机关审核后再办理的事项。

五、例文阅读

请求审核的请示(版头部分略)

××齿轮厂关于增加"六五"期间技术改造项目投资的请示

××省机械工业厅：

我厂经国家批准的"六五"期间59万元技术改造项目，在执行过程中，资金突破了原计划，其原因如下：

一、原计划更新的增加设备11台，资金额13万元。因一些优质名牌项目提价，致使这项资金额达14.7万元，价差1.7万元(详见附表)。

二、原计划翻造锻造车间厂房1 000平方米，资金额30万元。目前，我厂与市铁西区建筑工程公司签订了施工任务书，经市建行审查定案后，工程预算为33.2万元。超出计划的原因是：一部分计划外建筑材料议价，差价3.2万元。

上述两项资金共超出4.9万元。由于在59万元改造项目中，我厂自筹资金已35万元，此次突破计划的资金4.9万元，我厂已无力解决。为了不致影响"六五"改造项目的实施，特请求予以办理，调整计划，增加指标4.9万元。同时请求银行给予办理贷款，以解决资金问题。

妥否，请批示。

附件：《优质名牌设备价格调整前后对照表》

(××齿轮厂章)

××××年五月二十五日

请求批准事项的请示(版头部分略)

江苏省人民政府关于请批准将扬州雕版印刷博物馆冠名为中国雕版印刷博物馆的请示

国务院：

扬州是我国著名的历史文化名城，也是我国雕版印刷业的发源地之一。早在唐代中期，扬州出现了大量的私人书坊。宋时扬州官刻繁荣。明清时代，扬州雕版印刷空前发展，官刻、家刻、坊刻十分兴盛，且多善本。近代以来，随着现代印刷业的兴起，古老的雕版印刷日趋衰微。20世纪60年代以来，扬州从全国各地收集了各个时期的版片近30万片，其中丛书57种，单行本125种，不乏珍版、弧雕刻、印刷、装订等一整套传统手工工艺，被誉为"中华一绝、世界之宝"。1999年，扬州建立雕版印刷博物馆新馆，总投资1.2亿元，占地5.7公顷，建筑面积2.3万平方米，设有历史展示厅、版片库房和其他附属用房等。建成后将成为集文物收藏保管、科学研究、传播教育、文化休闲和旅游观光于一体的重要场所。

目前，扬州雕版印刷博物馆是国内唯一完整保存古老雕版印刷工艺和保存版片最多的博物馆。其利用传统雕版印刷的《毛泽东评点二十四史》、《邓小平文选》等在海内外引起轰动。近几年来，江泽民同志、尉健行同志、李岚清同志等党和国家领导人先后视察该馆，对雕版印刷工艺的继承和发展给予了高度评价和极大关心。

印刷术是中国古代四大发明之一。但近几年韩国出现了"印刷术起源丁高丽"的言论，联合国教科文组织曾在韩国举行了有关印刷术起源讨论会，会上中国代表团首席发言代表中国社科院潘吉星教授，以扬州雕版印刷博物馆的研究成果为实证，进行了有力驳斥，维护了民族尊严。我国原驻联合国大使秦华孙在全国政协九届五次会议上递交提案，建议尽快在扬州建立中国雕版印刷博物馆。

以上请示妥否，请批示。

（江苏省人民政府章）

二〇〇三年×月×日

请求指示的请示

××省高级人民法院文件

×法字〔2006〕××号　　　　　　　　　　　　签发人：×××

关于交通肇事是否给予被害者家属抚恤问题的请示

最高人民法院：

据我省××县人民法院报告，他们对交通肇事致被害人死亡，是否给予被害者家属抚恤的问题有不同的意见。一种意见认为，被害者若是有劳动能力的人，并遗有家属要抚养的，给予抚恤。另一种意见认为，只要不是由被害者自己的过失所引起的死亡事故，不管被害者有无劳动能力，都应酌情给予抚恤，我们同意后一种意见。几年来的实践经验证明，这样做有利于安抚死者家属。

以上意见妥否，请批示。

（××省高级人民法院章）
××××年×月×日

主题词：交通　抚恤金　请示

请求批转的请示（版头部分略）

关于开展国有资产产权登记工作的请示

×发〔××××〕×号

国务院：

根据《国务院关于加强国有资产管理工作的通知》（国发〔××××〕38号）中有关对国有资产进行产权登记（以下简称产权登记）的精神，我们于××××年12月发布了《国有资产产权登记管理办法（试行）》，要求各地、各部门结合实际情况组织试点。目前已有18个省、自治区、直辖市和部分国家行政机关开展产权登记工作。从试点情况看，开展产权登记，对加强国有资产产权管理，防止国有资产流失，推动企业所有权和经营权适当分离的改革，都起到积极作用。鉴于以上情况，我们建议，××××

年在全国范围内开展产权登记工作。为此,提出以下意见:

一、提高认识,加强领导。进行产权登记,是保卫国有资产的重要措施,是实施国有资产所有权管理的一项基础工作。国有资产管理部门代表国家依法对全民所有的资产进行登记,是依法确认企业和单位占有、使用国有资产的法律行为。开展产权登记工作,对加强企业和单位的产权管理,深化经济体制改革将起到积极的重要作用。

二、产权登记的目的。这次产权登记,重点是解决企业、单位普遍存在的产权归属不清、定性不准、国有资产流失等问题。同时,为全国开展清产核资工作进行前期准备。

三、产权登记的范围。凡占有国有资产的企业和实行企业化管理的事业单位,都必须办理产权登记。产权登记分为开办产权登记、变动产权登记、注销产权登记。今后,产权登记将纳入经常性的产权管理工作,由各级国有资产管理部门按企业、单位的财务隶属关系组织实施。

四、目前,国有资产局正会同有关部门制定《国有资产产权登记管理试行办法》。进行产权登记时,要严格按照国家统一规划执行,执行中的有关问题,由国有资产局负责制定具体办法。

以上请示如无不妥,请批转各地区、各部门执行。

(国家国有资产管理局 财政部 国家工商行政管理局章)

××××年一月二十七日

六、格式与写法

标题　写法有两种:可由发文机关+事由+文种名称组成,例如《××银行关于增拨扩建经费的请示》;由事由+文种名称组成,经常使用介词“关于”组成介宾结构,例如《关于下放管理权限的请示》。

正文　各类请示不同,写法也有所区别,下面依次介绍。

(一)请求审核的请示

审核类请示的写法:第一,写明请示事情的原因,有必要时,可分条分项写。第二,如果是关涉到办理事项时,需要将对有关项目的资金、物品的数额准确出示,并有充分根据。第三,结尾使用“如无不妥,请审核批准”或“以上请示妥否,请予核准”字样。

例文《××齿轮厂关于增加“六五”期间技术改造项目投资的请示》是审批类的

请示。分两条来写资金突破原计划的原因，每条都使用准确的数字，较为精确地计算出资金突破的款项，最后计算出两项金额的合计数量，并写明“由于在59万元改造项目中，我厂自筹资金已35万元，此次突破计划的资金4.9万元，我厂已无力解决”的理由。这样，才提出为“不致影响‘六五’技术改造项目的实施”，向上级有关领导提出请求增加指标并办理贷款。全文理由充分，请示有依据，有背景，容易得到上级主管部门的认可。

（二）请求批准事项类和请求指示类请示

请求批准类和请求指示类请示的写法：第一，清楚、明白地写明请求批准事项的理由、根据。第二，写出请示的事项或建议，这是请示的核心内容，因此还可进一步提出办理事项的方法、措施。第三，结尾可使用“以上请示、请批示”或“如无不妥，请批准”等字样。

例文《江苏省人民政府关于请批准将扬州雕版印刷博物馆冠名为中国雕版印刷博物馆的请示》是请求批准类请示。先写出扬州雕版印刷业在历史上的重要地位和影响，被誉为“中华一绝、世界之宝”，文字简明概括，事例突出，数据详实。再写扬州1999年兴建的雕版印刷博物馆的重要作用，使得传统雕版印刷的《毛泽东评点二十四史》、《邓小平文选》等在海内外引起的轰动；近年中央领导同志对博物馆的重视。这些重要阐述成为将扬州雕版印刷博物馆冠名为中国雕版印刷博物馆的有力依据。因此，这份请示事理兼容，很有分量，是请求批准类请示的范文。

例文《关于交通肇事是否给予被害者家属抚恤问题的请示》是请求指示类请示。标题省略了发文机关。开头一句：“据我省××县人民法院报告，他们对交通肇事致被害人死亡，是否给予被害者家属抚恤的问题有不同的意见。”就是这份请示的根据。然后分别陈述两种不同的意见，并表示态度，同意后一种意见，写明同意原因。结尾使用公文专用语“以上意见妥否，请批示”。全文精短，根据写得明确简练，请示的事项、表示的态度具体、明确、可行。

（三）请求批转类请示

请求批转文件类请示的写法：第一，对请示的事由或原因写具体，这是请示的依据。第二，写出针对事情发展的情况所采取的步骤、措施、方法。因为批转类请示，往往关涉多部门、多单位，拟写这部分内容，要从方针政策出发，要从全局着眼。第三，结尾可使用“以上如无不妥，请批转各地区、各部门贯彻执行”或“如无不妥，建议批转各地区、各部门”等公文专用语。

例文《关于开展国有资产产权登记工作的请示》属于请求批转类请示，是三个部门向国务院的联合行文。请示的开头写出依据，并写出提出建议的背景和作用。得出四条意见，围绕国有资产产权登记，分别写明意义、目的、范围和要求。最后请求：“以上请示如无不妥，请批转各地区、各部门执行”，体现出政策性。

七、写作注意事项

（一）一文一事一主旨。请示的事项应写得单纯，不能数事并报。事项杂乱会给领导批示时带来不便，更不能使发文机关得到满意的结果，又不利问题尽快解决。

（二）只有一个受文机关。请示主送的机关必须是所隶属的主管部门，即使要送达两个机关，主批机关写在前面，另一个机关写“并报”字样，采用抄送的方式。因此，必须避免多头请示。

（三）内容必须有依据。请示事项，根据什么指示精神、政策法令，要具体明确。如果是事务性缘由，也必须开门见山，使受文机关一目了然。

（四）理由必须充分。请示的理由，是全文的主体部分，一定要把主要的方面放置前面，次要的方面放置后面。理由要写得透彻、充分，才能够得到主管机关的认可。

（五）联合请示搞好会签。有的情况，几个部门就一个事项联合行文，会同报送一个请示，要搞好会签，主要部门在前，次要部门在后。落款处加盖印章依主次顺序排列。

文体学练

一、辨析下面的标题分属于哪一类请示？

1.《关于批转××文件的请示》属于__________类请示。

2.《长白朝鲜族自治县关于修建长白至松江河公路的请示》属于__________类请示。

3.《关于<会计人员职称条例>中“总会计师是行政职务或是技术职称”的请示》属于__________类请示。

4.《××教育局关于拨款筹建××中心学校综合教学楼的请示》属于__________类请示。

二、请阅读下面的短语，挑选出能够体现请示的特点的短语，写在横线上。

一文一事　告知参加会议　多项请示内容　多项主送机关　请求批款

一个主送机关（主管部门）　请求批转　决定表扬　决定批评　任免职务

传达会议精神　请求答复

以上符合请示特点的短语有：____。

三、下面是两段请示文种的文字，请在括号中填写出合适的公文用语。

1.（　　）（关于　由于　至于）民政部增加的八个名额，（　　）（由　经请)国家编委解决,(　　)(由于　至于　关于)给各地增加的编制名额,(　　)(请　经　由)批转各地从现有名额中调剂解决。

2.(　　)(这个　此　以上)报告,如果中央同意,请(　　)(告知　批转　发往)各省、市、自治区党委有关部门。同时,我部还(　　)(撰写　写作　草拟)了《关于美术院校和美术创作部门使用模特儿的通知》,拟由文化部下达有关单位执行,请一并审查批示。

四、阅读下面这个请示,要求回答如下问题。

国务院:

经中央批准,今后县、社两级选举的日常工作由民政部负责。但是,在确定民政部门人员编制时没有选举工作这项任务。为了做好这项工作,需要给民政部门增加必要的编制名额。建议给民政部增加八人,每个省、市、自治区三至四人,每个地、市县增加一至二人。

……

以上当否,请批示。

1.阅读后,写出四个以上公文专用语:____________________。

2.这个请示的依据是:____________________。

3.这段文字主要请示的内容是:____________________________________。(不超过20个字)

4.这个请示的结尾用语是:____。

五、阅读下面的材料,写一个请示。

××区××镇祥和大街原来车行人行的秩序很好。但近年由于经济利益的驱动,出现了大货车来往频繁的情况。大货司机见通过大街没有阻碍,争着从这里经过,以图便捷。夜间大货违反交通规则,在大街上加速急行。两个月以来,该大街发生大货车夜行撞死撞伤人司机逃逸的案例各一件,当地群众强烈要求镇政府制止大货车通行。因为这个问题涉及有关部门,××镇有关部门必须写一个请示,请求××区政府批准这个镇的做法。

以下为供参考的标题、发文字号、主题词。

标题:《××镇关于禁止大货车通过祥和大街的请示》

发文字号:×发〔200×〕×号

主题词:交通 管理 请示

第八单元　新农村实用文体综述

八个单元的实用文体学习之后，对各种文体的格式和写法有了大致的了解和把握。如何能够理性地掌握各种实用文体的写作要领，则需要进一步进行理论的探究，认识不同类文体之间的区别和联系，以求在使用中贴切合度，用得其所。

顾名思义，既然是实用文体，便都具有极强的实用性。脱离实用价值，就脱离了这个范畴，不在论述之内。这种实用的功能，已经在各个单元的节目中分别明确介绍，这里就不再作为综述的主要内容。下面我们研究的是，这些文体的格式特点和语体风格，使每位学生对此有整体的把握，是本单元的重点。根据这一目的，我们把所学习的实用文体划分为三大种类，一类是格式和语体都十分严格的文体；一类是格式和语体相对严格的文体；一类是格式和语体相对灵活的文体。三类文体囊括了本教材文体的全部内容，也是我们今后辨析文体，进行写作的理论指导。下面依次介绍。

第一节　格式和语体都严格的实用文

学习提示点击：

◎ 公文格式的特点、要求及其写作注意事项。

◎ 公文各种语体的正确使用及其风格特点，使用公文语体需要注意的问题。

自古以来，就有“文无定法”之说，是说文章的写作没有固定的写法。但用来套用实用文体就不合适了，尤其套用公文文体就更不合适。实用文体的特点应该是“文有定法”，公文则尤为显著。

首先是格式的安排有定法。公文文体中不同的文种有不同的格式。有的文体对格式要求十分严格，不能有丝毫走样，一旦不合规格，便被视为违反写作规则，学习者务必在这一点上予以足够注意，写作中务须严格遵从。党和国家行政机关、部门,企事业单位公文的格式和语体要求是由国家相关部门规定的,形成正式文件,下发党政军各个部门,要求严格执行。《国家行政机关公文格式》等文件就是规定公文格式的指定文件。写作公文,用来传达命令,下达指示,通知事务,下发条例,汇报工作,批复事项等,文体必须按照特定的格式规定制作,不能有丝毫走样,不能各行其是。公文格式会随着时代的发展,有些文体的实用功能强化了,有些减弱了,有些消失了,还有新的公文文体出现了,因此,有关部门必须不断做出相应的修订。第八单元公文部分的格式已讲,这里不再赘述。除了公文文体部分,第二单元的司法文书,格式和语体也是较为严格的,我们把这一单元的三种文体也归并为第一类别中。而这里需要强调的是,对格式的学习的应该态度严肃,用心、仔细。比如,公文的标题,凡是涉及事由的词语,总要由介词"关于"与表述事由的词语组成介宾短语,《关于××厂火灾事故的情况报告》就是这样的例子,"关于"这个介词与"××厂火灾事故的情况"组成介宾短语。格式固定下来,不能更改,使用与"关于"相近的介词连接事由部分可以吗?比如用"由于""有关"等词语来代替。回答是否定的。这种固定的搭配,形成了公文文体的定式,改变了,就违反了格式的规定,被视为错误。

又如主题词的使用,《国家行政机关公文格式》(GB 9704—1999)中这样要求:"'主题词'用3号黑体字,居左顶格标志,后标全角冒号;词目用3号小标宋体字,词目之间空一字。"这里规定了"主题词"一词使用的字体、字号及所处的位置,后面要求使用的标点符号种类、词目之间空格的距离,等等,十分清楚细致,制作中必须遵照这一原则去做。如果任意将主题词的词目距离任意加大或缩小,而没有按照"空一字"的要求去做,也是违反了格式的要求。再如,请示这种文体是一文一事,在一则请示中写进两件事就不符合这一文种的要求。

公文的格式还包括一定的写作"套路",这里也必须引起注意。所谓"套路",就是定格。比如,写通报这种文体,不管是表扬通报还是批评通报,首段都要精要陈述事实,其次进行评析,再写出奖惩决定,最后发出号召。这几个部分具有严格的逻辑关系,依次排列,不能颠倒,也不能缺项,形成这两种通报的一般定式。再如写批复,开头的第一句必须转引对方的请示标题的全文、发文字号等,然后才能做出答复。

以上仅举几个例子,说明公文的格式包括多个方面,要求严格,其固定性是不能走样的。实际上,公文从制发到发送,到公文特定读者的接收,从文体的各个部分的写法到纸张型号、字号的使用,都有特定的要求,写作制发中没有其他的选择。有了对公文格式这种认识,在写作中就会十分谨严地遵照格式要求行文,不能马虎了。

再看公文的语体,要求也是十分严格的。语体,就是某种文章体裁的语言风格。文学作品或政论文章的语言风格，提倡个性化，而公文的语言风格，排斥个性化，以发文机关的口吻阐述问题，发表主张，安排事项。公文提倡平实、平正、庄重、准确、简明，表达中不容许“小我”的存在而提倡“大我”，即代表一个单位、部门乃至党政团体、国家机关说话。公文用语要求与文学作品的语言差异极大。文学语言一般要使用比喻的方法描摹事物，突出事理，比喻都是新奇别致，借代都是形象感人，夸张都是极言其势。比如

那瀑布从上面冲下，仿佛已被扯成大小的几绺。

——朱自清《绿》

这里把水比成布匹，使用了比喻。

知否知否，应是绿肥红瘦

——李清照《如梦令》

使用了借代，用“绿”和“红”借代海棠花。

那眼光正像两把刀，刺得老栓缩小了一半。

——鲁迅《药》

使用了夸张的方法，来描摹老栓在刽子手淫威之下的窘状。

公文的语言要的是平实，在修辞方法上，不讲究形象逼真，只讲究语义明确易懂，这些要求都做到了，才可以将讲求生动。比如：“不拿群众一针一线”，使用借代的方法，将意思尽量表述清楚明确；“真正的铜墙铁壁……是千百万真心拥护革命的群众”，使用比喻的方法，强调群众的革命性和强大力量。

故此，要把公文中使用修辞方法的功能和文学作品使用修辞方法的功能严格区别，才能恰当地使用具有公文语体特点的修辞方法，准确恰当地叙事明理。

公文的语体，不仅表现在平实上，还表现在准确和简明方面。公文的语言，选词用语必须准确表达语义，不能含混。文学作品的语言可以使用含蓄的手法，让读者咀嚼语言之外的意思，可以使用双关的方法，让读者读来有余味。讲究“句中有余意，篇中有余味”才是好文章。而公文的语体则不同，要求“言尽意尽”，明白晓畅。不仅如此，还要讲究语言凝练。文学作品的语言凝练，有时可以“意在言外”，留给读者想象的空间，公文的语言凝练，则表现在用词精准，句中无多余的词，篇中无多余的话，每个字甚至每个词，都承担各自的任务，做到各司其职。使用的文字，不能含蓄，不能含糊，表意明确，精要到位。例如：

美国在亚洲的侵略行为应该被制止，亚洲的和平应该得到保证，亚洲各国的独立主权应该得到尊重，亚洲人民的民族权利和自由应该得到保障，对亚洲各国的干涉应该停止，在亚洲各国的外国军队应该撤退，日本

军国主义的复活应该防止，一切经济封锁应该取消。

（引自《周恩来年谱——1954 年周恩来在日内瓦会议上的发言》）

这段话里连用“制止”“停止”和“防止”，“保证”和“保障”两组近义词，却极为准确地表达我国政府的立场，对强权势力的侵略行为表示谴责，用语准确精练，表意鲜明，不含混，不拖沓。

再有，文学作品的语言风格常采用抒情的方法表达个性色彩，公文的语言要表达“大我”，一般不能滥用抒情的方式。但是，并不是公文不需要表达情感，恰恰相反，公文中往往根据各种不同的语言环境，表达各种不同的感情。只是由于公文文体的限定，要求写作态度严肃庄重。表示欢迎某种事物，谴责某种行为，拥护某种观点，阐发某种主张，用语都要恰如其分，不可失度，不可失体。公文的草拟者，时时刻刻把自己置于法人的代言人的位置，代表一个机关、一个部门来表述思想，表达感情，而不能流露个人的好恶。

公文的语体风格，除了语言表达的特点，还需要熟悉这种文体使用的专用词。这是公文写作语言表达中一个很重要的方面。公文专用语按照不同文种的情况来使用。如果涉及上级机关公文，可以使用“遵照”“根据”等用语，如果涉及到称呼自己或对方，可以使用“我(部)”、“你(局)”等用语。结尾用语，也要根据不同的文种，不同的内容使用恰当。同是请示，如果请求上级审批，可以使用“妥否，请批示”；如果请求上级指示，则可用“以上当否，请批示”；如果请求批转文件，结尾用语一般使用“以上请示如无不妥，请批转各地区、各部门执行”等等。所有公文专用语，使用都极有分寸，极具针对性。要想准确恰当地使用公文专用语，就应该在实际写作中用心体会，专心学习，并牢牢记住。

第二节　格式和语体相对严格的实用文

学习提示点击：

◎ 这类实用文体的格式具有相对的灵活性，是约定俗成的结果。

◎ 语体特点是排除积极修辞格，不使用议论方法，重在说明事物，语体平实。

一类实用文体，格式和语体比公文要求相对宽松一些。这就是教材中讲到的经济合同、协议书、规章、制度、简报、公证书、条据、介绍信、证明信等等文种。

这些文体的格式不象公文那样由政府机关限定，但是在日常生活中，在书店售出的应用文体写作的书刊中，都是整齐划一的。这又为什么呢？只能有一个解释：是社会生活中约定俗成的原因。这些文体在社会经济生活、文化生活等各方面广泛使用，大家就认定了这样的写法是正确的，那一种写法不正确，久而久之，形成了大家公认的格式，形诸于文面，或印刷，或手写，都是这个样子，这样，社会上的各行各业就统一了认识，达成了共识。比如合同或协议书，双方单位的排列方式为：

　　　　　　　　　　××省××县供销中心（甲方）
　　订立合同双方：
　　　　　　　　　　××省××县日杂公司（乙方）

双方作为法人代表，在文面上显示出来，是分行并列，甲方在上，乙方在下。订立合同的单位或个人，习惯使用这种格式写出，并视为定式。即使有的合同书写中发生一些小小的变动，比如把“甲方”、“乙方”的词语换成“供方”“需方”，或者移到单位名称前面，都被视为格式正确。

又如介绍信、证明信中的印刷体（这里只举印刷体介绍信一种例子）：

介绍信（存根） ××字××号 ××××等××人前往×× ××，联系××××。 ×年×月×日	介绍信 ××字××号 ××研究所： 现介绍我公司×××等×人前往贵处 联系××××______。请接恰为荷。 此致 敬礼 （有效期___天）××公司（公章） ×年×月×日

使用这种印刷体的格式，只要在空格的横线上填写被介绍的人员，事宜以及联系的事由即可。也正因为这类文体有约定俗成的特点，文体的格式不断在社会经济活动的使用中发挥其功能，并得到不断完善。如果有谁违反这种格式，另立新的格式，就不会得到承认，就会被人们否定，当然也就是错误的格式了。使用的频率加速这些文体固定的格式，而固定的格式反过来又得到社会人们的认可。

在固定的格式中，又有相对的变化。但有一个前提，必须得到公众认可。比如公约、守则等，是规章制度中的一种，按照格式要求并不复杂，一般是条目式的格式。但是，近年来，由于对某种公约、守则宣传的需要，把这些条文置于大庭广众、街心闹市，为了吸引公众的眼球，就该换了某些公约、守则原有的格式，用四字一句或六字一句的形式整齐排列，采用韵文，读起来朗朗上口，看起来整齐顺眼。当然，题目与落款没有变化。《首都市民文明公约》就采用这种格式，久而久之，人们看习惯了，这种格式的公约、守则就流传开来，摆在大街上，既有实用价值，也有观赏价值，成了装饰市区的"风景"。这种格式的形成，也是约定俗成，逐渐演进的结果。

从这些实用文的语体看，也是相对严格的。经济合同、科研成果鉴定书、公证书等类文种，语言风格与公文又有显著不同。上一节把公文语体同文学作品相比，明显表现出修辞方法的差异，而本节所说的文体，从积极修辞的角度分析，几乎没有什么可以适用之处。运用语言，只要把话写得简练明确，不必使用修辞方法。使用了，反倒破坏了其语体的风格，影响了其实用性。比如鉴定经济合同，其中包括"标的"、"质量标准"、"价款或酬金"、"履行期限"、"违约责任"等项目，无论那一条款，都不允许文字生动感人，只有准确严谨的表述就够了。否则就破坏了文体的规则，写出来的不是合格产品。下面举出经济合同中的一段文字来辨识其语体特点：

……

三、付款办法采取银行托收承付。甲方在验收第一批货物后5日内先付款50%，在验收验收全部货物后的5日内付清余下货款。

四、采用铁桶包装，铁桶回空，回空费由甲方运至××站，运杂费由乙方负担。货物发运后的铁路运费及卸车费由甲方负担。

……

可见，这些文字，说明性居多，更要文字简练、思想周密，表述细致，不必使用带有任何感情色彩的文字。因此，这种语体突出表现出平实、质朴、简明、准确的特点，而又有别于其他实用文体。看来，同是实用文体，语体风格仍然有明显区别。要明确这些区别，善于根据不同的实用文体的要求，恰切使用语言，才能正确使用。

还可以从例文中发现两点，第一，这种语体没有议论，不带个性化色彩，侧重于对事物的表述和对规则的说明；第二，不使用过多的修饰语，没有描写的语言，意思只要表达明白易懂、简要、精确就行，使读者读后能够获得准确的信息。

即使规章制度比经济合同、协议书等文体在语言的表述中略多一些修饰语，但还是没有脱离整体说明的要求，应该怎样做，不应该怎样做，哪些要遵守，哪些要禁止，都表述得十分明确、具体、可操作，没有浮泛的言辞，没有多余的语句，甚至做到，每个词语都有特定的指向。

但是，并不是说，这些文种就不必讲究什么用语了，一则托事条，托付对方给代买一张火车票，就要求写出乘车的时间、车次、要软卧还是硬卧，是上铺、中铺还是下铺，买不到当天的怎么办，钱款何时交付给代买的人，等等。可见能够在很短的内容里包容诸多的信息，需要多么精炼的文字，多么慎重的思考。又如借条，仅仅在借款借物时使用，但是，使用语言时，需要把所借钱款或实物的数额写清，写出还款还物的时间。别看借条是个"小东西"，社会上因为借款不还，被借款人和借款人发生法律纠纷，涉及到借据的事情屡见不鲜。因此，不要小看这种文体，要学会熟练运用，还需要在实际写作中不断磨炼。

以上说到这类文体的格式和语体相对严格，写作中必须遵照文种特定的格式，遵照语体要求行文，不能走样。

第三节　格式和语体相对灵活的实用文

学习提示点击：

◎ 格式和语体相对灵活的实用文，要从整体把握读写要领，使用做到合规合矩。

◎ 这个类别的文体在语体灵活的程度上存在较大差异，要准确把握。

以上讲了两种实用文体格式和语体的特点，还有第三种实用文体，我们给这些文种的定位是格式和语体相对灵活。

本教材中，我们学习了社交礼仪文书、事务文书、日常应用文书、一般书信和专用书信等各个单元，这些单元中的大部分文体，都是属于格式和语体相对灵活的范畴。当然，我们也讲到事务文书中的简报，日常应用文体中的公证书、条据，书信中的介绍信等种类，格式和语体相对严格，但不少单元中的大部分文体却不属于这种情况。

为什么会出现格式和语体相对灵活的情况呢？第一，地区性的约定俗成使同一个文种出现格式的差别。由于地区的生活习俗、文化背景有别，形成的实用文种的格式可能出现某种差异，一个地区的文体格式稍微有别于其他地区，而且会得到当地群众的认同。尽管某些专家在不断做统一文体格式的工作，但仍然出现一些差异也不可避免。第二，个人使用过程中主观因素的特点。这些文种在许多情况下都是为个人办事所使用，也有的是个人对单位，个人对个人，或者单位对单位的，不管哪种情况，在运用这些格式和语体时，都可能渗透进个性化的因素。由于这种原因，往往在格式大致相同的情况下，也有一些灵活的演变。第三，文种本身固有的因素，使得语体使用相对灵活。由于这些文种有些可以表达情感，比如一般书信，专用书信中的感谢信、慰问信等，各种致辞、讲话稿、解说词等，至于演讲稿就更具有感情色彩了。写作中，尽管语体大体要遵从，由于写作者性格和文字表达各有不同的特点，仍然会出现语体使用的差异。

综上所述，我们可以明确，公文没有地域性，格式和语体是权威部门统一限定的，自然十分严格。经济合同、公证书等文体，受到单位、部门之间的限定，语体不存在个人情感因素，格式和语体是相对严格的。而本节说明的这类文体，个人在运用中，可以加入个人的情感因素，往往带有个性化色彩，文体的格式和语体出现了相对灵活的特点。

这种相对的灵活性，随着社会的发展，语言、文字的逐渐统一，也在不断趋于大体一致，不是一成不变的。下面举出一些格式和语体在变化中逐步取得一致的例子，来说明这个问题。首先是格式的相对性，比如我们写书信，经常使用的致敬语是"此致""敬礼"，一般书信和不少专用书信都用得到。教材中要求"此致""敬礼"写在正文之下。"此致"空两格，"敬礼"下起一行，顶格写。以下文体中，凡有使用"此致""敬礼"写法的，称为致敬语的一般格式。例如：

……希望尽快发给我营业执照。可否，请核查。

此致

敬礼

这是致敬语"此致""敬礼"的一般格式，目前这种格式被广泛认可。但是偶然也出现下面这种格式：

请您尽快办理相关手续，尽早参见学习班。

此致

敬礼

可以明显发现，"此致"放在了正文之下靠右的部位。有人问底哪种格式正确？为什么会出现这种情况？这就是我们已经指出的格式不统一的现象，不能认为第二种格式就是错误的，而应该在使用中逐渐统一到第一种格式中来。即使这类文体的格式得到统一，也仍然有其固有的灵活性，如可以单用"此致"，或者单用"敬礼"一词，在许多书信中（包括一般书信和专用书信）并不少见。

还有的格式要求具有相对的灵活性。以总结这种文体为例，总结既可以为单位使用，也可以为个人使用，写作的格式有"三段式"、"条目式"、"小标题式"等类别，类别的多样性，同时说明其格式的灵活性，况且，这些类别之间，可以相互渗透补充，不是完全的固定。从语体方面看，及时强调了用语平实、准确等要求，各个人写出来，仍然各具特点，不能强求一致。有的总结，采用平实叙述的方式娓娓道来，未尝不可；有的总结开头在前言中概括全文的基本概况，然后分叙各个部分，又合乎总结写作的一般格式。我们不能机械地判定哪个格式对，哪个格式不对。语体表述中，有的总结侧重对事例的剖析，理性分析较多；而有的总结侧重事例的表述，叙述部分是主体。我们也不能强求二者的一致。只要内容与写作形式得到统一，这样的总结就值得肯定。

再以专用书信的感谢信、慰问信为例，这两种实用文体都是以叙述方式为主要手段，格式上，题目、主体、致敬语、落款有相近之处，也都表现出灵活的特点。如感谢信正文要求概述事迹，做出评价，表达感谢之情，有这样一个定式，写作遵照这种格局，但具体写作中，还是有所不同，有的可以把概述事迹作为重点，有的却把对事迹的评议、评价作为重点。慰问信也有相类似的情况。再从语体说，评价中可以有抒情的成分，这在大多数实用文体中是不允许的。使用抒情的方式表达对某人、某单位的谢意（感谢信），表达对受灾地区人民群众的同情（慰问信）。还有结尾的致敬语，语体表现是多种多样的，尤其是慰问信的致敬语，要根据慰问的对象来确定，没有十分固定的句子、短语或词语。

近年新出现的文体，比如手机短信、电子邮件，由于不是书写在纸面上，而是书写在屏幕上，屏幕有大小，有长短，不十分规则，打字时也不能像使用钢笔、毛笔那样自由灵活，格式便不能强求一律，只能从大体上规定书写的格式。语体的要求也是如此。手机短信表现得更突出，语言风格多样，表达方式多样，是这种实用文的特点。

以上所说的实用文体，进一步加以区分，我们发现，一类文体的格式和语体相对灵活的程度较小，如礼仪文书、专用书信中的一些文体，事务文书中如计划、记录稿、消息等，写作中一定遵循格式和语体的要求，不能“离谱”。一类文体的格式和语体相对灵活的程度较大，写作中可以适当自由一些，以整体合乎写作的要求为准。如调查、采访、讲话、致辞、讲演等，写作中可以发挥个人写作的特长，在格式和语言运用方面自由度、灵活度更大一些，在合乎格式和语体要求的前提下，有适度的创新。如写调查可以制作表格，可以客观摘录被调查者的发言，按照内容特点，结构成语段的格式，也可以先有前言，再结构主体，最后提出对策，等等。还有少量的文体，格式和语体十分灵活，甚至不受束缚，比如读书笔记和海报，可以这样写，也可以那样写，话可以这样说，也可以那样说，形式可以灵活设计，以新为好。但这些实用文体毕竟是少数，而且要求写作这些文体的时候，格式和语体大体须有，不能过于随意，以致失去文体本身的特点。

以上，使用三节，介绍了新农村实用文体格式和语体的特点，从而认识到，哪些文体的格式和语体十分固定，不能变更的；哪些文体的格式和语体相对固定，可以有一些变化的；哪些文体的格式和语体是相对灵活的。通过比较辨析，我们发现，各个文体之间既有区别又有联系，也能够认清，运用与写作中能够恰当使用，不出大的毛病。同时，对文体的分类和辨析，我们可以了解到为什么同一个文体格式上有某些区别，怎样正确对待这些现象。最后，希望通过这个综述，从理论方面明确这些道理，以便在今后的学习中取得更大的收获。

文体学练

一、辨析下面的文体分属于哪一类格式和语体的实用文。

1. 经济合同、协议书、借条属于格式和语体__________的实用文。

2. 总结、申请书、表扬信属于格式和语体__________的实用文。

3. 关于教改工作的可行性报告属于格式和语体__________的实用文。

4. 大会致辞、讲话稿、演讲稿属于格式和语体__________的实用文。

二、请阅读下面的语句，说出这些语句适合哪类实用文的语体要求。

1. 大家好！我叫冯乐平，今天能够站在这里，心情格外激动。经过十几年的打拼，我从一个普通的农家妇女成长为京郊杰出的实用人才，不仅自己摆脱了贫穷，还带领乡亲们致了富。

2. 此地块土地面积共计 440 亩，我局和市规划局拟定出让方案，我局拟于近期以公开出让方式推出。现将土地出让方案上报，请批准。

3. 舅舅边摘瓜边给我讲摘瓜技巧。首先是选瓜，选瓜要记住四点：看、拍、掂、听。

4. 第七条：努力学习科学文化知识，积极钻研业务，不断提高知识水平和工作能力。

5. 第五条：做好常规教学工作，备好课，上好课，同时，作好学生的管理工作，做到教管结合，使学生爱学、善学、乐学。

6. 尽管如此，我申请入学仍给负责这方面的先生、女士们带来很多麻烦；但我相信，你们会理解我求学的迫切愿望，协助我促成此事，成为贵校的一名学生。

三、举例说说你对学习教材之后，写作三个类别格式和语体实用文时的体会。

参考文献

1. 林宗源. 应用文写作. 北京：中国轻工业出版社出版，2006.

2. 林宗源. 应用文写作. 北京：首都经贸大学出版社出版，2007.

图书在版编目(CIP)数据

新农村实用写作/林宗源,郑伯坤,昝景会主编. —北京:中国农业大学出版社,2009.8

(建设新农村培养新农民系列丛书)

(一产农民"技能+基础"专用教材)

ISBN 978-7-81117-859-3

Ⅰ.新… Ⅱ.①林… ②郑… ③昝… Ⅲ.农村-应用文-写作-技术培训-教材 Ⅳ.H152.3

中国版本图书馆 CIP 数据核字(2009)第 153187 号

书　　名 新农村实用写作

作　　者 林宗源　郑伯坤　昝景会　主编

策划编辑 董夫才　赵　中　　　**责任编辑** 李丽君

封面设计 郑　川　　　**责任校对** 陈　莹　王晓凤

出版发行 中国农业大学出版社

社　　址 北京市海淀区圆明园西路 2 号　　　**邮政编码** 100193

电　　话 发行部 010-62731190,2620　　　读者服务部 010-62732336

编辑部 010-62732617,2618　　　出　版　部 010-62733440

网　　址 http://www.cau.edu.cn/caup　　　**e-mail** cbsszs@cau.edu.cn

经　　销 新华书店

印　　刷 涿州市星河印刷有限公司

版　　次 2009 年 8 月第 1 版　　2009 年 8 月第 1 次印刷

规　　格 787×980　　16 开本　　18.75 印张　　345 千字

印　　数 1～11 000

定　　价 26.00 元